JN034837

IDEOLOGY AND LIBRARIES

California, Diplomacy, and Occupied Japan, 1945-1952

イデオロギーと図書館

日本の図書館再興を期して

マイケル・K・バックランド　著
Michael K. Buckland

高山正也　監訳・著作協力
Masaya Takayama

現代図書館史研究会　訳
Study Group on Contemporary Library History

樹村房

IDEOLOGY AND LIBRARIES

by

Michael K. Buckland, with Masaya Takayama

日本語版への序文

　本書は *Ideology and Libraries: California, Diplomacy, and Occupied Japan, 1945-1952* の全訳である。要約は第１章に著者のバックランド博士により簡潔にまとめられているので，読者各位にはそれをお読みいただきたいが，その内容を日本の図書館関係者が読むに際してどのような事項に注目するかが問題になるかと思われる。そこで，著者のバックランド博士が筆者宛に寄せてくれた本書へのコメントが，日本語版読者への格好のガイドにもなると思われるため，以下にその要点を紹介する。　　　　　　　　　　（監訳者：高山正也）

＊＊＊

　私（バックランド）が日本の図書館に関心をもつきっかけをつくったロバート・ギトラー（Robert Gitler）の自伝[1]は本質的には彼（ギトラー）の記憶による。ギトラーの自伝の編纂に際して，編者である私は，ギトラーの記憶にあるものに何かを加えたり，変更を試みることはしなかった。しかし，私は次の二つのことの研究が必要だと思った。

　(1) ギトラーの記憶に基づく自伝に書かれたことを，より完全なものにするために追究すべきものが他に何かあるのだろうか？　私は，ドン・ブラウン（Don Brown），清岡暎一慶應義塾大学名誉教授について，もっと知りたいと思ったし，日本の図書館員に専門職資格を要求した図書館法についても知りたいと思った。ギトラーの自伝に書き足すべきことは何なのかを知りたかった。

　(2) 正直に言って，私はギトラーが日本に行った時点に思いを致すと，ギトラーが担った使命を実現できるよりも失敗するおそれの方が大きかったと思わざるをえない。彼は日本語もできなかったし，日本についてもほとんど知らなかったと思う。日本の大学は非常に保守的であったし，図書館学などは学術分野として，ほとんど認めていなかった。ギトラーは時間も資金も十分にはもっていなかった。彼の日本での成功はまったく想像もできないような成功であった。明らかに彼の人格，献身，および熱意が成功の可能性を押し上げるのに役立ち，たいへん重要な働きをし，さらに，ドン・ブラウン，清岡暎一，そして

チャールズ・ファーズ（Charles Fahs）等がおおいに手助けをしてくれた。そうであったとしても，さらに日本図書館学校（日本独立後，慶應義塾大学文学部図書館学科と称する）が成功して，今日にまで存続することについてはさらなる説明が必要である。

私はフィリップ・キーニーについてはまったく知らなかった。それゆえ，彼の日本での活躍，カリフォルニア州や，カリフォルニア大学バークレー校の図書館学校とのつながりを知った時には驚きであった。カリフォルニア大学バークレー校のバンクロフト図書館（Bancroft Library）（同大学の大学アーカイブズ）に彼（キーニー）の個人記録が残されていたことは幸いであった。そこで，本書ではキーニーを含め，彼の提唱したキーニー・プランの着想の基になったカリフォルニア州の地域（郡）図書館システムも検討対象とした。

また，CIE 情報センターは短期間に発展し，大成功したが，その成功は米国が日本でそのような情報センターを開設する前に先行した戦時，外国での図書館開設・運営の経験をもっていたからこそ，成功したに違いない。そこで米国の国際交流における文化的な図書館利用の歴史を検討した。

日本でのギトラーの業績の内容や背景について調べると，カリフォルニア州の地域（郡）の図書館や国際交流の一部としての図書館についての記述が必要となった。くわえて，日本占領軍についてはきわめて多量の占領軍による英語で書かれた文献があり，それらに触れる必要も生じた。

以上述べた文献が本書の大半を構成することになったが，私はさらにもう二つの事項について述べておくことが必要だと考えている。

第一は，日本の図書館員についての私の見方の変化である。私が資料類を読めば読むほど，調べれば調べるほど，日本の図書館サービスの不完全さ・不十分さは日本の図書館員によって引き起こされているのではなく，図書館員がやろうとすることを妨げている政治力によってであると思えるようになってきた。少なくとも日本の図書館員の中の指導者たちはよく勉強もしていれば，進歩的でもある。これは図書館を形成するための政治力についての一種のケーススタディである。同時に，英国や米国の図書館員が自由民主主義にこだわることにさらなる説明の必要性をも感じた。

第二に，日本の図書館の発展について考えれば考えるほど，図書館とは何か

について私が若い時の考えにますます戻ることにもなった。その考えとは図書館の存在はシステムとして理解すべきであるという考え方であり，この考えは私のランカスター大学図書館での経験（1965-1972）に基づくもので，私の著書 *Library services in theory and context*[2]（1983, 2nd ed, 1988）に，さらには，より普遍的な著述として，*Information and information systems*（1991）にまとめている。

　結局，本書にはこの第一，第二に係る事項を第1〜3章と最終章の第16章にまとめ，あとは日本の占領期における日本の図書館関連にあてた。図書館がどのような状況下で形成されるかについての記述が増え，特に，文化的，政治的な影響力が図書館の在り方に投影されていると考える。私は当初，書名を *Ideology and Libraries* にしようと考えたが書き進むうちに書名変更した方が良いと考えるに至った。しかし，書名を変更するには出版過程での適切な時期を失していたので，結局，当初の書名のままにした。

　私の英国での，大学学部課程修了までの専攻は歴史であり，歴史学を専門に勉強した。ただ，私は歴史家になりたいとは思わなかったので，歴史には関心をもちつつ，図書館職の途を選んだ。それはすべての事象が複雑な関係性をもつことに関心を向けさせることでもあった。そして私の後半生では歴史の研究とドキュメンテーションの理論の研究を始めた。私の図書館専門職としての職歴は二分される。前半（1963-1987）は主に図書館経営と図書館計画に関心があった。1987年以後は（図書館の）理論と歴史に，より多くの関心を寄せることとなった。この両者は本書の執筆にたいへん有益な下地になったと私は考えている。

　私は日本語文献を読む能力がないし，日本の多くの図書館については大幅に日本語文献に基づかなければならないことも十分に承知しているが，それができなかったのが残念である。そこで，私は次の二つの方法を用いた。(i)（日本事情についても）できるだけ英語文献を用いること（例えば，竹内悊の学位請求論文 "Education for Librarianship in Japan" は英語で書かれた日本の情報源の要約版として有用であった）。(ii)本書で扱う領域を慎重に限定したこと。その結果，私が日本語を読めない人間として許容される以上のことは書かないように十分留意したつもりであるし，そうなっていることを望むものでも

ある。最後に，本書が日本の図書館（史）関係者に有益であって，より完全な
日本の図書館史研究の一助となることを願うものである。

マイケル・K・バックランド

注

1：Robert L. Gitler; edited by Michael Buckland. Robert Gitler and the Japan Library
School: An Autobiographical Narrative. Scarecrow Press, 1999, 173p.

2：Michael K. Buckland. Library Services in Theory and Contexts. Pergamon Press,
1988.［参照：M.K. バックランド．図書館・情報サービスの理論．髙山正也訳．東
京，勁草書房，1990，324p.］

イデオロギーと図書館　日本の図書館再興を期して

目次

日本語版への序文　　*i*

図表目次

図

表

凡例

1．本書は，Michael K. Buckland with Masaya Takayama. Ideology and Libraries: California, Diplomacy, and Occupied Japan, 1945-1952. Rowman & Littlefield, 2021, 170p. の全訳である。

2．章，節，段落の分け方，および改行箇所は，すべて原著どおりとした。

3．各章末の注，および「参考文献」における文献の記述形式は，原著を踏襲した。ただし，日本人が執筆した外国語文献の執筆者名には［　］の中に日本語表記を付記した。また，原著でローマ字表記されている日本語文献は，元の日本語表記とし，原著の記述形式を踏襲した。なお，翻訳書がある場合には［参照：　］として示し，記述形式は SIST02（参照文献の書き方）に準じた。

4．訳者による注記を，本文中では［　：訳注］，各章末の注では［訳注：　］として示した。

5．外国人名は，名姓の順にカタカナで表記し，章ごとの初出時に（　）で括った原綴を付記した。日本人名は，姓名の順に日本語で表記した。

6．日本語訳にあたっては，次を参考にした。

・日本図書館情報学会用語辞典編集委員会編．図書館情報学用語辞典．第5版，東京，丸善出版，2020，287p.

・Young, Heartsill 編．ALA 図書館情報学辞典．丸山昭二郎，高鷲忠美，坂本博監訳．東京，丸善，1988，328p.

7．巻末の索引については，次のとおりである。

・原著と同様に，人名（姓名順），組織・団体名，事項を分けることなく「百科的項目」とし，索引語の読みで五十音順に配列した。

・索引語のあとに該当ページ数を示した。その際，特定の章や節すべてを指す場合や該当ページに一致する索引語が存在しない場合もある。また，各章末の注を示す場合は，ページ数のあとに「no.」と注番号を付している。

・索引語には対応する原語を（　）で括って付記した。なお，＊は翻訳書独自の索引であることを示す。

・参照の指示は，See（「を見よ」参照）に「→」，See also（「をも見よ」参照）に「⇒」を用いた。複数の参照がある場合は「；」で区切って示した。

以上

序文

　1950 年 12 月にロバート・ギトラー（Robert Gitler）が来日した。彼の訪日
目的は大学の学部レベルでの図書館学の学校を創ることであった。それから
40 年経って，彼は日本での図書館サービスに関心をもっていたリンダ・アブ
シャー（Linda Absher）に，1951 年の日本図書館学校創立の話をかいつまん
で語った。彼女は私がまとめた口述の自伝書があることを知った。ギトラーの
口述記録は*Robert Gitler and Japan Library School: An Autobiographical
Narrative*[1] として出版されていたのである。この本は全体がギトラー個人の記
憶による個人的な解説そのままであり，彼の口述を執筆した私が口述内容を確
認し，検証する機会も材料もほとんどなかった。

　ロバート・ギトラーは彼の訪日目的を成功させはしたが，その成功は，ほと
んどありえないような奇跡的な成功であったと私には思える。私は彼が直面し
た事態について，また影響したであろう人物や要因についてどんなものがあっ
たのかについて知りたいと思った。私は特にドン・ブラウン（Don Brown）
についてや，図書館で働く人に専門的資格要件を与える新しい法律の規定につ
いて知りたいと思った。ギトラーは，どちらもほとんど知らなかったか，ない
しは，ほとんど何も言わなかったように思えた。彼の死後，2004 年になって，
私はもっと調べてみようと思い立った。カリフォルニアや米国の対外政策の手
段として，外国での図書館の利用との思わぬ結びつきはさらなる調査を必要と
した。最終的にはこのような研究は私の関心を，どうして図書館はそれぞれに
異なった発展をするのかという，若い日に感じた問題意識へと私を連れ戻し
た。[2]

　第一の成果は，主に英語の情報源による 1945 年から 1952 年までの占領期の
日本での図書館に関わった米国人の役割に関する話である[*]。この期間の日本

の図書館動向に関しての十分な叙述をするのは私には荷が重すぎる。カリフォルニアと国際関係上の図書館利用についての二つの話が出てきた。くわえて，図書館サービスがそれぞれに，個別に発展する機能的，文化的理由についての検討において，この話の枠組みができてきた。本書での記述はすべてのことに関してさらに詳細な検討が必要であるが，本書での説明が相応に役立つであろうことを私は期待している。

　米国の図書館関係者として，本書に登場する人たちの多くはその名前だけでなく，個人的にも私の知っている人たちであった。彼らは私よりも前の世代の人たちであった。私とロバート・ギトラーはその晩年に交流が深まった。レイ・スワンク（Ray Swank）はバークレーでの同僚であり，友人でもあった。ジーン・ブーチャー（Jean Boucher）は私を支援し，励ましてくれた。本書に出てくるその他の人のうち，三人だけに私は会っている。ベン・ボウマン（Ben Bowman），ヴァーナー・クラップ（Verner Clapp），ロバート・ダウンズ（Robert Downs）である。ごく短い時間，そしてそれは，ほぼ50年前のこととなる。

　ここに記したすべての人たちに感謝の意を表したい。特に友人としての高山正也教授の支援に感謝する。ギトラーの設立した図書館学科を卒業し，長くそこの教壇に教授職として立った後，国立公文書館長として，私に日本と日本の図書館を紹介してくれた。

注

1：Robert L. Gitler［訳注：; edited by Michael Buckland］, *Robert Gitler and the Japan Library School: An Autobiographical Narrative*（Lanham, MD: Scarecrow Press, 1999）.

2：例えば，Michael K. Buckland, Library Services in Theory and Context, 2nd ed.（New York: Pergamon, 1988）; also, http://sunsite.berkeley.edu/Literature/Library/Services/.［参照：M.K. バックランド．図書館・情報サービスの理論．高山正也訳．東京，勁草書房，1990.］

＊［訳注］米国軍（連合国軍）による占領政策の概要について：占領軍図書館政策の背景の寸描

　1945 年 9 月から 1952 年 4 月までの米軍主体の連合国軍による占領政策の一環に図書館政策が組み込まれており，20 世紀後半からの日本の公共図書館を中心とする図書館の在り方は大きくこの占領軍の図書館政策の影響を受けた。

　占領統治は最高司令官，ダグラス・マッカーサー（Douglas McArthur）の下，連合国軍最高司令官総司令部（SCAP/GHQ）の参謀部と特別参謀部を中心に，直接の軍政でなく，日本国の政府を通じての間接統治方式で行うというポツダム宣言の条件に則って行われた。この日本政府に指示して占領政策を行うために，SCAP/GHQ の基本方針は 1945 年 9 月 22 日にワシントン D.C. で米国政府が発令した「日本民主化」という名目での日本弱体化計画でもある「初期の対日基本方針」にあった。この計画に基づき SCAP/GHQ は日本の非軍事化，日本の民主化，財閥の解体を三つの柱とした。その中で，「日本の民主化」のプログラムに図書館が関係し，このプログラムを SCAP/GHQ の特別参謀部が主に担当した。特別参謀部には約 10 の部局組織から構成されたが，図書館関係を含む，教育・情報文化関係については民間情報教育局（CIE）が，憲法や国会改革関係などは民政局（GS）が主に担当した。要するに，SCAP/GHQ の占領政策は単に軍事的な，いわゆるハード・パワーによる占領政策の実行だけでなく，文化的なソフト・パワーによる占領政策も合わせて行う占領政策が採用された。

　占領開始直後最優先で行われた占領政策は，旧陸海軍の解体と非軍事化とともに，憲法の改正であった。これを非軍事サイドで担当したのは GS であったが，国会改革との関連で，国会図書館の改革（実質的に新設で，国立国会図書館法も制定）も GS 主導で行われ，その他の図書館政策が CIE 主導で行われたので，結果として国立国会図書館と，他の日本の図書館は分断の傾向がみられる。具体的にいうと，日本の納本規定は図書館法ではなく，国立国会図書館法にあるし，国立図書館が行政府にはなく，立法府に存在するなどである。

　CIE の占領当初の大きな任務の一つは教育改革であった。SCAP/GHQ は当初，占領政策実施のためのスタッフの不足に悩まされた。そこで，CIE は専門的，技術的な助言を受けるべく著名な民間人の指導者を日本に招請すべくワシントンの米国政府に要請し，1946 年 3 月にストッダード教育使節団が来日した。使節団の報告書には，民主化における教育の果たすべき役割が論じられ，教育の機会均等や教科内容や教科書の改正，高等教育の改正，教育の地方分権など，当時の米国における最先端の教育哲学を反映した提言が行われた。

　この提言も受けて，SCAP/GHQ の教育改革は，いわゆる，日本の軍国主義教育，超国家主義教育の徹底的な撲滅のために旧体制の下での指導的教育関係者の追放を行い，教育委員会制度を導入し，教育行政の地方分権化を図り，教育制度の改革として，義務教育の延長（6・3 制の導入），新制の高校・大学の創設，教育勅語を廃止して教育基本法を新たに制定するなどを行った。このような施策に加え，CIE の当初の大きな問題・

任務は日本人の超国家主義と軍国主義を思想と行動の両面から取り除くことであった。このために，日本人の洗脳を行うべく，徹底した検閲の下で，日本人の言論空間を封鎖・管理した。その対象は単に出版物のみならず，新聞・放送，映画・演劇，郵便・電信，等多方面にわたる検閲が行われ，言語の統制（言葉狩り，放送禁止用語等）が行われ，文字の使用制限（仮名遣い，当用漢字の制定）等も行われた。この「閉ざされた言語空間」への囲い込みとも言える施策の実施主体も CIE であった。

　日本の占領政策は，約 7 年近い占領期間中，時期によって，その方針が変化する。占領当初の日本弱体化方針が冷戦の激化とともに見直され，特に，北京に中国共産党政府が成立した 1949 年，朝鮮戦争が勃発した 1950 年以後の占領末期には，日本を東アジアにおける共産主義膨張への防波堤にすべく，日本強化に方針変更がなされた。

　CIE もそのような世界情勢，占領政策の変化の影響の下，その重点が教育における指導者の養成や文化交流へとシフトする。このように重点をシフトさせながらも，続けられた教育の民主化の中で，CIE が取り組んだ課題の一つに，「日本人司書の養成」があった。学校教育においては，従来からの日本の学校教育における教師の講義と教科書の暗記による権威主義的な学習・指導から，学校図書館を舞台に，児童・生徒による自主的な課題発見とその自主的な課題解決による学びの喜びや発見を目指す学習への移行，学校教育を終えた人々を対象に，成人・生涯学習の場における偏向したマスメディアやジャーナリズムの扇動によるポピュリズム政治への傾斜を防ぐ，健全でリベラルな民主主義社会における主権者である正しく情報を得た市民（informed citizen）の養成が不可欠となった時に，少なくとも日本の社会にはその先導役となるべき有能で成熟した司書が決定的に不足していた。

　この状況下で，CIE の図書館政策が日本の図書館界では高く評価され，影響を深めることになった。占領期間中を通じて，CIE が取り組んだ主な図書館政策には次のものがある（ただし，①については GS が主，CIE は従での取り組みであった）。

①国立国会図書館の創立・国立国会図書館法の公布・施行
②キーニー・プランの策定と図書館法制定，司書の能力向上
③CIE 情報センター（図書館）の全国展開とその活動
④日本図書館学校の設立・開校

　これらのそれぞれの政策についての評価は，CIE 情報センターのように，占領の終結とともに消え去った組織についての評価を除けば，政策ごとに異なるであろうし，評価者の視点ごとにも異なるではあろうが，「日本の図書館の 20 世紀後半から 21 世紀にかけての発展に大きく貢献した」から，その政策が当初掲げた目標から評価すると，「一定の成果があったにせよ，今一歩の感がある」まで様々であろう。どうして，一様に「一定の効果が上がった」とならないのか。その理由は一つに帰せられるものではないにせよ，大きな理由となるものは，日本の図書館界の「他者依存」と，「既得権益擁護」の精神が横溢していたことに帰せられるのではないかと危惧している。すなわち，より積極的に，図書館関係者自らの当面の個人的な不利益にはこだわらず，大きな理想とし

ての目標を見据え，自己犠牲も厭わずにその実現を目指していたら，少しは異なる成果も得られたかもしれない。読者各位もそれぞれのお立場，視点で評価，検討していただきたい。

　最後に，読者の多くが抱くと思われる疑問の一つにお答えしておきたい。その疑問とは，占領が終結して70年もたって，なぜ，今，占領下の図書館について語るのかという疑問である。世紀が代わり，21世紀の現在，占領時代に顕著であった米ソの対立による冷戦下での国際関係の緊張は消滅したが，米国の太平洋正面の国際戦略上，大東亜戦以前には米国に対峙した日本の軍事的対抗は物の見事に占領政策によって阻止しえたものの，代わって，日本の占領政策を途中から方針変更させる一因ともなった北京の中国共産党政権が太平洋の覇権を米中で二分しようと動きだした。同政権は既存の国際法を無視し，軍事的国際膨張主義的な色彩を加え，独裁的全体主義的な体制の下に，周辺諸民族を武力で制圧し，文化を破壊し，人権を侵害し，同政権に対しては大量虐殺，民族浄化の非難も絶えない。

　一方，今や日本は自由・民主主義国家群の先頭に立ち，過剰なほどの個人的自由主義と，成熟した民主主義を標榜している。日本が自由・民主主義の政治・社会体制を維持しようとするなら，連合国軍による日本占領政策の建前が，独裁的で全体主義的な国家体制から日本を自由で民主主義的（liberal democratic）な国家体制につくり変えることにあり，その占領政策の一環に図書館が組み込まれたことを今一度，想起する必要があるのではないだろうか。

　くしくも2019年末から北京の中国共産党支配下の武漢に始まったウイルスが世界中に蔓延し，猛威を振るっている。感染症の常として，その勢いが一段落すると，社会の仕組みが一変するといわれる。現にこの感染症対策を巡り，日本の社会でも，積年の通弊が各方面であぶり出されてきた。折からデジタル化の只中に在り，デジタル環境下での図書館の在り方も問われている時に，日本の20世紀後半からの図書館の出発点となり，自由で民主主義社会の基盤構築を目指した占領政策の一環であった図書館政策を再考することで，示唆されることも少なくないと考える。諸賢のご一考を乞う次第である。

（文責：高山正也）

参考文献
・福永文夫. 日本占領史1945-1952：東京・ワシントン・沖縄. 中央公論新社，2014，360p.
・松田武. 対米依存の起源：アメリカのソフト・パワー戦略. 岩波書店，2015，280p.
・江藤淳. 閉された言語空間：占領軍の検閲と戦後日本. 文芸春秋，1994，371p.

謝辞

　私［バックランド：訳注］はリンダ・アブシャー（Linda Absher）やロバート・ギトラー（Robert Gitler）をはじめとして多くの人たちに感謝したい。過去のことに熱中したギトラーの話にリンダ・アブシャーがその話を記録しようと提案したことが，ギトラーの自伝の出版につながり，それが今や本書に結実した。日本図書館学校に司書として赴任していたころは旧姓で，フィリス・ジーン・テイラー（Phyllis Jean Taylor）と名乗っていたが，今はジーン・ブーチャー（Jean Boucher）と名乗っているギトラーの教え子の一人は本書の執筆を励ましてくれ，彼女の下にあった資料を見せてくれた。

　その他にも多くの人たちのご助力と励ましを戴いた。コリン・バーク（Colin B. Burke）は歴史と軍事の問題に関する手引きを継続的にしてくれた。ボイド・レイワード（W. Boyd Rayward）とメラニー・キンボール（Melanie A. Kimball）はアメリカ図書館協会のアーカイブズ利用を支援してくれた。マルラ俊江（Toshie Marra）と齋藤泰則（Yasunori Saito）は日本語資料を手伝ってくれた。カリフォルニア大学バークレー校（University of California, Berkeley）のすばらしい蔵書と司書たち，特にノースタン・リージョナル図書館施設（Northern Regional Library Facility）とバンクロフト図書館（Bancroft Library）があって，はじめて本書の出版は可能となった。私はまた，イリノイ州アーバナ・シャンペーン（Urbana–Champaign）にあるイリノイ大学（University of Illinois）内に設けられたアメリカ図書館協会アーカイブズ，ニューヨーク州スリーピー・ホロウ（Sleepy Hollow, New York）にあるロックフェラー・アーカイブ・センター（Rockefeller Archive Center），およびカリフォルニア州立図書館（California State Library）のハリエット・エディ（Harriet Eddy）文書のおかげを被っている。イネッサ・ゲルフェンボイム・

リー（Inessa Gelfenboym Lee）とアンナ・ザイツェフ（Anna Zaitsev）には
ロシア語文書の世話になった。ヴィヴィアン・ペトラス（Vivien Petras）と
ウェイン・デ・フレメリー（Wayne de Fremery）は励ましと有益な助言をし
てくれた。深く感謝したい。

写真の出典

- Bancroft Library, University of California, Berkeley, Keeney Papers, BANC
  MSS 71/157, box 2 : 1: 図 9.1 および 9.2
- California State Library, Sacramento: 図 4.1 および 4.2
- Library of Congress: 図 10.1
- Rockefeller Archive Center, Sleepy Hollow, NY. Series 609（Japan），
  box145: 2737: 図 14.4
- 高山正也：図 13.2，14.2，および 14.3
- University of Illinois, Urbana–Champaign, RS 35/1/22, Box 33, Folder
  "Japan, National Diet Library Staff, 1948": 図 10.2 ［10.2 は正しくは 10.3：訳注］
- 横浜開港資料館：図 7.1，7.2，および 10.3 ［10.3 は正しくは 10.2：訳注］

第**1**章
序論

　1950年12月にロバート・ギトラー（Robert Gitler）が日本にやって来た
時，彼の任務は日本での評価の高い大学に大学学部レベルの図書館学の教育・
研究拠点を設置することであった。日本の大学は保守的であり，保守的である
ことは大学の本質の最たるものであった。ギトラーは日本語も知らなかった
し，日本について何も知らないで日本に着いた。ギトラーは短期の滞在しか想
定していなかったし，時間の余裕もほとんどなかった。それにもかかわらず，
彼の任務は成功裡に達成された。彼は日本図書館学校（The Japan Library
School）の設立者であり，初代の主任（director）となり，ギトラーの創った
その学校は70年経った現在，東京にある名門慶應義塾大学の評価の高い文学
部図書館・情報学系図書館・情報学専攻となっている。

　ギトラーの成し遂げた仕事を調査するには，日本における図書館の検討のみ
ならず日本以外の国での図書館の発展事例の検討，主にカリフォルニア州の事
例に加え，外交手段として外国での図書館の在り方についての検討も必要と
なった。そうすると必然的に関心はより難しく，軽視されがちなテーマ，どう
して図書館は国や地域によって異なるのかという問題に向けられる。結局，英
語を母語とする国を主にした検討になるが，このテーマは検討するに足るだけ
の話であるように感じた。

　本書では第2章での，図書館サービスにみられる機能的な差異についての検
討から始めることとする。異なる利用者群にサービスを提供する図書館は，そ
の利用者群の求めるサービスを重視した結果，図書館ごとに提供するサービス
が異なる。月並みに図書館を四館種に分けてみる。すぐにわかるように，典型
的な公共図書館は典型的な大学図書館とは異なるし，大学図書館は専門化され
た企業図書館や小学校図書館とも異なる。それぞれの図書館はその蔵書，空間

の利用，提供されるサービスの方法，社会におけるその図書館の役割等において大きな違いがある。

　また，一つの社会の中で生活することで，そこに暮らす人々が文化的な同一性をもつのと同様に，ある文化圏に存在する図書館も所属する文化圏と同一の文化的な特性・文脈をもつ傾向にある。図書館がある文化的な文脈に属していると，その図書館はもっている文化的文脈の特徴を反映する傾向にある（第 3 章参照）。

　第 4 章から第 14 章までは三つの歴史的な物語である。すなわち，最初が単独の州内，具体的にはカリフォルニア州の図書館サービスの進展についての事例であり（第 4 章），次いで文化的な影響を行使するために他国における，ある国のサービスの提供についてである（第 5 章）。そして，その後は，第二次世界大戦後の連合国の日本占領期間中，1945 年から 1952 年までの日本における異なる文化をもった二つの異なる政府ともいえる政策実行主体が，共働して図書館を再興・発展させる努力についてのより詳細な記述となる（第 6–14 章）。さらに，これらの物語に登場した個人や組織が 1952 年以降［日本独立以降：訳注］に直面した事柄についての記述がある（第 15 章）。最後の第 16 章は若干の結論的な内容を述べている。

　長い時間を経て，図書館サービスの実務は徐々にではあるが国内的にも国際的にも，標準化されてきているように感じられる。1950 年当時と比べれば，図書館の変容は［国や文化環境が変わっても：訳注］今や小さく，1900 年以前よりも目立たなくなった。また，本書が扱った時代は，ほぼ 20 世紀の前半であり，図書館蔵書は紙媒体か，マイクロフィルムや手書き画像などの特定なメディアによるものであり，読者と，蔵書としての記録物は，利用に際しては同じ場所になければならなかった。それゆえ，地域ごとに形成される蔵書群［地域分館等の図書館のこと：訳注］はデジタル文献化されて，記録が 1 カ所に統合・蓄積され，他の場所においても利用時に画面展示により利用可能というような現在と比較すれば，その存在は，はるかに社会的な重要性を有していた。

　次章（第 2 章）は，図書館サービスの様々な形とそれを創った様々な目的との関係について検討したい。

第**2**章
機能と構造

　図書館は人がそれぞれに皆異なっているようにそれぞれ異なる。人は肉体的にも文化的にもそれぞれ異なる特徴をもちながらも，共同体の中で類似性をもつ傾向にある。人間はたいへんに複雑であり，人間同士の差は非常に小さいことが多いため，異なる集団について意味のある比較をすることは難しい。社会諸科学における論考はいくつかの取り上げる値打ちのあると思われる現実の，もしくはわずかな理論上の事例を取り上げ，単純化し，理解しやすくしている。例えば，「典型的なフランス人」という類である。こういうことが行われる時にその事例は典型とされる。そのような典型は通常，代表として選ばれた特定の個人ではなく，指標的な，また統計的なデータに基づく観念上の対比である。例えば，0.5 人の子どもなどありえないが，ある地方の家族には子どもが平均で 1.5 人いるということは意味がある。

　典型的な利用はまた，なぜ，どのように図書館は異なるかを検討するにあたっても，便利である。伝統的に図書館は 4 つの館種に分けられている。すなわち，大学図書館としての学術研究図書館，娯楽や教養のための読書に資する公共図書館，小学校や中学校の学校図書館，そして「専門」図書館とは，企業，特に交易に関わる会社，製造業，研究開発に携わる企業のみならず，政府機関やその他の組織等にある専門特化した図書館である。専門図書館はまた，ドキュメンテーションセンターとか情報センターと呼ばれていることでも知られている。これらの四館種はすぐにわかるほどに相互に異なっている。ある館種を他の館種と取り違えることはありえないが，司書はその生涯の職歴を通じてこれら館種のどれか一つに専門特化する傾向がある。

1．図書館サービスの類型

　おおむね，図書館の伝統的な四館種は同じ類型のサービスを提供する。違い
は，どのサービスに重点を置くかである。それゆえ，本書での検討を，図書館
の類型から図書館サービスの類型に移し，読者［図書館利用者：訳注］の様々な
情報要求を用いて，関心のあるトピックと関心のある情報源とに区分して，図
書館サービスの 4 つの典型的な類型を提示する。[1]

　トピック（topic）とは，図書館利用者が読みたいと思っていること全般を
指す。読者（利用者）は，事実の記述，解説，議論，もしくはその他の物語を
求めているかもしれない。情報源（source）には，あらゆる種類の記録文書，
刊行物，データセット，もしくは他の記録媒体［紙媒体以外の記録媒体等：訳注］
を含んでいる。

　トピックも情報源も共にかなり固有のものであって，かなり正確に示され
る。特にトピックは厳密に定義される場合もある。例えば，鉛の融点は何度で
あるのか，1900 年のクラーゲンフルト（Klagenfurt）［オーストリア，ケルンテ
ン州の州都：訳注］の人口は何人であったか，などである。しかし，印象派画家
の絵画への案内書とか，定年退職後の人生設計へのガイドブックといったよう
なより一般的なトピックもある。そして，この反対の極には推理小説，恋愛小
説，旅行記のように単純な文芸ジャンルに対する要求もある。極端な事例をあ
げれば，テキストが楽しませたり，人を鼓舞したり，その他関心を寄せるに値
するものであるならばトピックはまったく取るに足らぬものであるかもしれな
い。

　これに加えて，利用者の関心がどれだけ特定の情報源から離れているかにつ
いてもばらつきがある。仮に利用者が求めている情報を提供できるのであれ
ば，どのような情報源でもよいとされるかもしれない。時には特定の著者や文
章が求められる。極端な場合には，原稿の特定箇所の写しだけが，あるいは刊
行された作品の特定の版次のみが求められ，ほかの情報源では代用できない要
求もある。原文が書き換えられ，異なるいくつかの稿本が存在する時には，誤
り，書き足し，訂正などが生じるため，原稿の個別の写し（「証拠物件」）は重

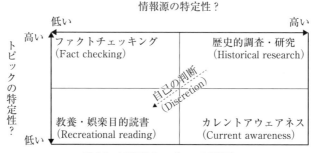

図2.1　図書館サービスの四類型

要な手掛かりになる。例えば，伝記作家は伝記の対象者が所有していた個別の
図書の余白に書き込まれた文言をたいへん読みたがるであろう。

　トピックが特定化されている程度と，情報源が特定化されている程度を組み
合わせると，図2.1に示すような2行2列のマトリックス［行列：訳注］とな
り，ここに図書館サービスは，ファクトチェッキング（fact-checking），歴史
的調査・研究（historical research），教養・娯楽目的読書（recreational read-
ing），カレントアウェアネス（current awareness）の4区分に識別できる。

　ファクトチェッキング（Fact-checking）　　上段左側の欄はあらゆる回答
が役立つ場合である。近刊の信頼するに足る著作の小さな集合がそのトピック
に対応するとして用いられる。これらの著作はより信頼度の高い，より新しい
著作が入手されると廃棄される。例外的な問い合わせには限られた蔵書では対
応できないので，他館に回される。このような図書館サービスの仕方は比較的
に信頼できる文献で構成された，そこそこの蔵書に依存する図書館でのかなり
特殊な要求への対応である。このサービスのやり方は多くの図書館での参考部
門で見ることができる。

　カレントアウェアネス（Current awareness）　　反対に，図2.1の下段右
側の欄は，未知の進歩に関するあらゆるトピックについてのニュースのような
特定の注意喚起サービス等に割り当てられる場所である。一般には，情報源は
技術雑誌，新刊書の文献目録，あるいは特許の公開公報，議会の新規立法・条
例等に関する官報・公告類等のような逐次刊行物である。未知の進展がないと
いうことは，それはそれで競争の世界にあっては重要な情報となる。

　これら 2 種類のサービスの仕方は長きにわたって，別の名前で呼ばれてきた。情報検索文献では，それらはそれぞれ，アドホックサーチ（ad hoc search）とフィルタリング（filtering）と呼ばれている。ここでは次の二つの理由からさらにその特徴について述べる。第一に，ファクトチェッキング（特定のトピックとそれに対応する情報源）とカレントアウェアネス（特定の情報源とそれに適合する情報）の特徴は対称的であるといえる。第二に，これら二つのサービスの組み合わせは専門図書館の特徴になる。専門図書館は図書館の類型と図書館サービスの類型に区分することでよく示すことができる。

　しかしながら，トピックと文献の他の二つの組み合わせは，我々の検討のためにはより重要である。

　歴史的調査・研究（Historical research）　もしくは，先行研究文献の徹底的な探索を求めるその他の厳格な研究分野では図書館に対して厳しい要求がなされる。図書館の利用者たちは特殊なニーズをもつ傾向があり，厳密に特定化された文献がきわめて重要である。研究者たちは，文献の著者が執筆の時点で言おうとしたことを理解するために，著者がどのように書いたかを知るための特定の文献，しかも，その正確な原文表現を見ることが必要である。また，特定のトピックに関しては，原文の評価・検討，それもできるだけ多くの評価・検討がそのトピックの研究史を形成するためには必要となるかもしれない。このような包括的な［情報要求に対応する：訳注］図書館の類型が，特定文献群の範囲を際限なく広げることになる。［広げるとはいえ，：訳者］代用の文献では受け入れられないし，少なくとも，疑念をもたれる。優れた書誌的な手段が，可能な限り文献や課題を明らかにするべく，用意されている必要がある。

　これは大規模な図書館にとっては，その図書館で用いられている分類表や議会図書館の件名標目表に見られるようにたいへん厄介なものである。図書館にとって大きすぎる，多すぎるということはない［図書館やその蔵書にとって，大きければ大きいほど，多ければ多いほど良い：訳注］。ただ，余分になった複本が廃棄されるだけである。正確な目録作成や書誌記述は，本来，必要不可欠であるが，緊急性がそれほど高くないことが多いため，たいして費用もかけず，閉架書庫内での利用でだいたいは我慢できる。実際，徹底的な完全性はありえないし，実現不可能でもある。そこで，図書館間相互貸借，蔵書構築における分担

的相互協力，図書館連合組織に加盟している図書館所蔵資料類を対象とする「総合」目録（union catalogs），存在するすべての文献類を信頼できる書誌的記述で目録化すること等の形で図書館相互協力の基盤ができあがることが重要となる。研究者たちは所属機関の図書館だけでなく，多数の他機関の図書館も使う必要がある。どの図書館でもあらゆる文献が入手できる［図書館相互貸借により，あらゆる図書館からあらゆる文献が入手可能ということ：訳注］という知識は図書館像を形成する強力な要因である。

教養・娯楽目的読書（Recreational reading）　カレントアウェアネス（速報）サービスがファクトチェッキング（事実調査）サービスの真逆の特性をもつサービスとして捉えられるように，歴史研究という図書館サービスの真逆の位置には娯楽用読書サービスの提供がある。公共図書館，特に分館等の中小図書館は（例えば，犯罪，恋愛，科学小説，趣味，紀行文のような）文芸ジャンルでの魅力的な蔵書構成に力を入れるし，歴史，趣味，紀行文，自己啓発本のような一般的な関心をひくトピックへのガイド本にも力を入れる。図書（単行本）は流行・人気がなくなれば，排架場所を確保するために自由に廃棄される。図書館利用者は特定の作品よりも，ある共通の特性をもった図書類に関心を向ける傾向があるため，類似の作品は同じように受け入れられるかもしれない。この利用者が関心を向けるのに許容される程度とは互いの代用物として我慢できる程度である。多くの書籍小売店はこの方式である［書籍小売店は顧客の求める作家，作品だけでなく，同じように関心を示す作家群や作品群を取り揃えている：訳注］。このようなことを前提に，特定の著者名，書名，ならびに版次は，そこにある資料群がその利用者たちにとって魅力的で，うまく利用できるかどうかの判定にはほとんど関係ないことになる。図書館の司書は特定の図書の検索を行うのではなく，図書の類型を尋ねることに重点を置くことになる。冒険もの，犯罪ルポ，恋愛小説，自己啓発本や西部劇といったようなジャンルが人気を保っている。顕著な特徴は，利用者の選択しようとするものが，図書提供側の社会的で教育的な選書基準にすでに含まれていることである。利用者が書架にアクセスする利用の仕方は，相対的に主観的な選択をしがちとなる。学校図書館では，教育が，生徒の発見よりも教師の教えが主体となるという意味での教師主導である時には，同じような特徴が表れる。

　以上の［歴史的調査・研究と教養・娯楽目的読書の：訳注］二つのタイプの間の
区分は特に注目すべきで，本書の残りの部分での主たるテーマとなる。この二
つのタイプは検討テーマの反対の極にあると考えられる。すなわち，この検討
テーマ分布範囲の端にある歴史的調査・研究のために最適な図書館が，大規模
大学図書館や国立図書館に見いだすことができる。これらの組織の規模や複雑
さは施設や蔵書に投じた巨額な投資同様に高度で専門的な熟練者を必要とす
る。このような大規模図書館はその必要性と投入経済資源の観点から，新技術
の導入と導入する技術標準の確立のけん引役となる傾向がある。結果として，
新技術や技術標準の開発や維持という厳しい技術的な課題を支配する。蔵書の
利用者である読者の要求がきわめて特殊なので，図書館の司書や設置者は一定
程度の決定権を行使する。技術の導入やそのための予算はその図書館の有する
技術的な練度に応じて，提供するサービスに反映される。この意味で，図書館
サービスの類型はその組織の学術研究計画により，相対的に機械的に，また技
術的に決定される。

　対照的にこの見方の反対の極には特定の図書にはこだわらず，どんな本でも
容易に代用できるという娯楽用の読書があり，そこではより大きな図書選択の
決定権が図書館側にある。図書利用者の特定の図書へのこだわりと司書の選書
志向との間に緊張と調整があるのは確かだが，娯楽的読書と教育に関わる教訓
的読書の間には本の選定とトピックの選定を選書活動に融合するという，より
柔軟な対応ができる。特に，公共図書館における児童や青少年（ヤングアダル
ト）向けの選書においては，図書館サービス提供者の社会的，文化的価値観が
かなりの程度必要とされる。これらの価値観はその図書館のある地域共同体の
価値観とは異なるかもしれない。司書たちは選書や図書の推薦に関して，利用
者へのより大きな自由裁量権をもっている。選書についての苦情は一個人的な
思考に偏っているか妥当かということに絡むものが多く，また他館種に比較し
て学校図書館や公共図書館でしばしば生ずる。言い換えれば，総合的な研究図
書館よりも娯楽的，教育的な読書で目立つのは，より観念的，イデオロギー的
な配慮が求められていることである。

2．組み合わせ

　図書館サービスの四類型はその類型がそれぞれの機能を示してもいる。現実にすべての図書館はサービスの四類型のすべてを組み合わせているから，慎重さは必要である。図書館類型ごとの異なりとは何がそれぞれで強調されているのかであろう。すでに述べたように，私的な組織が設置した図書館の典型は外的環境の変化を知るために，ファクトチェッキング形態のサービスとカレントアウェアネスサービスとを組み合わせている。英国の 20 世紀半ばの公共図書館の多くは 3 種の異なる形態のサービスを提供していた。すなわち，娯楽用と教育的な読書が主たるサービスであるが，新聞や雑誌閲覧室はカレントアウェアネスサービスともいえる一種の注意喚起サービスを提供していた。そして，レファレンスコレクションが，参考図書館員と共にあり，実情調査や事実確認をも行えるサービスを提供していた。バーミンガム（Birmingham）やマンチェスター（Manchester）のような大都市の中央館だけが，歴史的調査・研究［retrospective search ともいう：訳注］支援をも行っていた。ニューヨーク公共図書館（New York Public Library）は娯楽的・教育的な読書を提供する多数の支部・分館とは別に，組織的にも切り離された著名な調査・研究用蔵書を保有している。多くの国立図書館は歴史的調査・研究用図書館を兼ねる。大学図書館もそうであるが，しばしば大学の独立志向の強い部局図書館は専門図書館以上に専門図書館的色彩を強めるかもしれない。それらの部局図書館も，もし啓蒙的なサービスが求められていれば，学生の娯楽読書のためのサービスを提供するかもしれない。

3．図書館への，図書館内での経営資源の配分

　ある図書館のサービスの概形はその図書館への，もしくは図書館内での資源の配分によってもたらされるものである。これは政治的および管理的な影響の問題である。外的な環境――すなわち，社会的，政治的，企業経営環境上の――が資源を所有しており，その所有者の一部の人たちが図書館サービスの運

営のためにその経営資源の配分権を有しているのである。重要なのは，慣例により利用者の支払いを通じて資源を生みだす営利事業的なサービスとは異なり，図書館は資源の配分からサービスの利用が切り離されているという特徴をもった公共的なサービスなのである。大学の学長，自治体の首長，企業の経営者はそれぞれの職責上の判断に従い，その奉仕対象者たちが図書館を利用するかどうか，また利用するにしてもどのように利用するかを考慮して，図書館に経営資源を配分する。この方式，通常の行政サービスの方式は「図書館モデル」とも呼ばれることがある。三者（設置者，管理者，および利用者）の役割が相互に独立しているということにはならない。実際に，それぞれは他の二者に影響できるし，影響もする。例えば公共図書館利用者は主権者であり，主権者は地方税額や地方自治体予算の決定権をもった首長を誰にするかの選挙権をもつ。また，図書館サービスは利用者やその利用のために提供されるので，それを想定しての利用者の嗜好を知ることが重要であり，選書は，少なくとも部分的であるにせよ予期される需要に応じて実行される。しかし，選書は司書が利用者にとって良いと考えた結果の反映でもある。それは親心（paternalistic）の発露ともいえる。以上の三者はそれぞれ図書館を成功させようとしているが，しかしもちろん，成功に導くものは図書館というものにとっての適切な目的をどう考えるかである。[2]

　財政当局から図書館への経営資源配分と図書館内での主任図書館員による経営資源の割り当ての識別は可能であるが，そのそれぞれの配分に際しては討議，交渉，および合意が必要になる。図書館長は特定目的のための資金づくりを求められ，設置者は一連の計画を実行するための経営資源の調達が求められる。しかし，図書館サービスは労働集約業務であり，それに伴ういくつかの要因が責任の分散を引き起こす。図書館の組織構造は階層構造である。図書館が大きくなると一般的に利用者の便宜のために，地理的にも分散される。また，仕事の専門化や分業の程度は普通である。さらに，図書館サービスが利用者行動に及ぼす貢献の度合いは一般には明確にならないから，個人的な決定に基づく成果に対する図書館の貢献も明確にはならない。このような要因の組み合わせからいえることは意思決定への責任があいまいになる。このことは特に選書や，働く人の労働時間の割り当てにおいて顕著である。個人的な一つひとつの

決定は小さなものであっても，それらは累積的な効果を発揮し，多くの人の考えや価値観を反映している。これが労働集約的な人的サービスの特徴である。[3]

4．図書館長の役割

　図書館の予算・資金獲得や意思決定が拡散するという政策的な特性に続き，司書，特に図書館長は図書館への経営資源の配分に影響する仲介的な役割をもつが，その役割について言及したい。その役割は図書館の目的としての様々な考え方に依存している。もし図書館がその本質において，蔵書の保存であると見られているのなら，司書の役割は資料保存係である。資料保存係の職能は単純事務職化し，文書記録類を識別し，記述し，修復する，ある種の書誌的な技能をもった技能者であるか単純事務職となる。

　しかし，図書館の役割が教養・娯楽や教育にあると見られるなら，図書館職員はその図書館が所属する共同体の標準にとって，適切で，道徳的で，調和したものについての見解を有することになる。どのような図書は適切であり，どのようなものは受け入れられず，排斥されるのかに関して，意見の不一致があるであろう。抗議があるかもしれない。［その時に：訳注］館長は議論することを避けて，意見の不一致を減らすことを選択することもできる。また，館長はある資料類は非常に重要なので，たとえある利用者群の人たちがその資料類を排除すべきだと考えても蔵書に加えるべきであると決定を下すこともある。さらに，図書館長は中立であるべきとの見方もあるが，それは中立というよりは忍耐の問題との見方が強くなる。

　もし，我々が蔵書に精通し，その利用者たちとも親密に意見交換のできる申し分のない，友好的で，学識にあふれた司書を求めるなら，17・8世紀の欧州の学識充分な司書から始めることになるが，17・8世紀の欧州の図書館は今よりもずっと小さかった。図書館は博物館のような存在であり，利用者はほとんどいなかった。本を選択したり，探したりするための時折の来館者からの要求は蔵書や求める主題についての知識に精通した司書によって解決されていた。[4]

　しかし，図書館サービス提供者として最善の司書ですらも，問題がある。どれだけ多くのトピックに精通できるか，どれだけ大きな蔵書に精通できるか，

一日にどれだけ多くの利用者に図書館サービスを提供できるかには限界がある。工学的に考えれば，人間司書（館長）の能力では［業務処理能力の：訳注］規模が不十分である。他のサービスで行われているように，セルフサービス方式にするか，機械化によってのみ，その規模の問題を解決できる。さらに悪いことには人間司書には大問題が発生する可能性がある。すなわち，離職，死去，物忘れが生じるかもしれないのである。

　図書館学（library science）という名称の起源はこれらの問題への対処から生じた。18 世紀の終わりごろには欧州の多くの修道院が閉鎖され，そこにあった図書館蔵書が没収された。ババリア（Bavaria）では，200 ほどの修道院図書館の蔵書が王立図書館に加えられるべくミュンヘン（Munich）に送られた。王立図書館の職員はこの資料類の大洪水に対処不能となった。マーチン・シュレッティンガー（Martin Schrettinger, 1772–1851）という修道士出身の司書がこの問題を解決した。シュレッティンガーは利用者（読者）たちが，独力で，素早く，容易に読みたい本を（司書同様に）見つけだすことのできる技術的なシステムが必要だと考えた。彼は 1808 年に出版した著書で「Biblio-thek-Wissenschaft」（図書館学）という語を技術的な指導書のために新たに創った。

　彼の本は「図書館とは，人の求めに応じて遅滞なくその求めている専門書に，その知識の探索者を誘導できるように組織化された巨大な本の塊である」で始まる。[5] その核となる考え方は個別の図書に唯一の識別子が与えられており，良い目録があり，さらに，目録記入と本の書架上の排架位置を結びつけることで，誰でも司書の支援なしに，書架上での図書の排列や位置がどうであれ，蔵書の利用を可能にするというものであった。彼独特の解決法は著者名目録と排架リストによって補足された幅広い主題群を書架上に排列することであり，後にそこには件名目録も加わった。事実上，図書館目録は司書の代理であり，司書の知識を固定化し，図書館という技術的機械装置を作りだす。シュレッティンガーは図書館学分野における公式な専門職教育課程の最初の提案者と思われる。[6]

　当時もっとも高名であったドイツの学術司書であるフリードリッヒ・アルバート・エバート（Friedrich Albert Ebert, 1791–1834）は，シュレッティン

ガーを生身の司書を貶めるものとしてひどく非難した。エバートは図書館のは
しごから落ちて，死去した。それゆえ，学術司書に依存することの危険性と，
司書の書誌的な知識を具現化した目録の優位さを示したことになった。生身の
司書の代用物としての目録技術に依存することは司書の個人的，文化的価値を
否定することにはならない。むしろ，司書の知識と文化的な価値を，一見した
ところ非人格的に見える図書館の技術的な機械装置の中に固定しているのであ
る。

　技術と図書館サービスの技法はまったく一般的である。有能な司書は容易
に，他館の，他館種の，他国の図書館のやり方に順応する。本章では図書館
サービスの種類が異なるとどのようなサービス要求の類型に合致するかという
ような構造的な問題を説明してきた。これは図書館の違いの機能的な説明にな
る。しかし，図書館サービスにとって，たいへん強い力がまだ存在する。それ
は各種のサービス提供がいかなる大きさで行われるかに関する政治的な選択の
問題である。これらの選択は社会的な問題を反映しており，その選択は文化的
な文脈ごとに変化すると期待されるし，文化的価値や政治的優先性の変化に応
じて時を超えて変化すると思われている。経営資源の配分の決定権を誰がもっ
ているかを論じるのはマルクス主義者である必要はないのである。次の章では
社会的な文脈の影響や図書館サービスに及ぼす文化的価値観を扱いたい。

注

1：本章は，次を典拠としている。Michael K. Buckland, "On Types of Search and the
　　Allocation of Library Resources," *Journal of the American Society for Information
　　Science* 30, no. 3 (May 1979): 143-47.

2：より詳細な議論については，次を見よ。Michael K. Buckland, *Library Services in
　　Theory and Context*, 2nd ed. (Oxford: Pergamon, 1988), chaps. 11 and 12; also,
　　http://sunsite.berkeley.edu/Literature/Library/Services/. 政治的および経済的プ
　　ロセスがどのように関連しているかについては，次を見よ。Albert O. Hirschman,
　　Exit, Voice, and Loyalty; Responses to Decline in Firms, Organizations, and States
　　(Cambridge, MA: Harvard University Press, 1970).

3：Yeheskel Hasenfeld, *Human Service Organizations* (Englewood Cliffs, NJ: Prentice-

Hall, 1983).

4 ：以下を見よ。Jeffrey Garrett, "Redefining Order in the German Library, 1775–1825," *Eighteenth-Century Studies* 33, no. 1 (Fall 1999): 103–23, http://www.jstor.org/ stable/30053317; Michael K. Buckland, "Library Technology in the Next Twenty Years," *Library Hi Tech* 35, no. 1 (2017): 5–10; also, http://escholarship.org/uc/ item/9gs9p655; Michael K. Buckland, "The Relationship between Human Librarians and Library Systems: Catalogs and Collections," in *Estudios de la información: teoría, metodología y práctica*, cood. Georgina Araceli Torres Vargas (Mexico City: UNAM, Instituto de Investigaciones Bibliotecológicas y de la Información, 2018), 91–105, http://ru.iibi.unam.mx/jspui/handle/IIBI_UNAM/ L158; and Uwe Jochum, *Bibliotheken und Bibliothekare 1800–1900* (Wurzburg: Konigshausen und Neumann, 1991).

5 ：Martin Schrettinger, *Versuch eines vollständigen Lehrbuches der Bibliothek-Wissenschaft* (Munich: author, 1808), 11, http://archive.org/details/bub_gb_ x2qePg9yKNkCSchrettinger. Translation from Garrett, "Redefining Order," 116, emphasis added.

6 ：J. Periam Danton, "Corrigendum and Addendum to a Footnote on Library Education History," 73–78, in *Essays and Studies in Librarianship Presented to Curt David Wormann on His Seventy-Fifth Birthday*, edited by M. Nadav and J. Rothschild (Jerusalem: Magnes Press, Hebrew University, 1975).

第**3**章

文化的背景と政治的選択

　人間社会に文化的・遺伝的特徴があるのと同じように，図書館サービスにも文化的側面と技術的側面がある。文化的側面は，図書館が提供するサービスの種類や規模に影響を与える。図書館は，通常，地方自治体，教育機関，営利企業などの大きな組織が，その組織の目的を達成するために資金を提供しているサービス機関である。そのため，図書館は商業的な仕組みというより，むしろ，政治的な仕組みで資金を調達しているといえる。図書館における資金調達の額とその配分は，資金調達機関の目的，価値観，優先順位に従っている。図書館の利用者は，図書館の収入やサービスの内容に直接責任を負うものではないが，間接的な影響力をおおいにもっている。公共図書館の利用者は，特定の政策を実現するために地方自治体の議員を選ぶ有権者でもある。大学図書館の利用者には，影響力のある学内委員会の委員を務めたり，大学行政の重役を担ったりする教授も含まれている。

　前章で述べたように，公共図書館や学校図書館で提供される娯楽や教育のための図書館活動は，学術研究図書館や企業の専門図書館よりも，設置者の文化的価値観の影響を強く受けている。したがって，様々な国の公共図書館サービスを調査することによって，それぞれの図書館の違いを生みだす文化的背景について，さらなる知見を得ることができるはずである。例えば，米国における公共図書館サービスの在り方に関する考え方が，フランスや日本の図書館サービスに対する考え方とどのように異なるかを検討することができる。

1．米国の公共図書館

　米国における公共図書館の発展を牽引した思想については，様々な先行研究

がある。しかし，このような思想は中立的なものではなかった。まず，シド
ニー・ディッツィオン（Sidney Ditzion, 1908–1975）の*Arsenals of a Demo-
cratic Culture; a Social History of the American Public Library Movement in
New England and the Middle States from 1850 to 1900* の 1947 年版から始め
よう。このタイトルが全体の流れを表しており，本文はルーズベルト大統領の
言葉から始まっている。

　　我が国の戦争の最初の年に，我々は武器として本の力が強大化するさま
　　を見てきた。……海戦が船なしで勝つことはできず，ましてや本なしでは
　　思想の戦いに勝てないのである。……図書館は我々の世界を二分する争い
　　に直接かかわっている。それには二つの理由がある。第一に図書館は，機
　　能的で民主的な社会に不可欠であるからである。第二に，現代の紛争は，
　　学問の品位，精神の自由，文化の存続に影響を与えるものであり，図書館
　　は学問の偉大な道具であり，文化の宝庫であり，精神の自由の偉大な象徴
　　であるからである。[1]

　ディッツィオンが示すように，米国の公共図書館は複数の思想に影響を受け
て発展してきた。一つは経済的な思想である。産業的，商業的繁栄が続くかど
うかは，教育を受けた人々の存在にかかっていた。英国の経済学者スタン
レー・ジェヴォンズ（Stanley Jevons, 1835–1882）は，たとえ図書館に高いコ
ストがかかっているとしても，図書館を無料で使えるようにすることは，刑務
所や貧民院，その他公金で維持されている施設や，民間資金で維持されている
ジン・パレス（gin palaces）や音楽ホール，劇場よりも安上がりであると主張
した。[2] 正規の学校教育は，特に労働者が不足している時代において，産業界
や商業界のニーズに十分応えるものではなかった。移民には補習教育が必要で
あった。このような理由から，識字率の向上と成人教育を支援することができ
る教育機関に価値があるとされた。そして，公共図書館はその両方を支援して
いた。また，新しい労働者階級が台頭するにつれて，産業論的な議論も起き
た。労働組合のリーダーであるサミュエル・ゴンパーズ（Samuel Gompers,
1850–1924）は1897 年に，「組合に入っていない場合，普通，労働者の行きつ

けの場所は酒場であるが，組合に入れば，それが会議室，クラブ，図書館に変わる」と書いている。[3]

　また，政治的議論もあった。一つは，もし図書館が真に一般市民に奉仕するのであれば，図書館は一般市民によって管理され，一般市民によって資金が提供されるということになる。これは，資金を提供された図書館が公共図書館になることを意味しており，図書館が地方自治体を通じて国民によって設立・運営のための資金を提供され，税収を使って国民によって運営されるなら，国民が無料で利用できるようにすべきであるという考え方である。ジェヴォンズが書いているように，図書館は「町役場，警察裁判所，刑務所，貧民院と同じように，文明化の段階で必要となる施設の一つである」ということになる。[4]

　もう一つの考え方は，共和主義に関連している。すなわち，米国が，国民一人ひとりとしても，あるいは連邦政府としても国を共和制として維持したいのであれば，一般市民が選挙という役割を効果的に果たすため，十分な知識を有することが必要であった。共和主義と関連していたのは，個人の価値という概念，実用的な知識へのニーズ，自己実現であった。ディッツィオンはこれを一種の文化的ナショナリズムと呼び，「新しい文化は，運動，拡大，進歩，参加の豊かさ示し，個人主義，地方の自立と主体性を称え，人道的精神を高揚させ，民主主義に対する信頼をナショナリズムという宗教へと変えた」[5]と述べている。

　民主主義と共和主義は，平等という文化を意味し，「無料で利用できる図書館は知的で文学的な共同体であり，貧しい者と富める者が，投票所と同じように，対等な条件で出会うことになる」。[6]さらに，「民主主義にとっての最大の脅威は，教育を受けていない階級が，未熟な選択で，あるいは，街の政治家の策略的なリーダーシップに盲従させられて，誤った政党に投票することであると捉えられていた。米国は，もし「無教養な黒人と外国生まれの人々」に教育や情報を与えなかったならば，自国の人道的精神の犠牲者となるだろう」。[7]政治的革命よりも政治的進化が優先され，外国生まれの図書館利用者はアメリカナイズされる必要があった。

　図書館は教育機関とみなされ，学校制度の不備を補い，娯楽を通じた教育を提供することができるある種の構造物とみなされていた。市民の啓蒙と自己啓

発は，米国の公共図書館の不変の目標であった。当初はコレクション形成が第
一の関心事であったが，利用者個人への支援や刺激，館外活動，特定グループ
へのサービスが徐々に拡大していった。1850 年頃から 1890 年頃までは道徳の
向上が強調され，1930 年から 1950 年にかけては職業改善が主要な目標とな
り，その後は地域社会の発展が主要な関心事となった。[8]

　個人主義と自己啓発に対する責任性は，米国の文化に深く根づいていた。ル
ネサンス的な個への関心，聖書との直接的なつながりや善行と救いに対する個
人的な責任性を重視するプロテスタント，理性を重視する啓蒙主義，個人の精
神に対するロマン主義的な関心，これらすべてが米国の民主主義理論を形成し
た。

　慈善的，人道的な使命は，1866 年にある講演者が言ったように，「優秀で教
育を受けた者の，弱者，愚か者，無知な者に対する責任」[9]という考え方を反
映していた。YMCA のように，公共図書館は健全な選択肢，自助努力，より
良い世界という未来像を提示した。公共図書館は，社会的に有益な活動に対す
る慈善事業を支援するという米国の習慣に合致していた。アンドリュー・カー
ネギー（Andrew Carnegie, 1835-1919）は，卓越した財政援助で有名であっ
た。地域社会が図書館サービスを維持することを約束した場合，カーネギーが
図書館の建築費用を負担するという合意がなされていた。彼は言った。

　　　無料で使える公共図書館ほど，純粋な民主主義の揺りかごのような場所
　　は地球上にないだろう。図書館では多くの場合，高貴な人や大富豪より
　　も，本の知識が豊富な貧乏人の方が偉大なパートナーとなっている。[10]

　カーネギーは，慈善事業が定着しているところでは傑出した存在であった
が，他の国ではあまり目立たなかった。[11]

　ディッツィオンは，米国における公共図書館の台頭について最も広く受け入
れられている説を提供した。[12]他の歴史家とは，強調する点が異なっていた。
ジェンダーという観点から見ると，図書館や司書──特に公共図書館と学校図
書館──は子育てと，あるいは，米国女性の職業としての図書館サービスとい
う見方と結びついていた。[13]もう一つの観点は，階級の役割を強調したもの

で，米国の公共図書館は，図書館を頻繁に利用する大衆の行動に影響を与えよ
うとする上流階級の人々による社会的支配をもたらすものであるというもの
だった。[14]

　農村から都市への移住，労働者の社会経済的地位の向上に対する関心，出版
物の着実な増加は，公共図書館の発展を後押しした。公共図書館の効率性が礼
賛されるにつれ，図書館学の技術的発展と専門性が確立し，専門学校や大学，
いくつかの大規模図書館で図書館学の専門教育が行われるようになった。

　公共図書館に関する考えは，より広い視野の一部であった。活発な公共図書
館は，地域サービスを発展させることを目的として，地方政府に許可されるべ
きであり，奨励されるべきであるという考えに依存していた。図書館に対する
慈善事業からの支援は，慈善事業が政府の活動を補完することができるし，ま
た補完すべきであるという好意的見解の一側面でもあった。言い換えれば，無
料で利用できる公共図書館は，社会がどのように機能するべきかという思想に
依存していた。無料で利用できる公共図書館は，公共図書館が繁栄する条件に
対して，社会的・政治的合意がなければ誕生しなかったであろう。

　社会史家のマール・カーティ（Merle Curti, 1879-1996）は，米国の公共図
書館を「私たちの主要な文化機関の中で，最も米国的な特徴をもつものの一
つ」と考えていた。[15] このような考えは，現実には十分に反映されていなかっ
たといえる。特筆すべきは人種差別で，「「無教養な黒人と外国生まれの人々」
を教育し，情報を与えること」に失敗したのであった。それにもかかわらず，
このような思想は影響力をもっていた。

2．比較

　ディッツィオンらによる米国公共図書館のイデオロギーに対する説明の難し
さは，それぞれの表現は異なるが，いずれも多かれ少なかれ公共図書館の発展
を支持する方向に収斂しており，その相対的な重要性を示す根拠が少ないこと
である。さらに，一国を対象とした記述の調査だけでは，限られた知見しか得
られない。より多くの知見を得るための方法は，異なる国を比較することであ
ろう。一つの例として，自由民主主義への熱望が米国の公共図書館にとって強

力な後押しになっていたとしたら，民主主義的でも自由主義でもない国での公
共図書館の発展はどうだろうか。例えば，レーニン（Lenin）と，司書であっ
た彼の妻ナデジダ・クルプスカヤ（Nadezhda Krupskaya, 1869-1939）は，ソ
ビエト連邦の公共図書館を強く支援したが，西洋の自由民主主義までは支持し
なかった。

　1960年代から1970年代にかけて，各国の図書館サービスを暗黙的に，ある
いは明示的に比較する研究が数多く行われた。しかし，これらは非常に記述的
であり，探索的な分析にはほとんど注意を払っていないという点で，限定的な
ものであった。それ以来，この傾向は逆になっている。すなわち，植民地主
義，ジェンダー，マルクス主義などに関連づけた探索的分析から始めて，解釈
のための事前に用意されたレンズとして，その視点がいくつかの状況に投影さ
れるようになった。ここでは，1850年から1914年にかけてジーン・ハッセン
フォルダー（Jean Hassenforder）が行った，米国，英国，フランスにおける
公共図書館の発展を比較分析した研究を紹介する。[16]

3．フランスの公共図書館

　19世紀半ばには，フランス，英国，米国は世界をリードする三大大国であ
り，ハプスブルク（Habsburg）帝国やロシア帝国よりもいくつかの点で近代
的であった。ドイツとイタリアはまだ国民国家として存在していなかった。フ
ランス，英国，米国は民主化を進め，産業革命，急速な技術発展，都市化を経
験した。彼らは西欧の文化遺産を共有していた。これらの国々には共通点が多
くあった。それぞれが他の2カ国のことをよく知っており，互いに影響を与え
あっていた。しかし，フランスの図書館の発展，特に公共図書館の発展は，米
国や英国とは根本的に違っていた。[17]

　米国の憲法は，個々の州による連邦制度を，可能な限り自治を維持しようと
努力することと定義している。英国でも常にそうであったように，各州の地方
政府の力が強い。北米では，互いの地理的距離が離れており，交通機関発達の
遅延もあったため，中央集権的な管理は不可能であった。これとは対照的に，
フランスでは，多様な管轄権と地方のしきたりからなるキルト（quilt）のよ

うな状態から，徐々に，国民国家が誕生していった。アンリ4世（Henri IV）は1604年に政治的統一を達成し，1643年から1715年まで王であったルイ14世（Louis XIV）は，中央政府に権力を集中させた。フランス革命は，既存の地域政治と地方政治の構造を一掃し，まったく新しい中央集権体制の下での地方政府組織を，新たな地理的境界線とともに導入した。しかし，首都パリ（Paris）の中央政府が米国では考えられないような影響力と支配力を行使していたため，フランスの地方政府は限られた自治権しかもっていなかった。

　米国では，英国と同様に，新しい市立図書館は，全住民を対象とした新しい機関であった。図書館は，社会を改善し，個人の自助努力を支援するのに前向きな機関とみなされていた。担当者はイノベーションを起こすことができ，この新しい機関は自由に進化することができた。彼らには，会員制図書館や労働者クラブのような良いモデルがあった。

　一方フランスでは，状況は非常に異なっていた。市立図書館はすでに存在していたが，これらは18世紀に貴族から没収された古書からなる小さな蔵書の保存場所であった。市はそれらを保存する義務があったが，良い書庫や有能なスタッフの確保，新しい資料を追加するために費用をかけることにはほとんど関心がなかった。そのため，これらの化石化した禁帯出コレクションは発展せず，一部の地元の学者だけが関心をもっていたに過ぎない。また，それとは別に，小規模な一般向け図書館があった。これらは貸出可能な小規模な蔵書であった。しかし，閲覧スペースはなく，開館時間も予算も非常に限られていた。教育省は学校図書館の設置も義務づけていた。これらもまた，一般向け図書館のように，規模が小さく，見向きもされない蔵書だった。その結果，英国と米国で新しい無料の公共図書館を生みだした素地は，フランスでは，非常に小規模な蔵書と最小限のスタッフ，アクセス，もしくは支援で構成される，非常に限られた3種の運営要素として存在するだけだった。これらのサービスに関わっていた少数の個人も，ほとんど何の特権ももっていなかった。地方自治の重視や，米国で影響力をもっていた慈善活動からの支援も存在しなかった。

　フランスでは，一般市民のための図書館と，学術エリートが頻繁に利用する市立図書館の間に明確な区別があった。後者は，資料保存への関心が高く，それが現代的なニーズを阻害していた。最初の米国式の無料の公共図書館サービ

スと移動図書館は，戦時中の救援組織によって，公式のルートとは別に提供された。荒廃したフランスのための米国委員会（フランス語では CARD）は，1917 年から 1924 年まで西部戦線で活動し，米国のボランティアがスタッフを務め，米国の慈善事業から資金援助を受け，カナダ人医師のアンナ・マレー・ダイク（Anne Murray Dike, 1878-1929）と相続人のアンネ・トレーシー・モーガン（Anne Tracy Morgan, 1873-1952）が主導した。CARD は緊急救援活動を行い，その後，ニューヨーク公共図書館の児童図書館員であったジェシー・カーソン（Jessie Carson）が中心となって図書館サービスを提供し，地域社会の発展に貢献した。[18]

　フランスのいくつかの研究図書館は大規模であったが，サービスはほとんど提供されていなかった。市立図書館も研究図書館も，コミュニケーションではなく資料保護に重点を置いていたことは有名である。国立図書館は世界最大級の規模を誇っていたが，1930 年に政治的に活躍したドキュメンタリスト（documentalist）のジュリアン・ケイン（Julien Cain, 1887-1974）が近代化を担う館長に任命されるまでは，非常に保守的であった。ケインの指示のもとで，スザンヌ・ブリエ（Suzanne Briet, 1894-1989）が十分な蔵書とスタッフを配置した参考文献・書誌室を開設する 1934 年までの間，基本的で有用な参考図書でさえも，閉鎖された書庫に保管されていた。

　このような状況下で，大規模な研究図書館では古書や写本の学術的研究は行われていたが，米国で台頭してきた新しいスタイルの図書館サービスを準備したり実施したりする機会はなかった。フランス革命の間に没収された中世の憲章や写本の蔵書を保存するアーキビスト（archivists）を養成するために設立されたフランス国立古文書学校（School of Charters）が，司書を養成するため唯一の学校であった。カリキュラムは，当時の歴史家が使用していた技術，特に文献学（古文書の解釈）と古文書学（古い筆跡の解読）に基づいていた。最終的には，図書館員としての最低限の教育内容が徐々に加えられた。フランスの研究図書館のスタッフは，このプログラムの卒業生がほとんどであった。彼らは「コンサベータ」（conservators）と呼ばれていた。状況は非常に悪く，アメリカ図書館協会は，米国の慈善家やフランスの図書館コミュニティのメンバーと協力して，パリに独立した米国式図書館学校を設立した。この学校は

1924 年から 1929 年まで運営され，非常に刺激的な効果をあげた。[19] 図書館サービスにおける外国の介入が与えた役割については，第 5 章でさらに検討する。

　教育に対する考え方もフランスではかなり異なっていた。教育は非常に標準化・制度化されており，公立学校はパリに在る当局から厳しく管理されていた。よく知られていることだが，どの学校のどの学年の子どもでも，文部大臣はその子がその時どのようなテーマで教えられているかすぐに説明することができた。全国的に，試験に合格すること，エリート校に入るために競争すること，適切な卒業証書を取得することに重点が置かれていた。米国のように，独学者や，正式な教育制度の外で自己研鑽を積む者が尊敬されることはほとんどなく，在野の専門家の英国崇拝は孤立した。

　米国は多様性に富んだ国であるのに対し，フランスは政治的，宗教的，社会区分的に深く分断された国であった。このような状況であるがゆえに，改革の試みはうまくいかなかった。米国では，政治的，法律的，宗教的，その他の文化的要因が融合して，無料で使える公共図書館の発展を支えた。ハッセンフォルダーの詳細な分析によると，フランスでは，政治的，法的，宗教的，およびその他の文化的要因が，公共図書館サービスの発展を阻害していた。フランスの先進的な司書は，その違いを認識していたが，変化をもたらすような立場にはなかった。ウジェーヌ・モーレル（Eugène Morel, 1869-1934）とモーリス・ペリッソン（Maurice Pellisson, 1850-1915）など，何人かが，主に英国と米国など，他の地域で発達した図書館サービスに注目を集めることで，改善を求めるキャンペーンを行った。

　1908 年のモーレルは，世界中の良い事例を探し，当時の日本の発展を称賛している。「日本は，その（軍事的な）勝利のために多大な借りが残ったにもかかわらず，その勝利の源を忘れることなく，カノン砲（cannons）や書籍を買い続けている」と述べている。[20]

　ペリッソンは 1906 年に，カリフォルニア州の図書館振興の取り組みについて，「熱意に満ちた活動家」がいたと書いた。[21] 次の章では，ペリッソンが賞賛したカリフォルニア州を取り上げる。農村部での図書館サービスの発展は注目に値する話であり，後に日本やその他の地域での取り組みを刺激することになる。

注

1：Sidney Herbert Ditzion, *Arsenals of a Democratic Culture: A Social History of the American Public Library Movement in New England and the Middle States from 1850 to 1900* (Chicago: American Library Association, 1947), vi.

2：Stanley Jevons, "The Rationale of Free Public Libraries," *Contemporary Review* 16, no. 3 (March 1881): 385–402. 次に転載。David Gerard, ed., *Libraries in Society: A Reader* (London: Bingley, 1978), 16–20.

3：Ditzion, *Arsenals*, 126.

4：Jevons, "Rationale," 387.

5：Ditzion, *Arsenals*, 57.

6：Ditzion, *Arsenals*, 60.

7：Ditzion, *Arsenals*, 65.

8：Robert Ellis Lee, *Continuing Education for Adults through the American Public Library, 1833–1964* (Chicago, American Library Association, 1966).

9：Ditzion, *Arsenals*, 97.

10：Ditzion, *Arsenals*, 154.

11：米国では，2020年2月現在，慈善団体に寄付すると，個人所得の60%まで所得税が免除され，法人税も大幅に免除される。

12：以下の文献にも詳しい。Francis Miksa, "The Interpretation of American Public Library History," 73–92, in *Public Librarianship: A Reader*, edited by Jane Robbins Carter (Littleton, CO: Libraries Unlimited, 1982); and Robert V. Williams, "The Public Library as the Dependent Variable: Historically Oriented Theories and Hypotheses of Public Library Development," *Journal of Library History* 16, no. 2 (Spring, 1981): 329–41. 以下をも見よ。Rosemary R. Du Mont, *Reform and Reaction: The Big City Public Library in American Life* (Westport, CT: Greenwood, 1977); Dee Garrison, *Apostles of Culture: The Public Librarian and American Society, 1876–1920* (New York: Free Press, 1979); Michael Harris, "The Purpose of the American Public Library: A Revisionist Interpretation of History," *Library Journal* 98 (September 15, 1973): 2509–14; Lee, *Continuing Education for Adults*; Lowell Martin, *Enlightenment: A History of the Public Library in the United States in the Twentieth Century* (Lanham, MD: Scarecrow, 1998); Douglas Raber, *Librarianship and Legitimacy: The Ideology of the Public Library* (Westport, CT: Greenwood, 1997); Jesse H. Shera, *Foundations of the Public Library: The Origins of the Public Library Movement in New England, 1629–1855* (Chicago: University of Chicago Press, 1944); Wayne A. Wiegand, *Part of Our Lives: A People's History of the American Public Library* (New York: Oxford University Press, 2015)［参照：

ウェイン・A. ウィーガンド. 生活の中の図書館：民衆のアメリカ公立図書館史. 川
崎良孝訳. 京都図書館情報学研究会, 2017, 429p.]; and Patrick Williams, *The
American Public Library and the Problem of Purpose* (New York: Greenwood,
1988) [参照：P. ウィリアムズ. アメリカ公共図書館史：1841-1987年. 原田勝訳.
勁草書房, 1991, 209p.].

13：Garrison, *Apostles.*

14：Michael Harrisによる論考がある。例えば, Harris, "Purpose of the American Public
Library."

15：Ditzion, *Arsenals,* vii.

16：Jean Hassenforder, *Développement comparé des bibliothèques publiques en France,
en Grande-Bretagne et aux États-Unis dans la seconde moitié du XIXe siècle (1850
-1914)* (Paris: Cercle de la librairie, 1967). 彼による次の文献に英語の簡潔な要約
がある。"Comparative studies and the development of libraries," *UNESCO Bulle-
tin for Libraries* 22, no. 1 (1968): 13-19. フランスの図書館史については, 次を見
よ。*Histoire des bibliothèques françaises,* edited by André Vernet and others, 4
vols. (Paris: Promodis-Editions du Cercle du librairie, 1988-1992).

17：本節は, Hassenforder による *Développement* を典拠としている。

18：Marcelline Dormont, "The French Connection: Remembering the American
Librarians of Post-WWI France," *American Libraries* (February 16, 2017), https://
americanlibrariesmagazine.org/2017/02/16/french-connection-librarians-wwi-
france/.

19：Dormont, "The French Connection." フランスにおける二つの世界大戦間の司書職
については, 次を見よ。Sylvie Fayet-Scribe, "Women Professionals in France
during the 1930s," *Libraries and the Cultural Record* 44, no. 2 (2009): 201-19.

20：Eugène Morel, Bibliothèques, essai sur le développement des bibliothèques pub-
liques et de la librairie dans les deux mondes, vol. 1 (Paris: Mercure de France,
1908-1909), http://catalog.hathitrust.org/Record/001164300.

21：Maurice Pellisson, *Les bibliothèques populairs à l'étranger et en France* (Paris:
Imprimerie Nationale, 1906), 27; also, https://catalog.hathitrust.org/
Record/000961498, "On vit que les États du Nord et de l'Est ont une singulière
avance sur ceux de l'Ouest et du Sud. Mais, dans ces dernières années, les
retardataires se sont mis en movement à leur tour; en California, dans le
Mississipi en particulier, la cause des bibliothèques publiques a trouvé des
partisans pleins de zèle et l'écart que nous signalons ne tardera pas à diminuer."

第**4**章
カリフォルニア州立図書館システム

> カリフォルニア州の郡図書館（county library）は，郡が運営する地域の図書館が個々の単位でただ存在しているのではない。……各図書館が統一した図書館サービスシステムを構成しているのだ。——カールトン・ジョッケル（Carleton Joeckel），1935 年

　1850 年に州として合衆国へ加入するとすぐ，カリフォルニアは州立図書館を設立し，それを野心的に発展させた。19 世紀末までには米国の州立図書館で 2 番目に大きな規模のコレクションをもち，その数は 10 万点に上った。これよりも規模が大きいのはニューヨーク州立図書館のみであった。しかしながら，サービスの進展はあまりみられなかった。図書館を利用できるのは州の職員と議員，議員に仕えるスタッフに限られていたのである。図書館職員の採用も，能力や資質に基づくものではなく，政治的支援の見返りとして行われるものだった。

　1900 年には 163,696 平方マイル（約 423,970 km²）に 150 万人の人口を抱え，カリフォルニアは大規模な州となったもののほとんどは田舎であった。法的には，市は公共図書館の設置を認められていたが，都市以外の農村部を担当する自治体は，図書館サービスの提供を認められていなかった。そのため，いくつかの町の郊外では公共図書館サービスは行われていなかった。

　市立図書館は数えるほどしかなく，ほとんどはまだ始まったばかりだった。例えばバークレーは，1873 年以来カリフォルニア大学（University of California）の本拠地であるにもかかわらず，1893 年に 264 冊の寄贈本が利用可能になるまで公共図書館が存在しなかった。1905 年になってようやく，著名な市民であるローザ・シャタック（Rosa Shattuck）によって図書館用に寄贈され

た庭園の敷地に，アンドリュー・カーネギー（Andrew Carnegie）からの資金提供で公共図書館の建物が開館した。そして，1906年に起きた大地震とサンフランシスコ（San Francisco）の火災による避難民により，市の人口は急激に増加した。

　1900年の時点では，カリフォルニア州や西部の他州の図書館員向けに専門教育が行われてはいなかった。それでもカリフォルニアは例外的な速さで，後にカリフォルニアの郡図書館システムとして知られるようになる仕組みを通じ，質の高い地方公共図書館サービスを発展させたのである。

1．ジェームズ・ギリス（James Gillis）

　カリフォルニアの郡図書館システムは，鉄道会社のマネージャーで，後に図書館員となったジェームズ・ルイス・ギリス（James Louis Gillis, 1857-1917）の発想に端を発している。これは二人の女性によって生き生きと伝えられ英雄譚となっている。彼女たちは進んでこの物語の執筆に取り組んだ。一つは1924年ローラ・ステフェンズ・サゲット（Laura Steffens Suggett）による感傷的な物語の *The Beginning and the End of the Best Library Service in the World*，そしてより事実に近い形で書かれた，1955年のハリエット・G・エディ（Harriet G. Eddy）による *County Free Library Organizing in California, 1909-1918* である。[1]

　4歳の時，ジェームズ・ギリスはシエラネバダ山脈を越え，アイオワから西へ1,700マイル（約2,730km）の地に牛車で連れて来られた。ギリスはサクラメント（Sacrament）を拠点とする南太平洋鉄道システムの一部門，サクラメントバレー鉄道会社の連絡係となった。階級を飛び超え監督補佐に昇格したが，死者が出るほどの非常に激しい労働争議の末，鉄道を去ることを決意する。サクラメントはカリフォルニア州の州都であった。そこで1894年，より静かな生活を求めて州のお役所仕事をするようになった。ギリスは州議会の歳入委員会における主任事務官を務め，州務長官の文書管理を行った。そして業務の中でカリフォルニア州立図書館を利用した。

　ある日，ギリスが州立図書館を訪れると，館内はがらんとしていた。本を読

む人もスタッフもいなかった。ギ
リスはあたりを見まわした。する
とある刺激的な考えが頭に浮かん
だ。この施設はどんなにすばらし
い社会的進歩の原動力となるだろ
う，方向さえ正しく向いていた
ら！　ギリスの同僚は後に次のよ
うなエピソードを残している。

　誰よりも旺盛な想像力を
もっていなければこんなこと
は思いつきもしなかっただろ
う。1898年のある日，カリ
フォルニア州立図書館の丸天
井の館内に足を踏み入れる。
中には誰一人いない。思わず
つぶやく。「この施設の運営

図4.1　ジェームズ・ギリス（James Gillis）

をあの人たちに見せてあげられたらなあ！」……誰もいない丸天井の館内
を見まわした時，ギリスは気づいた。以前そう私に話してくれたことがあ
る。条件の組み合わせさえ合っていれば，どこにも負けない図書館サービ
スを，一つの形で，カリフォルニアにもたらすことができる。ギリスはま
ず，このすばらしい施設を見た。施設を運営するための蔵書は備わってい
る。しかし，その蔵書を使えるようにするための手段がない。次にギリス
はカリフォルニア州のあらゆる人々を思った。ギリスの知り合い，ギリス
が心から愛する州。あの人々は，今は閉ざされているこの図書館を欲して
いる，必要としている。そしてギリスはこれらの蔵書を解放し，人々に届
ける提供機関の必要性を感じたのだった。[2]

　州立図書館の人事は政治的な利益誘導により行われていたため，ギリスは自
分自身が任命されるよう画策し，1898年に州立副図書館長，翌年には図書館

長に任命されることに成功した。その後，ギリスは規則を変更，州立図書館内のこの先すべての職員の登用は，誰かの政治的な引き立てによるのではなく，能力に基づいて行われるようにした。

　中西部と東部の州で図書館サービスの視察旅行をした後，ギリスはカリフォルニアの公共図書館サービスの仕組みの開発に着手した。ウィスコンシン州立図書館が手本だったが，ウィスコンシン州では進取的な州立図書館員，チャールズ・マッカーシー（Charles McCarthy）の手により，州議会のための研究支援と情報サービスが高度に発達し，法案の起草といった業務までもが行われていた。[3]ギリスは進歩的な図書館員らと行動し，カリフォルニア図書館協会の設立に協力した。しかし，郡に無料の公共図書館サービス提供の認可を行う法案を通過させるには時間を要した。第一歩として，市が請け負う形での契約により周辺地域にサービス提供を行うことは認められた。

　ギリスの最初の計画は，1903 年，公立図書館のない場所に寄託本による蔵書のシステムを提供する部署をつくることであった。これは誰かが管理責任を負うことができれば，どんな場所にも設置できた。[4]1906 年までに，200 の「巡回文庫」（traveling libraries）ができ，それぞれ平均して 50 冊の厳選されたコレクションが提供された。しかしながら，それは手間がかかる割に効果のないサービスであった。本当に必要なのは，自治体によって地域で提供される図書館だったが，カリフォルニア州のほとんどの地域を管轄する郡にはそれが認められていなかった。郡による図書館サービス提供の認可を立法化し，そして郡が図書館サービスを実施するように誘導するという二つのステップが必要だったのである。

2．図書館サービス

　現代的経営による運営手法は，主に鉄道会社によって先駆的に行われてきたものである。鉄道会社は線路網が拡大し，他の鉄道会社との相互乗り入れが必要となるにつれ，その複雑さに対処しなければならなかった。ギリスは，フレデリック・W・テイラー（Frederick W. Taylor）らが発展させた科学的管理法（scientific management）が大きな影響力をもつようになったころに州立図書

館長に任命された。科学的な管理と生産効率の向上のために専門家を活用することは，後には資本家である企業が従業員を搾取するための手段とみなされるようになったが，ギリスの時代には，まだ管理職同様，労働者や労働組合からも肯定的に受け止められていた。その理由は，もし労資によって同じ投資でより効率よく生産性が向上すれば，増えた分の利益は分配可能となるからである。この分配利益と無駄の回避は，階級紛争のゼロサムゲームの平和的な代替策とさえみなされていた。そのため，今日のリサイクルがそうであるように，効率は進歩的であるだけでなく，道徳的要請でさえあった。効率崇拝は世界中のあらゆる種類の専門家に受け入れられ，メルビル・デューイ（Melvil Dewey）によって図書館員の間でも喜んで推進された。[5]

　ウィスコンシン州などで学んだ後，ギリスは広範囲にわたる一連の改革と刷新に着手した。新規の一般閲覧室がつくられ，すべての人に開放された。図書館の蔵書目録が完成し，新着図書の速報が作成され，公開された。どの図書館がどのタイトルを所蔵しているかを知ることで，図書館は必要な時にそれぞれの図書館から借りることができた。米国で最初の「総合目録」は，カリフォルニア州の他館の所蔵を記録するために始まったものだった。こうすればすべての図書館蔵書を一つの広大な仮想コレクションとして共有できるのである。州立図書館は図書館間相互貸借の費用を負担，郡図書館にない必要な図書は提供し，必要に応じて購入を行った。レファレンスサービスを支援するため，カリフォルニアの新聞の索引作成が始まった。他の図書館は，難しいレファレンスの質問については州立図書館のサービス部門に転送し回答を得ることができた。

　新しい部門も組織された。州とその歴史に関連する資料を収集保存するためカリフォルニア史部門が設立された。全米で最初の視覚障害者のための図書部門もつくられた。立法を支援するためにどのような情報が必要かを研究するため，社会学部門が設立された。ウィスコンシン州に倣い，上院と議会議員のための立法情報サービスが開設された。選書は，カリフォルニア州と州政府と立法議会のニーズが優先され，カリフォルニア州で成長しつつあった大学図書館の蔵書と重複する広範囲の一般図書コレクションは後まわしとされた。

　こうして，適切に設計された相互に有益なシステムが発展したが，これは進歩的な思考と効率の勝利の賜物であった。[6]郡図書館サービスとしては最初の

システムではなかったものの，間もなくこれは模範とみなされるようになった
のである。

3．ハリエット・エディ（Harriet Eddy）

　州立図書館員のギリスは，郡図書館サービスを認可するための十分な法制化
の承認を得るのに手間取っていた。暫定措置として，市が境界外の農村地域に
おける図書館サービスの請負を認可する法律が制定された。この最初の請負契
約はハリエット・エディの独創力から誕生したものだった。

　ハリエット・ガートルード・エディ（Harriet Gertrude Eddy, 1876–1966）
はミシガン州で育った。大学では聖書ギリシャ語で優秀賞を受賞。その後，中
学校でラテン語を教えた。シカゴ大学（University of Chicago）大学院でラテ
ン語と英語を学んだ後，エディは欧州を旅した。帰国後，モンタナでラテン語
と英語を教え，その後，カリフォルニア州エルクグローブ（Elk Grove）にい
る姉と暮らすようになり，その地で中学校の校長となった。[7]州立図書館の小
さな「巡回文庫」の一つがエディの学校に設置されていたが，学校が認定を受
けるためには，より整備された図書館が必要だったため，蔵書冊数を増やすよ
う州図書館員に依頼の手紙を書いた。ギリスは，郡の地域で請負契約に基づい
た図書館サービス提供を可能にするための法制化を検討していたが，エディの
監督のもとで，近隣のサクラメント公共図書館からエルクグローブに対して，
より規模の大きなコレクションを提供できるよう手配した。

　エディは自分に任された図書の利用を積極的に推進，これに生徒たちをも巻
き込んだ。地元の農家が新しい作物を作ろうとしているとか，生産性の低い果
樹があるといったことを知ると，エディと生徒たちはそのトピックに関する適
切な本を探しだし農家に持っていった。エディの活発なアウトリーチ活動
（outreach）を知り，ギリスはエディに，カリフォルニア図書館協会（California
Library Association）の会議に出席してコレクションの活用について図書館員
たちに話をしてほしいと説得した。エディはそれに応じた。その後，ギリスは
エディを説得，エディは校長職を辞し，州立図書館でギリスと共に働くことと
なった。エディの役割は「拡張」，つまり州立図書館外への図書館サービスの

発展を促すことだった。

　小さな図書館は高度な図書館サービスを提供することはできない。コレクションが小さすぎるのと，専門のスタッフを雇う余裕がないためである。サービスの能力は規模に依存するのである。ギリスは，図書館サービスを独立したまま提供したいと望む市を除いたとしても，郡全体にサービス提供できる統合した図書館システムがあれば，質の高い公共図書館サービスを行う規模としては十分であり，既存の地方自治体の構造にも適合する利点があると判断した。

図4.2　ハリエット・エディ(Harriet Eddy), 1902年

ギリスは，公共図書館サービスの責任は郡の統治機関である監督委員会の直下に置くべきとし，郡の教育委員会による学校規定と分けておくことを望んだ。

　郡による無料図書館サービス提供を正式認可する法律が承認された後，ギリスはエディに，公共の需要を呼び起こし，郡政府に対して図書館サービスを始めるよう説得する仕事を任せた。バークレー図書館学校の創設主任であるシドニー・ミッチェル（Sydney Mitchell）は，エディについて次のように書いている。「エディは並外れた人物だった。……魅力的な人だった！　彼女は伝道者，セールスマン，またはそれらのいずれにもなれただろう。エディの仕事は，女性団体や，時には男性の管理職級の会議にも出かけて行き，課税や郡図書館の設立についてわかりやすく説得することだった」。[8]

4．カリフォルニア郡図書館システム

　ギリスのリーダーシップの下で考えられたシステムは，よく考えられた提案となっており，以下のような項目で構成されている。

- 1911年に制定された郡図書館法は，郡の管理委員会に対して，公共図書館サービスが提供されていない地域へのサービス提供とそのための税の徴収を承認したが，義務づけてはいない。
- 公的資金で運営される図書館をもつ町は対象外となるが，郡のサービスに加入することもできる。
- 人口規模の小さい郡は連合可能とする。
- サービスは無料とする。図書館の利用や図書の貸出にはいかなる手数料も許可されない。
- 郡図書館長は，州立図書館長が管理する図書館審査委員会によって専門資格を認定されなければならない。
- 州立図書館は，技術指導を行うため専門家を雇用した。
- 利用者が，郡図書館で未所蔵の図書を必要とする場合，州立図書館は自館の所蔵からそれを提供，または総合目録を通じて入手，あるいは必要に応じて購入を行う。
- 教員向け図書の州予算の一部は，郡無料図書館サービスに再配分された。

　州立図書館自身は，戦略的な優先事項を変更するため，独自予算を再調整した。蔵書構築においては，カリフォルニア州とそのニーズに関連する資料をより集中的に集めることとなった。他の図書館の充実に向けてより多くの人員が割かれるようになった。広範囲な一般書のコレクション構築は，今やカリフォルニア大学，スタンフォード大学（Stanford University），南カリフォルニア大学（University of Southern California）といった急成長をとげている大学図書館に任すことができていた。

　ハリエット・エディと同僚たちは，優れた政治的スキルをもっていた。最初に郡を訪れて無料の郡図書館サービスを提案する際には，まず郡の監督委員会の各委員の家を訪問するのだった。こうすればその委員はいち早く情報を知り，何が提案されているか誰よりも正確に教えてもらうことができるし，委員たちの配偶者の支持を得ることもできるかもしれないのである。さらにエディらは女性の集まりやその他様々なグループに順番に話をしてゆき，主要な議員の自宅訪問を行った。十分な支援を得たと判断すると，次に監督委員会への請

願を組織し，できる限り多くの支持を集めた。このやり方は功を奏した。約4年の間に，46のうち40の郡が無料図書館サービスを開始し，それぞれが州立図書館と協力，さらに総合目録を通じてカリフォルニアの他の図書館と連携した。活気のあるカリフォルニア図書館協会が支援を行った。

　バークレー市の図書館員であるカールトン・ジョッケル（Carleton Joeckel）は，後に公共図書館行政に関する権威ある論説のなかで，カリフォルニア州のシステムは「際立っている」と書いた。

　　　カリフォルニア州の郡図書館は，郡が運営する地域の図書館が個々の単位でただ存在しているのではない。米国の他のどの図書館グループよりも，個々の図書館は統一した図書館サービスシステムを構成しており，この側面は強調されるべきである。州は，法律で定めた州図書館長による郡の図書館システムの「包括的な監督」を通じて，非常に重要な維持管理を行っている。第二に，すべての郡図書館長は，州図書館長が議長を務める図書館審査委員会が実施する審査において認定を受けなければならない。任命において郡の監督者は，人物の選定について規定されたしかるべきリストを用いなければならない。……つまり，全体としてこの姿は州立図書館を中心とした図書館システム像なのである。地方自治は排除されないが，州の影響は非常に重要である。郡図書館長は，郡に支援を求めるだけでなく，州をこのシステムの源泉とみなす強力な行政職員でもある。[9]

　カリフォルニアの郡図書館システムは広く賞賛された。それは他の図書館が模範とすべき事例とみなされた。1924年に発表されたウィリアム・S・ラーンド（William S. Learned）の感動的な論文 *The American Public Library and the Diffusion of Knowledge* には，カリフォルニアの郡図書館システムについて次のような熱狂的な記述もある。「図書館問題を研究している全米の学生は，田舎や小さな都市の図書サービスにとって理想的な組織であると考えている」。[10] アルビン・ジョンソン（Alvin Johnson）の *The Public Library—A People's University* (1938) は，カリフォルニアの郡図書館システムを取り上げ賞賛した。[11] ソビエト連邦の当局者は，海外の図書館サービスの発達に関す

る調査を行い，カリフォルニア州の図書館システムを模範的であると評価した。1927 年，エディはソビエト連邦に招待され，図書館システムの説明を行い，ロシアへの応用可能性について話し合いをもった。エディは 1930-31 年の間に帰国した。[12] 州図書館長としてのギリスの後継者，ミルトン・S・ファーガソン（Milton S. Ferguson）は，ギリスとグラスゴー（Glasgow）市図書館長であるセプティマス・ピット（Septimus Pitt）が南アフリカの状況について詳細な調査を実施し，図書館開発に影響力のある提言を行う際，カリフォルニアの事例を引き合いに出している。[13]

5．図書館員の養成

　20 世紀初頭の西部の州には図書館学校がなかったため，有資格者の図書館員不足は深刻であった。カリフォルニア大学バークレー校においてプログラムを開始しようとする度重なる試みは，当大学の独裁的な学長であったベンジャミン・イデ・ウィーラー（Benjamin Ide Wheeler）によって阻止されていた。業を煮やしたギリスは，ついに州立図書館で自らの学校を始め，バークレーにおいて話が進むのを待った。[14]

　バークレーでは，長年大学図書館長を務めていたジョセフ・ローウェル（Joseph Rowell）が図書館運営に興味を失い，ハロルド・ラップ（Harold Leupp）が後任に就いた。1917 年に米国が欧州戦争に参戦すると，ラップは軍隊に加わったため，図書館の運営責任は，図書館准職員であるシドニー・ミッチェルに任された。

　シドニー・バンクロフト・ミッチェル（Sydney Bancroft Mitchell, 1878-1951）は，ケベック州出身の口やかましいカナダ移民で，より多くの図書館員を養成する必要性を強く感じていた。ミッチェルは，戦争中に行政手続きが緩和され，文学部長が個々の課程を承認する権限をもつようになったことを知った。そこで，ミッチェルと主任参考調査司書のエディス・コールター（Edith Coulter）は，図書館学課程のリストを作成し，学部長からどさくさ紛れに承認を得た。これらの課程は 1918-1919 年のキャンパス案内に掲載され，図書館職員は地元の図書館員の協力を得て，1918 年の秋学期，すでに入学していた学生向

けに授業を開始した。ウィーラー学長は，課程1年目の学生が1年間のプログラムを完了するまで，この動きに気づかなかった。幸い，学長がこのことを知った時，彼はプログラムの継続の許可に同意し，それ以降の学生にはプログラム修了の正式な証明書を授与することが承認された。図書館学科は管轄下にある人文学部内（College of Letters and Science）に設置され，予算も徐々についた。

　ギリスは1917年に急死した。ギリスの後継者であるミルトン・ファーガソンは，ミッチェルがバークレーの図書館学プログラムの内容については郡の図書館サービスも配慮すると約束したため，カリフォルニア州立図書館学校を閉鎖することに同意した。学校の限られたカリキュラムにおいては，公共図書館，特に郡の図書館サービスに重点がおかれ，州立図書館は職員を非常勤講師として選任することに協力した。1926-1927年の学校案内には，公共図書館行政の主導的な権威となったバークレー市図書館長，カールトン・ジョッケルが担当した「米国の公共図書館」に関するコースが掲載されている。「郡図書館法」に関する授業は，州立図書館の図書館調整役であるメイ・デクスター・ヘンシャル（May Dexter Henshall）が教え，「郡図書館運営」の授業は，アラメダ郡図書館長であるメアリー・バームビー（Mary Barmby）が担当した。20世紀後半までの図書館学校のほぼすべての主任がそうであったように，ミッチェルは図書館経営でキャリアを磨き，図書館経営の問題を専門に扱った。

　20世紀初頭のカリフォルニア州では，公共図書館サービスは，個人的，経済的，社会的，政治的進歩を進めるうえで重要であるとみなされていた。公立図書館は現在よりも成人教育により力を入れていた。図書館の蔵書，レファレンス業務，利用者への助言に熱心な図書館員は，厳格に統制された学校教育を補完する役割を果たしたが，それは，利用者にレベルやペースを合わせたり，時間を融通することにより個々の教育的自己啓発を促したりしたためである。より一般的には，無料公共図書館の厳選されたコレクションへのオープンアクセスは，自由と社会的流動性を支持する文化の中で，個々人に自分の可能性を広げる力を与えた。自ら学ぶことで，より教養のある労働人口が増えた。商業的および技術的アイデアについての最新情報へのアクセスは，産業，農業，およびその他すべての生活の領域における効率と進歩を促したのである。

　西側の自由民主主義を支持する社会的勢力および政治的勢力として，優れた

公共図書館サービスが力と重要性を発揮することは疑いの余地がなかった。ヒトラー（Hitler）がチェコスロバキアに侵入し，ナチスドイツ（Nazi Germany），ファシストイタリア（Fascist Italy），そして軍国主義日本がますます脅威とみなされるようになって間もなく，1938 年 11 月にシドニー・ミッチェル（当時カリフォルニア図書館協会会長）は「民主主義の防衛における公共図書館」という内容で力強く雄弁な演説を行った。[15] ミッチェルは，学校，カレッジ，大学の図書館は自らの目的と方針を進めるべきと説く一方，公共図書館は自身の方針決定は比較的自由であると述べた。ミッチェルは民主主義を「個人の尊厳と自由が維持される生活様式であり，個人を従属させ支配的な考えに自分を合わせることを要求する全体主義国家の生活とは対照的なもの」と定義した。彼は続けた。

　　図書館員はすべて民主主義のために存在すべきである。私たちが理解しているとおり，事実上，他の政府のシステムの下では公共図書館は存続することはできない。全体主義国家では，図書館員は当局が伝えたがっているような情報の普及に利用される単なる宣伝の代理人にすぎないからだ。

　次にミッチェルは，図書館に関係する事例だけをあげながら民主主義への脅威を説明した。彼はまず図書館の不寛容をあげた。人種的不寛容を指摘し，彼が遭遇したことのある図書館における雇用差別をあげた。社会において，そして選書において，宗教的および政治的偏見を含む考え方の不寛容を批判した。二つ目の民主主義に対する脅威は，社会集団が互いを上手く理解できないという点であるが，これは，思慮深い図書館の蔵書構築により緩和することができるだろうと述べた。三つ目の脅威は批判的思考の欠如であるとした。公共図書館は，「あらゆることに通じる正しい疑い方」を広めるため可能なことを行うべきであると説いた。そしてミッチェルは，公共図書館の監督に責任を負っている図書館委員会の委員たちがより多様化し，自分たちの多様化したコミュニティを象徴するようになるべきだと促した。「図書館学校は，物静かな読書家や内向的な人間ではなく，主導権をもち社会的意識の高い若い男女を育成することが，今や非常に強く求められている」。そのためには職員組織の隅々にま

で能力に基づいた採用と個人の保護が浸透する必要がある。最後に「難しいこ
とこそ，私が最も興味深くかつ最も刺激的だと思うことなのだと言っておこ
う」と結んでいる。

　カリフォルニアの郡図書館システムは，独自の文化的，また政治的要求のた
めに地域によって設計されたサービスである。次章では，海外において文化的
および政治的影響力を発揮するために提供されている図書館サービスの様々な
事例を分析する。

注

1 ：Laura Steffens Suggett, *The Beginning and the End of the Best Library Service in the
　World* (San Francisco: San Francisco Publishing Co., 1924); Harriet G. Eddy, *County
　Free Library Organizing in California, 1909–1918* (Sacramento: California Library As-
　sociation, 1955). 以下をも見よ。Ray E. Held, *The Rise of the Public Library in Califor-
　nia* (Chicago: American Library Association, 1973); and May Dexter Henshall, "Califor-
　nia County Free Library," *Library Journal* 54, no. 14 (August 1929): 643–46. ギリスにつ
　いては，彼の特集号を見よ。"James Gillis" in *News Notes of California Libraries* 52, no.
　4 (October 1957): 633–714; also, Kathleen Correia and John Gonzales, "Biographies of
　State Librarians from 1850 to the Present," *California State Library Foundation Bulle-
　tin*, 68 (Spring/Summer 2000): 1–18; Theodora R. Brewitt, "James L. Gillis 1857–1917," 74
　–84, in *Pioneering Leaders in Librarianship*, edited by Emily M. Danton (Chicago:
　American Library Association, 1953). Debra G. Hansen, "Depoliticizing the California
　State Library: The Political and Professional Transformation of James Gillis, 1890–1917,"
　Information and Culture 48, no. 1 (2013): 68–90; and Ray E. Held, "Gillis, James Louis
　(1957–1917)," 197–200, in *Dictionary of American Library Biography*, edited by Bohdan
　S. Wynar (Littleton, CO: Libraries Unlimited, 1978).
2 ：Harriet G. Eddy, [Comments on James Gillis], *News Notes of California Libraries*
　52, no. 4 (October 1957): 712.
3 ：Marion Casey, *Charles McCarthy: Librarianship and Reform* (Chicago: American
　Library Association, 1981).
4 ：カリフォルニア州立図書館から 1906 年に出版された *News Notes of California Li-
　braries* はカリフォルニア州の図書館発展を知る優れた資料である。こうした巡回文
　庫の解題付図書一覧については，次を見よ。California State Library and James L.
　Gillis, *Descriptive List of the Libraries of California* (Sacramento: W. W. Shannon,

superintendent of State Printing, 1904), 97–116.

5：Samuel Haber, *Efficiency and Uplift: Scientific Management in the Progressive Era, 1890–1920* (Chicago: University of Chicago Press, 1964).

6：ギリスの著作物には，以下がある。"Relation of State Libraries to other Educational Institutions," National Association of State Libraries. *Proceedings and Addresses, Eleventh Convention* (1908): 29–30; and "Shall the State Library be Head of All Library Activities in the State," National Association of State Libraries. *Proceedings and Addresses, Fourteenth Convention* (1911): 12–13.

7：エディについては，以下を見よ。John V. Richardson, "Harriet G. Eddy (1876–1966): California's First County Library Organizer and her Influence on USSR Libraries," *California State Library Foundation Bulletin*, 94 (2009): 2–13, http://www.cslfdn.org/pdf/Issue94. pdf; and Marion S. Wachtel, "Harriet G. Eddy," *California Librarian* 28, no. 1 (January 1967): 54–55.

8：ミッチェルは，もう一つのキャリアとして東海岸の植物育種の慣行を西海岸の気候に適用する研究を行っていた。彼はカリフォルニア園芸協会の創設者であり，長年会長を務め，アイリスを栽培，ベストセラーとなるガーデニング本を執筆，*Sunset Magazine* では人気のコラムを書いた。オクシデンタル大学（Occidental College）の名誉博士号の顕彰状には次のように書かれている。「したがって，彼は人間をより豊かにし，花をより美しくする二つの技能をもっている」。以下を見よ。Sydney B. Mitchell, *Mitchell of California: Memoirs of Sydney B. Mitchell Librarian, Teacher, Gardener* (Berkeley: California Library Association, 1960), 216–17; and Robert Brundin, "Sydney Bancroft Mitchell and the Establishment of the Graduate School of Librarianship," *Libraries & Culture* 29, no. 2 (1994): 166–85.

9：Carleton B. Joeckel, *The Government of the American Public Library* (Chicago: University of Chicago Press, 1935), 268.

10：William S. Learned, *The American Public Library and the Diffusion of Knowledge* (New York: Harcourt, Brace, 1924), 55.

11：Alvin S. Johnson, *The Public Library: A People's University* (New York: American Association for Adult Education, 1938).

12：Richardson, "Harriet G. Eddy."

13：Milton James Ferguson, *Memorandum: Libraries in the Union of South Africa, Rhodesia and Kenya Colony* (New York: Carnegie Corp., 1929), http://catalog.hathitrust.org/Record/001165635.

14：Beulah Mumm, "California State Library School," *News Notes of California Libraries* 52, no. 4 (October 1957): 679–82.

15：Sydney Mitchell, "The Public Library in the Defense of Democracy," *Library Journal* 64, no. 6 (March 15, 1939): 209–12.

第**5**章
文化外交における図書館

我が国の戦争の最初の年に，我々は武器としての本の力が強大化するのを見てきた。……船なしで海戦に勝つことはできず，ましてや本なくして思想の戦いに勝つことはできない。──フランクリン・D・ルーズベルト（Franklin D. Roosevelt）[1]

外交政策とは，軍事戦略と同様に他国において，あるいは他国に望ましい行動を誘発させる技術（art）である。通常，外交政策は交渉や条約の観点から考えられるが，望ましい行動を誘発させるために文化的な活動を利用する場合もある。もっとも粗雑な方法は，単純なプロパガンダである。巧妙な方法としては，ラジオ放送，語学教室，展示会，学生交流，その他の取り組みを利用した文化的な関与によって理解や共感を深めるというやり方がある。

例えば，日本はラジオ放送を利用していた。1944 年には，日本放送協会は26 の言語と方言でラジオ放送を海外に放送しており，米国軍をターゲットにした伝説の「東京ローズ」（Tokyo Rose）[2]というポピュラー音楽番組など，英語だけで毎日 59 本の海外番組を放送していた。

発展途上の全体主義体制との関係における西側の民主主義国家のアウトリーチには，図書館や情報センターを提供して自国の政策に好意的な情報を広めることや，対象国のジャーナリスト，知識人，政治家といったオピニオン・リーダーに民主主義的な思想を奨励することが含まれていた。[3]

1．ジョージ・クリール（George Creel）と広報委員会

　米国政府は，第一次世界大戦中に文化外交を試みた。1917 年 4 月，ウッドロウ・ウィルソン大統領（Woodrow Wilson, 1856-1924）は，ジャーナリストであり，改革者であり，政治運動家でもあったジョージ・クリール（George Creel, 1876-1953）を広報委員会（Committee on Public Information: CPI）の委員長に任命した。クリールは驚くほど精力的に取り組んだ。後年，クリールは「第一次世界大戦が従来のあらゆる紛争ともっとも本質的に異なっていた点は，世論を主要な勢力と認識したことにある」とし，さらに「……ドイツ文化（German Kultur）は，人々が実際の戦線だけでなく，心の中や精神においても戦わなければならないという問題を提起した」と記している。[4]

　国内戦線では，75,000 人の講演者を募集して組織化し，愛国的な短い演説を行い，7,500 万部のパンフレットを配布し，新聞を発行し，情報局を設立して 10 カ月間で 86,000 件の質問に答えたほか，多くの活動が行われた。クリール委員会は，海外の多くの国においてもラジオ放送，映画，ニュースサービス，地域の図書館への書籍の提供など，精力的なプログラムを展開した。

　メキシコシティ（Mexico City）では，情報発信のための拠点として読書室が設置された。読書室は市の中心部に位置し，テーブル，椅子，米国やメキシコの新聞や雑誌，毎日のケーブルニュース，頻繁に行われる講義，映画，無料のトイレなどが完備されていた。読書室は驚くほどの成功を収めた。「最初から，読書室は昼も夜も満席だった。訪問者は，あらゆる階層の市民，職人，労働者，店主，専門職の男性，女性であり，問題や戦局を明らかにし，状況に関する意見を交わすために群がっていた」とクリールは記した。[5]記録によれば，運営期間の 7 カ月半の訪問者は 106,868 人であった。読書室の隣には，英語，簿記，速記，フランス語を教えるスクールが増設され，同様に人気を博していた。[6]メキシコではこの他 6 つの都市に読書室が開設され，頻繁に利用された。クリールは，これらの成果を *How We Advertised America* という本の中で讃えている。[7]

2. 第二次世界大戦

　孤立主義，プロパガンダへの嫌悪感，クリールの精力的な取り組みに対する政治家の否定的な反応から，終戦時に広報委員会は速やかに閉鎖された。しかし，1930 年代後半に戦争の可能性が再び迫るにつれて，ナチスドイツのラテンアメリカへの影響の懸念が高まり，米国政府はクリールの対外情報政策に関するアイデアをひそかに復活させた。

　1940 年，ラテンアメリカにおけるナチスの影響力を懸念したフランクリン・D・ルーズベルト大統領（Franklin Delano Roosevelt, 1882-1945）は，ネルソン・ロックフェラー（Nelson Aldrich Rockefeller, 1908-1979）を米州問題調整局（Office of the Coordinator of Inter-American Affairs: OCIAA）の米州問題調整官（Coordinator of Inter-American Affairs: CIAA）という新たな役職に任命した。1942 年には，アメリカ図書館協会の事務局長カール・マイラム（Carl H. Milam, 1884-1963）の指揮のもと，5,000 冊の蔵書を有するメキシコシティのベンジャミン・フランクリン図書館（Biblioteca Benjamín Frank-lin）を嚆矢として，ラテンアメリカに三つの図書館が設立された。（1870 年代以降，米国の図書館員や図書館組織は常に積極的に多種多様な国際活動や共同作業に従事していた。[8]）他の国においても同様の図書館が設立され，ジョージ・クリールと広報委員会が先駆けとなった読書室が多数設置された。図書館はハバナ（Havana），ポルトープランス（Port-au-Prince）［ハイチ共和国の首都：訳注］，サンパウロ（São Paulo），リオ（Rio），リマ（Lima），カラカス（Caracas）［ベネズエラ・ボリバル共和国の首都：訳注］に設立された。

3. 戦時情報局（OWI）

　ラテンアメリカ以外の地域については，フランクリン・D・ルーズベルト大統領が任命したワイルド・ビルこと，ウイリアム・ジョセフ・ドノバン（William Joseph "Wild Bill" Donovan）とアーチボルド・マクリーシュ（Archibald MacLeish, 1892-1982）の二人がリーダーシップを発揮した。ドノバン（William Joseph Donovan, 1885-1959) は，現在の中央情報局（CIA）の前身である戦略諜報局（Office of Strategic Services）を設立するために雇われた大胆不敵な弁護士であり，軍人であった。

アーチボルド・マクリーシュは，スポーツ選手，詩人，弁護士，銀行家，作家など，様々な立場で成功を収めた。1939年，ルーズベルト大統領の要請により，マクリーシュは米国議会図書館長に就任した。この任命は物議を醸し，アメリカ図書館協会の指導者たちは猛烈に反対した。しかし，ミズーラ（Missoula）にあるモンタナ州立大学（Montana State University）の図書館員であったフィリップ・キーニー（Philip Olin Keeney, 1891-1962）が率いる小グループ「進歩的図書館員会議」（Progressive Librarians' Council）は，マクリーシュの立候補を支持すると表明した。マクリーシュは図書館を再編成し，近代化し，資金を増やした。[9] マクリーシュはこの役割と，情報収集および広報のための複雑な一連のイニシアチブや組織改変に深く関与し，議会図書館は場所や実質的な支援を提供した。米国が第二次世界大戦に参戦した際には，マクリーシュは議会図書館を戦争関連の機関とみなしていた。彼は戦争における「心理戦線」について語り，「真実の戦略」を奨励した。[10]

マクリーシュは戦略諜報局の新しい調査分析部門の開発も支援した。マクリーシュは，フィリップ・キーニーをはじめとする社会科学分野から集められた専門家スタッフ——その一部は議会図書館に所属していた——を採用した。マクリーシュは，防衛に関する事実に基づく情報を広め，戦局と展開の広範な理解促進を目的として設立された陸軍省（War Department）事実統計局（Office of Facts and Figures: OFF）の局長も務めた。マクリーシュはOFFの後身である戦時情報局（Office of War Information: OWI）の副局長に就任した。これらの活動はプロパガンダに深く関与しており，マクリーシュの才能に適していた。1944年には，マクリーシュは国務次官補広報担当（Assistant Secretary of State for Public Affairs）となるために議会図書館を辞任し，ユネスコ（UNESCO）の創設に携わるようになった。

4．OWI 図書館・情報センター

　1942 年，ルーズベルトは事実統計局と 4 つの局を統合して OWI を設立した。1941 年 12 月の真珠湾攻撃の後，政府や軍部が戦時中の情報を調整して国民に適切に広める必要性は，国民のプロパガンダに対する嫌悪感を上回っていた。ジャーナリストのエルマー・デイビス（Elmer Davis, 1890–1958）が率いる OWI は，戦争に勝利し，より良い戦後の世界の基盤を築くために積極的な役割を果たすことを使命としていた。

　ロンドン（London）では，リチャード・ハインデル（Richard Heindel）が政治指導者に有益な情報を提供するための専門的な図書館サービスを展開し，OWI は他の場所に図書館を設立した。1943 年，OWI はメルボルン（Melbourne），シドニー（Sydney），ウェリントン（Wellington），ケープタウン（Cape Town），ヨハネスブルグ（Johannesburg），ボンベイ（Bombay），そして後にカイロ（Cairo）に新しい情報図書館を設立した。国務省は，こうした動向を以下の説明のもと発表した。

　　　ロンドン のアメリカンライブラリーと 5 つの新しい図書館は，作家，報道機関，ラジオ，米国使節団，地方政府機関，文化機関および組織にサービスを提供するために設計されている。これらの図書館は，一般市民向けの貸出図書館（lending-libraries for casual readers）でもなければ，いかなる意味においてもプロパガンダセンター，あるいはパンフレットの配布業者でもない。小規模の選びぬかれた図書館であり，米国で作成された参考資料を備え，報道機関，ラジオ，教育機関などのメディアを通じて同盟国の大多数の人々に情報を効果的に提供している。[11]

この取り組みの歴史は，より厳しく評価された。

　　　マイラムが推奨した機関の在り方は，伝統から根本的に逸脱しているわけではないが，OWI の下で別の種類の海外図書館に発展した。パリやメ

キシコシティのアメリカンセンターは米国の公共図書館を模範として，長期的な文化関係を構築することを目的としていたのに対して，ロンドン図書館や他の OWI コレクションは，「総力戦の精神的支柱」を提供することを目指しており，「情報の目的別発信」のための主要な参考調査図書館となったのである。[12]

　各図書館には，逐次刊行物，パンフレット，地図，書籍に加えて，幅広い主題に関する参考文献が約 1,000 点，政府文書が約 4,000 点備えられていた。他には展示用の資料，例えば米国の教育制度についての資料なども収集されていた。各図書館には，十分な資格を備えた経験豊富な専門職の図書館員が 2 名ずつ配置されており，地元の機関と連携することや専門的な支援を提供することを使命としていた。OWI は，有能で熱心，かつ仕事をてきぱきとこなす図書館員をうまく採用していた。例えば，マウント・ホリヨーク大学図書館（Mount Holyoke College Library）で長年館長を務め，アメリカ図書館協会の国際関係委員会の議長であったフローラ・ベル・ルディントン（Flora Belle Ludington, 1898-1967）は，休暇を取ってボンベイで OWI 図書館を立ち上げた。やがて世界に 17 の図書館が設立された。[13] 1945 年，ハインデルは次のように記した。

　　O.W.I. の現場での活動は，1940 年代とおそらく 1950 年代の米国の図書館の歴史におけるもっとも重要な発展をもたらしたように思う。これらの前線部隊と共にある図書館は戦争から生まれたものである……しかし，平時においても同じように価値のあるものになる可能性が高いことは明らかだと思える。……O.W.I. は，非常に実用的かつ事実に基づく取り組みによって，図書館と本の重要性を人々に知らしめ，図書館や本を新たな名誉ある地位に引き上げた。[14]

　他の主要国でも，海外における文化政策の一環として図書館や文化センターを利用していた。特に英国のブリティシュ・カウンシル（British Council）の図書館プログラムは効果的であった。冷戦時代のソビエト連邦では，海外の米

国図書館は悪意ある資本主義の反動プロパガンダとみなされ，繰り返し糾弾された。[15]

　前章ではカリフォルニア州を事例として，地方自治体や州の政府構造を利用した地域内における図書館サービスの発展について考察した。本章では，ある国が自国の外交政策を進めるために，他国に図書館サービスを提供するという異なる状況について考察した。次章では，日本が連合国の占領下にあった 1945 年から 1952 年までの，より複雑な状況について考察する。すなわち，文化的にも政治的にも異なる二つの政府が同じ国の図書館政策の策定に関わっていたという状況，および文化的な圧力をかける手段として OWI スタイルの図書館が用いられていたという状況である。

注

1 ： 次 よ り 引 用 。Sidney H. Ditzion, *Arsenals of a Democratic Culture: A Social History of the American Public Library Movement in New England and the Middle States from 1850 to 1900* (Chicago: American Library Association, 1947), vi.

2 ： John W. Gaddis, *Public Information in Japan under American Occupation: A Study of Democratization Efforts through Agencies of Public Expression* (Geneva: Imprimeries Populaires, 1950), 56.

3 ： 米国の文化外交政策については多数の文献がある。基本的な著作物として，以下のものがあげられる。American Assembly, *Cultural Affairs and Foreign Relations* (Englewood Cliffs, NJ: Prentice-Hall, 1963); Nicholas Cull, *The Cold War and the U.S. Information Agency: American Propaganda and Public Diplomacy, 1945–1989* (Cambridge: Cambridge University Press, 2008); Robert E. Elder, *The Information Machine: The United States Information Agency and American Foreign Policy* (Syracuse, NY: Syracuse University Press, 1968); J. Manuel Espinosa, *Inter-American Beginnings of U.S. Cultural Diplomacy: 1936–1948* (Washington, DC: Government Printing Office, 1976); Fred J. Harsaghy, "The Administration of American Cultural Projects Abroad" (PhD diss., New York University, 1985); Justin Hart, *Empire of Ideas: The Origins of Public Diplomacy and the Transformation of U.S. Foreign Policy* (Oxford: Oxford University Press, 2013); John W. Henderson, *The United States Information Agency* (New York: Praeger, 1969); Ruth E. McMurry and Muna Lee, *The Cultural Approach: Another Way in International Relations* (Chapel Hill: University of North Carolina Press, 1947); Frank A.

Ninkovich, *The Diplomacy of Ideas: U.S. Foreign Policy and Cultural Relations, 1938-1950* (New York: Cambridge University Press, 1981); Douglas Schneider, "America's Answer to Communist Propaganda Abroad," *Department of State Bulletin*, 19 (December 19, 1948): 772-76; Charles A. Thomson and Walter H. C. Laves, *Cultural Relations and U.S. Foreign Policy* (Bloomington: Indiana University Press, 1963). 文化外交における図書館と情報サービスの利用については, 以下を見よ。Beverly J. Brewster, *American Overseas Library Technical Assistance, 1940-1970* (Metuchen, NJ: Scarecrow Press, 1976); Joan Collet, "American Libraries Abroad: United States Information Agency Activities," *Library Trends* 20, no. 3 (January 1972): 538-47; Donald C. Hausrath, "United States International Communication Agency," 70-112, in *Encyclopedia of Library and Information Science*, vol. 32 (1981); Richard H. Heindel, "U.S. Libraries Overseas," *Survey Graphic*, 35 (May 1946): 162-65; Henry James, "The Role of the Information Library in the United States International Information Program," *Library Quarterly* 23, no. 2 (April 1953): 75-114; Gary E. Kraske, *Missionaries of the Book: The American Library Profession and the Origins of United States Cultural Diplomacy* (Westport, CT: Greenwood, 1985); Paxton Price, ed., *International Book and Library Activities: The History of a U.S. Foreign Policy* (Metuchen, NJ: Scarecrow Press, 1982); Oren Stephens, *Facts to a Candid World: America's Overseas Information Program* (Stanford, CA: Stanford University Press, 1955); and Charles A. H. Thomson, *Overseas Information Service of the United States Government* (Washington, DC: Brookings Institution, 1948). 日本に対する米国の文化外交政策については, 次を見よ。Takeshi Matsuda [松田武], *Soft Power and Its Perils: U.S. Cultural Policy in Early Postwar Japan and Permanent Dependency* (Washington, DC: Woodrow Wilson Center Press, 2007).

4： George Creel, *How We Advertised America* (New York: Harper, 1920), 3, https://catalog.hathitrust.org/Record/000005455. [訳注：ナチスドイツにおけるドイツ文化のこと。他民族の文化に優越するとされた]

5： Creel, *How We Advertised America*, 314.

6： United States. Committee on Public Information. *Complete Report of the Chairman of the Committee on Public Information: 1917, 1918, 1919* (Washington, DC: Government Printing Office, 1920), 161-62, https://catalog.hathitrust.org/Record/009600453.

7： Creel, *How We Advertised America*.

8： 簡潔にまとめられた歴史については, 次を見よ。Flora Belle Ludington, "The American Contribution to Foreign Library Establishment and Rehabilitation," *Library Quarterly* 24, no. 2 (April 1954): 192-204.

9： 議会図書館時代のマクリーシュについては, 以下を見よ。Scott Donaldson, *Ar-*

chibald MacLeish: An American Life (Boston: Houghton Mifflin, 1992); Frederick J. Stielow, "Librarian Warriors and Rapprochement: Carl Milam, Archibald MacLeish and World War II," *Libraries and Culture* 25, no. 4 (Fall 1990): 513–33; and Frederick J. Stielow, "MacLeish, Archibald (1892–1982)," 59–63, in *Dictionary of American Library Biography: Supplement*, edited by Wayne A. Wiegand (Englewood, CO: Libraries Unlimited, 1990).

10： Archibald MacLeish, "The Strategy of Truth," 19–31, in *A Time to Act: Selected Addresses*, edited by Archibald MacLeish (Boston: Houghton Mifflin, 1943).

11： "United States Information Libraries Abroad," *Department of State Bulletin* 9, no. 223 (October 2, 1943): 228–29, http://catalog.hathitrust.org/Record/000598610.

12： Kraske, *Missionaries of the Book*, 140.

13： Ruth M. Gurin, and H. M. Baumgartner, "U.S. Information Libraries Prove Their Worth," *Library Journal* 71, no. 3 (February 1, 1946): 137–41; Cedric Larson, "Books across the Sea: Libraries of the OWI," *Wilson Library Bulletin* 25, no. 2 (February 1951): 433–36; Ludington, "American Contribution"; Pamela Spence Richards, "Information for the Allies: Office of War Information Libraries in Australia, New Zealand, and South Africa," *Library Quarterly* 52, no. 4 (October 1982): 325–47; and Allan M. Winkler, *The Politics of Propaganda: The Office of War Information, 1942–1945* (New Haven, CT: Yale University Press, 1978).

14： Richards, "Information for the Allies," 330 より引用。

15： ソビエト連邦の図書館学ジャーナルである *Bibliothekar* には，1940 年代後半から 1950 年代にかけて米国が文化外交政策のために図書館を利用したことを糾弾する複数の記事が掲載されている。

第**6**章

日本と連合国占領下の図書館

現在，日本には数多くの図書館があるが，科学的な観点からは十分な設備が整っているとはいえない。今こそ，国民の啓蒙のために，全国の図書館を協調的に管理する時が来ているのではないか。――竹林熊彦，1945年4月[1]

1．日本の図書館

日本では学問について長い伝統があり，1868年の明治維新後も，非常に高い識字率，十分に発達した出版業界，たくさんの大衆向け書店，古本を売買する伝統があった。また，個人が所有する宗教資料や学術資料のコレクションについて，学者は使用が許可されるという長い伝統があった。海外の図書館の発展，特に米国での図書館の発展は，少なくとも数人の図書館員にはよく知られていたが，政府の図書館への関心は比較的低かったようだ。公共図書館への関心同様，大学図書館や専門図書館への関心は，1899年の図書館令公布後の1900年以降，大幅に高まった。にもかかわらず，サービス機関としての図書館やサービス専門職としてのライブラリアンシップ（librarianship）は，明治時代（1868-1912年）にはほとんど進歩せず，フランスやドイツの教育実践の影響を受けた権威主義的な学校教育制度においては重要なものとはみなされなかった。[2]ある日本の研究者［鈴木幸久：訳注］は以下のように述べている。

1866年に始まった非常に国家主義的な教育制度は，その後60年間，実質的な変更なしに続いた。すべての国富，国益，国力は欧米諸国との競争，さらに後には中国とロシアとの戦争に向けられた。……教養は，副次

的，または付随的な役割でしか認識されていなかった。教育は，その国策を達成するための手段だった。教育が国策を達成するための手段となり，それによって主体的な思考や研究が妨げられる時，現代的な図書館の発展は抑制されるだろう。[3]

　1945年初頭，竹林熊彦による日本における近代図書館運動についての肯定的な日本の説明は，様々な図書館の設立と，日本の精神とは相容れない欧米的な考えを回避する際の日本人の抵抗力に言及している。それにもかかわらず，彼は次のように結論づけている。

　　現在，日本には数多くの図書館があるが，科学的な観点からは十分な設備が整っているとはいえない。今こそ，国民の啓蒙のために，全国の図書館を協調的に管理する時が来ているのではないか。[4]

　1945年には，上野公園にある唯一の国立図書館である帝国図書館では，和書・漢書を約50万冊，洋書を約10万冊所蔵している。
　20世紀初頭には大学図書館の蔵書は急速に増加したが，1950年に文部省は，大学の中心的な図書館サービスの状況と，ドイツの大学のように，独裁的な教授によって管理された小規模で独立した学科別の「学部図書館」が多く存在するという伝統について，厳しい意見を述べた。

　　旧制大学のほとんどは完結したいくつもの図書館をもっており，各図書館は50万冊以上の蔵書を所蔵している。人文科学顧問団（Human Culture Advisory Commission）によってすでに指摘されていたように，これらの図書館は，活動のほとんどが消極的であり，それぞれが過度に自立的，所蔵している図書は大部分が断片的な資料の収集で彼らの関心のある特定分野に片寄り過ぎ，財政意識は希薄，改善は途方もなく不完全である。さらに，そこにいる職員たちは根本から再教育が必要で，図書館員の任務としての各特定分野に不可欠な知識と経験をもたせるのと併せ，この分野の専門家として教育を施される必要がある。……学部図書館について

は，その多くが戦時中に図書や施設の大部分を失い，新しい図書や定期刊行物，特に海外からの資料を補充する手段も残されておらず，その結果，それらは嘆かわしいほどに利用には不十分である。……このような非常に多くの分館が存在することで，その有機的な機能は当然のことながら説明しがたいほどに阻まれている。[5]

1899 年の図書館令では，地方自治体の自主財源によって公共図書館を設置することが認められていた。文部省は 1900 年に司書に関する手引きを発行し，1908 年には夏期講習［図書館事項夏期講習会：訳注］を主催した。1927 年までには日本の図書館数は約 4,300 館になった。1950 年の新しい図書館法が制定施行される直前の 1949 年には，46 都道府県［当時，沖縄県は米国軍施政下にあり，日本の地方自治体は 46 都道府県であった：訳注］に 1,549 の公共図書館があり，うちいくつかは私立図書館で，総蔵書数は 8,824,528 冊，平均蔵書数は約 5,700 冊であった。しかし，大半の図書館はこれよりずっと小規模だった。というのは，この蔵書数の合計は規模の大きな県立図書館も含んでいるからである。当時の日本の公共図書館はそれぞれ独立して運営されており，一日の入館者数は非常に少なかった。[6]

これらは米国や英国における近代的な公共図書館サービスとは大きく異なるものだった。当時の日本の公共図書館は，本の貯蔵場所であり，ブラウジングのために設計されてはいなかった。本が紛失した場合には司書が個人的に責任を負わなければいけない可能性があったため，通常，利用者が書架に直接行くこと（「オープンアクセス」(open access)）は不可能であった。利用者が直接手に取ることができない本（閉架資料（closed access））は，通常，棚の前面を覆う金網を取り付けた「半開架」(semi-open) にあり，利用者は書架を見ることはできても，本に触れることはできなかった。本を閲覧するためには図書館員に頼む必要があった。

多くの公共図書館が，地方自治体だけではなく民間でも運営されていた。通例では，資料の貸出代や会費として少額の料金が請求された。私立図書館は概して，図書館サービスの提供機関というよりは収集コレクションの管理機関であった。20 世紀前半には，教育制度や権威主義的傾向を増す政治体制が自由

なアイデアの探求と表現に影響されることになったが，これこそが，英語圏の
公共図書館の伝統の中心であった。レファレンスサービスという概念も欠落し
ていた。[7]もっとも，公共図書館の普及に苦戦しているフランスの運動家たち
にとっては，日本の図書館の状況は比較のために参考になるかもしれない。
1904 年から 1905 年の日露戦争後，ウジェーヌ・モーレル（Eugène Morel）
は「その勝利の途方もない努力に苦しめられた」と書いた。「日本は何が勝利
をもたらしたかをまだ忘れていない。大砲を買い，そして本も買ったのだ」。[8]

　学校図書館は，読解力を学ぶ源泉という意味で読み書きの能力と関連づけら
れており，発見の場としての図書館や発見の源としての図書館に今日の私たち
が重きを置くのとは異なる方向性をもっていた。図書館は学校教育のカリキュ
ラム外の存在だったのである。現実には図書館は，鍵がかかった箱の中に使わ
れない本を集めたものであった。教科書に加えて生徒が使用できる本や参考書
を 500 冊以上もつ中学校は稀だった。すべての生徒が使える学校図書館という
概念はほとんど存在せず，中学校にはフルタイムの専任で働く有給の司書はい
なかった。[9]

　専門図書館の発展については教育分野の文脈以外ではあまり記録は残ってい
ない。輸入され翻訳された技術書が多用されていることを考えると，重要な役
割を果たした小さなコレクションが数多くあったに違いない。特筆すべき例外
は，南満州鉄道（「満鉄」として知られる）の東京の研究部門を支援する資料
センターであり，約 20 万冊という非常に豊富な蔵書を有していた。これはい
ち鉄道会社の図書館をはるかに超えていた。この研究所は大日本帝国の発展計
画に携わった。[10]

　図書館では，デューイ十進分類法を色々な形で採用することも含め，様々な
独自分類が使われ，主要な分類法である日本十進分類法ですら少数の図書館で
しか使用されていなかった。

　全図書館施設の約半分が戦争で破壊され，残存した図書館の施設のうちいく
つかは図書館以外の目的に利用するために接収された。全蔵書の約半分は失わ
れた。図書館員は専門職とみなされておらず，給料も低かった。

2. 司書の研修

1945年以前には図書館業務のための研修は一部でしか行われず，その研修も技術的作業に焦点を当てたものだった。[11] 1903年に日本図書館協会が開設した2週間の講座は，その後も繰り返し開講された。東京大学（当時の東京帝国大学）では，ハーバード大学（Havard University）図書館で研修を受けた和田萬吉が1918年から1922年まで図書館学講座を開講していた。その後，1922年に上野公園の国立図書館［帝国図書館：訳注］に付設された図書館研修所［1921年に開設された図書館員教習所のこと。1925年からは図書館講習所となり，戦後は図書館職員養成所となる：訳注］による1年間の司書養成課程が唯一の司書養成課程であった。それも1941年には9カ月に短縮され，その後休止した。入学要件は緩く，中等学校卒であればよく，図書館勤務経験のある者はそれも免除された。講座では，資料の収集・受入，目録作成と分類，印刷および製本，図書館史や教育に関する事柄に焦点を当てており，講座の最後の2カ月間は実習が行われた。最大受講者数は30人で，この講座は戦時中に終了した。青年図書館員聯盟は間宮不二雄に主導され，資料の収集・分類・目録作成のための実用的なマニュアルを作成した。

海外の図書館の教育課程を学んだことのある日本人の司書はごく少数であった。和田のように米国で実務経験を積んだ人も数人いた。次のページに繰り返し登場する福田直美もその両方の経験をもっていた一人である。彼女は渡米し，ミシガン大学で図書館学の修士号と二つ目の学士号を歴史学で取得した後，米国議会図書館に数カ月間勤務した。[12] 日本の図書館員，あるいは少なくとも指導者たちは，米国や諸外国の発展に通じていた。

3. 占領に向けて

戦時中，米国では戦後の日本社会の再構築のために綿密な準備が行われていた。そこにはルーズベルトのニューディール政策（New Deal）を継承した，理想主義的で自由主義的な思想が強く含まれていた。日本は軍国主義的で反民

主主義的国家から，西洋の自由民主主義国家へと方向転換しなければならな
かった。1920 年代初頭から日本国内では，軍国主義的で全体主義的な歴代政
権によって，自由民主主義のような志向はほとんどが抑圧されてきた。日本に
既存の社会的秩序と政治的秩序が残存しているなら，日本に民主主義を導入す
る見通しは立たない。日本の降伏の条件を定めた 1945 年 7 月 26 日の連合国の
ポツダム宣言（Potsdam Declaration）は，降伏だけでなく政治体制の変化も
求め，「日本国政府は，日本国国民の間に於ける民主主義的傾向の復活強化に
対する一切の障礙を除去すべし」と述べた。

　日本が武装解除され，非軍事化され，平和な民主主義国家への道を歩むた
めには，天皇を管理下に置き，日本を政治的，社会的，経済的条件を変えるた
めの自由裁量が必要であった。連合国の協議事項は，*U.S. Initial Surrender
Policy for Japan* と題された 1945 年 9 月初旬にトルーマン（Truman）大統領
がマッカーサー（MacArthur）元帥に送った指示書に，非常に明確に，かつ
しっかりと述べられていた。[13] 占領軍高官たちも同様のことを明確に理解して
いた。国務省極東局のジョン・カーター・ヴィンセント（John Carter Vin-
cent）局長はラジオ放送で次のように述べている。

　　　我々の当面の目標は，日本軍の動員を解除し，日本を非武装化すること
　　だ。我々の長期的な目標は，日本を民主化し，民主的な自治を奨励するこ
　　とである。……動員解除と非武装化が完了するまで占領は続く。そして，
　　日本が自由主義改革の道を順調に歩んでいるという確信が得られるまで，
　　それは続くだろう。

　連合軍は，心理戦，新しい価値への方向づけ，軍政，そしてとりわけ文化外
交の手段としての図書館といった，民主化というイデオロギー的役割のための
非常に実質的な関連準備をすでに行っていた。連合国軍の心理戦としてよく知
られた例に，日本軍がまだ占領している地域に，連合国の空軍が入念に設計し
た何百万枚ものビラを落としたというものがある。これらのビラは日本兵の士
気を低下させ，降伏を促すように設計されていた。あまり知られていないもの
では，連合国軍の集中的な研修がある。研修は，すべての軍人が戦争努力の目

的と適切な実施について，正しい考えをもっていることを確認するために設計
されたものであった。太平洋戦争では，すべての連隊に情報と教育を担当する
常勤の将校が配属されており，二人目の常勤将校をもつことも許可されてい
た。活動継続中の戦闘行動に従事していない限り，すべての階級の軍人が毎週
1時間の教化教育を受けなければならなかった。

　中央司令部の情報教育課は，情報将校のみに配布される雑誌 *Maptalk* を通じ
て，情報将校に要点をまとめた情報や資料を安定して供給していた。侵攻予定
日が近づくと，太平洋戦域の地政学，日本の近年の政治・軍事史，日本人の文
化に関する志向性，日本ではどのようなことが起きるかについて一連の大がか
りな補足資料が作成された。*Maptalk* の補足刊行物として，*Objective Japan* や
This Is the Land That Breeds Him, *Japan Plots to Conquer: This Is Why
He Fights*, *National Hari-kiri*——満州侵攻以来の日本の近代史について，
Cherry Blossoms and Samurai Swords——「歴史上の人々について」，*Great-
er East Asia: The Tangled Web*——戦闘地域と日本が支配下に置いた土地の
地理について，*How Strong Is Japan? Estimated Strength & Resources* があ
る。[14]

4．軍事政権

　米国軍は陸軍と海軍ともに高度な訓練に多額の投資を行った。1943年まで
には，軍人のための技術訓練課程が300もの大学に設置され，幅広い専門分野
で20万人の学生が受講可能になっていた。

　連合国軍が北アフリカからイタリアに侵攻し戦いながら北に向かうと，地方
政府は大部分が崩壊，侵攻した連合国軍に対し市民政府を暫定的につくること
を要求した。同様の経験は，ドイツの侵攻や日本帝国が侵攻した太平洋の多数
の島々でも起きた。米国軍は，占領地域の民政において，「民事」（civil af-
fairs）または「軍政」（military government）として知られる新たな軍事的専
門分野を開発した。陸軍参謀総長のマーシャルが訓練プログラムを確立した。

　連合国による日本の占領は，ドイツの占領とは重要な相違点があった。ドイ
ツは英国，フランス，ロシア，米国，それぞれが管理する4つの地域に分けら

れていた。ドイツは，他の欧州の3カ国と米国に支配された欧州の国であり，多くの欧州の文化遺産を有し，ドイツ系米国人の人口が多い国であった。ドイツ語やドイツに関する知識は占領国にとって一般的なものだった。対照的に，日本の占領は，公式には連合国の成果となっていたが，実際には米国の成果であった。ドイツと占領国の根底にある文化的類似性とは違い，日本は文化，歴史，言語が異なり異質であった。1945年の時点で，米国には日本の文化や社会に関する専門家がほとんどおらず，しかも彼らは保守的で信頼できないと考えられていたため，国務省や連合国軍最高司令官総司令部（SCAP/GHQ）ではほとんどが無視されていた。

　日本における軍政部については，すでに何らかの管理職の経験をもつ35歳以上の陸軍と海軍の将校が，シャーロッツビル（Charlottesville）にあるバージニア大学（University of Virginia）の軍政学校で，軍政部に関する初歩的な研修を受講した。その後，シカゴ大学・ハーバード大学・ミシガン大学・ノースウェスタン大学・スタンフォード大学・イエール大学（Yale University）の6つの大学のいずれかで半年間の集中的な準備を行った。カリキュラムでは，日本語の話し方，日本の社会と文化，占領地における行政を取り扱っていた。この講座では，実際に日本に固有の問題として起こりうるであろう課題に取り組む企画演習の時間が組み込まれていた。高度な専門講師が動員され，補助として抑留された日本人を助手に採用していた。[15] 約2,500人の将校がこの訓練を修了し，カリフォルニア州モントレー（Monterey）の民政関係者集合基地（Civil Affairs Holding and Staging Area: CASA）に派遣され，1945年11月に計画されていた日本への侵攻に備えた。

　8月の予想外の日本の降伏と，1945年8月15日のマッカーサー（Douglas MacArthur）の連合国軍最高司令官（SCAP）への即時任命に伴い，日本での活動に備えた軍事行政の専門家300人がマニラ（Manila）に急派された。実務上の必要から，SCAPは直接軍事政権に従事するのではなく，無傷で残った日本の政府機関を通じて統治することを義務づけられた。このことで，ほとんど手つかずのままであった強力な日本の文民官僚制はさらに強力になった。[16] マッカーサーは東京に到着した時，広範囲にわたる計画のおかげで幅広い変化に非常に迅速に対応することができた。[17] 日本の軍事政権のために準備をして

きた将校の半分は朝鮮に再配置された。残りの将校は，連合国軍最高司令官総
司令部（SCAP/GHQ）の初期の指導者の多くとして配属された。管理体制と
しては，マッカーサーは軍司令部と民事司令部の二つの異なる組織［参謀部
（General Staff Section）と特別参謀部（Special Staff Section）のことと思われる：訳
注］を指揮していた。両司令部は，どちらもマッカーサーの直属であったが，
完全に切り離されていた。

　教育改革における取り組みを大きく阻害した根深い文化的相違とは，民主主
義と個人主義，そして民主主義と地方分権が密接に結びついているとする米国
の心の奥深くに根強くある考え方であった。さらにもう一つの違いは，日本は
フランス同様中央集権化が進んでおり，マックス・ウェーバー（Max Weber）
によって知られるようになった，強固な階層化モデルをもつ官僚制度が意識的
に採用されていたことである。権威主義的で階層的な官僚政治のなかでは，独
立心のある専門家をうまく受け入れることができない。結局，戦時下のワシン
トン（Washington）から発せられた自由主義思想は，深い文化の違い，現実
的な困難，SCAP/GHQ の司令官ダグラス・マッカーサー元帥の軍事問題の重
視，そして，冷戦による理想主義的な目標への転置，共産主義の脅威への強迫
観念，隣国朝鮮の戦争状態，によって妨げられたのである。

5．日本の図書館員

　1945 年の日本の図書館は米国や英国の図書館とは似ても似つかない状態で
あり，図書館員養成や図書館員の地位も同様であった。戦時中の破壊は別とし
て，軍国主義時代に費やした高い代償，すべての教育段階において権威主義の
教育手段が，米国の路線に沿った図書館の発展を阻害していた。しかし，これ
らは日本の司書たちが米国と同じかそれに近い志をもっていなかったことを意
味するものではない。1926 年，帝国図書館館長の松本喜一は，アメリカ図書
館協会の年次総会で日本の図書館開発について講演し，次のように述べている。

　　新しい図書館は，その構成と内容，設備と方法，つまりほとんどの点
　で，米国の図書館の模範に倣って設立されたということを，私は率直に申

し上げなければならない。[18]

　戦時中の日本の近代図書館運動について執筆した竹林熊彦は，より慎重な見
方を記していた。図書館に関する欧米的な考えは，日本人の性格や伝統に適合
する場合に採用された，と彼は記しており，日本の精神と相容れない欧米の考
えを避ける日本の抵抗力に注目をしている。[19]

　この本の中で詳述されている米国の司書たちは，間違いなく日本に何らかの
貴重なものをもたらす，とみなされていたようだ。米国の司書たちは日本の司
書の飲み込みの早さと日本の図書館を先導しようとする熱意に感銘を受け，日
本の図書館サービスの弱点を，司書が制御できる範囲をはるかに超えた，政治
的，社会的，経済的な力，伝統などが起因した結果だとみる傾向にあった。

　竹内悊は，日本の熱心な司書で，図書館教育者でもあり，1979年にフロリ
ダ州立大学（Florida State University）で図書館学の修士号を，ピッツバーグ
大学（Pittsburgh University）で博士号を取得している。1945年前後の日本
における司書教育についての彼の非常に詳細な博士論文は，ほとんど日本の資
料に基づき描かれている。彼は，日本の司書が1946年の時点で米国の図書館
の発展に精通していたと述べている。また，竹内は日本の司書が日本政府の保
守主義と緊縮財政によっておおいに従来の計画を阻害されながらも，占領軍図
書館の顧問役を効果的に活用し，とりわけ影のために実態が犠牲になったとさ
れる1950年の図書館法の制度において，自分たちの計画を達成したことを明
らかにしている。[20]

　本書の前章では，文化的・政治的影響力を得るための手段として，小規模で
魅力ある図書館を外国に展開した米国の経験について概説した。その経験が
あったからこそ，占領軍は次章で述べるように，日本でもそのような図書館を
驚くべき速度で提供し始めることができたのである。

注
1：本書では，和名については，西洋式の姓の前に名を置く方式が確立されている場合
　　を除き，「福田直美」のように，名の前に姓を置く方式を採用している。

66

2：英語での詳細な説明については，以下を見よ。Theodore F. Welch, *Libraries and Librarianship in Japan* (Westport, CT: Greenwood, 1997); 彼の初期の著作である *Toshokan: Libraries in Japanese Society* (London: Bingley, 1976); also, Suzuki Yukihisa [鈴木幸久], "American Influence on the Development of Library Services in Japan 1860-1948" (PhD diss., University of Michigan, 1956); Louise W. Tung, "Library Development in Japan," *Library Quarterly* 26, no. 2 (April 1956): 79-104, and *Library Quarterly* 26, no. 3 (July 1956):196-223. 1926 年［訳注：大正15 年／昭和元年］時点の簡潔な要約については，次を見よ。Miyogo Ohsa [大佐三四五], "On the Libraries in Japan," *ALA Bulletin* 20, no. 10 (October 1926): 244-51. Satoru Takeuchi [竹内悊], "Education for Librarianship in Japan: A Comparative Study of the Pre-1945 and Post-1945 Periods" (PhD diss., University of Pittsburgh, 1979) は，その詳細に著述されており，ほぼすべての日本語資料に基づいているため，教育を超えて非常に有用である。これを短くしたバージョンは，次を見よ。"Japan, Education for Library and Information Science," 239-71, in *Encyclopedia of Library and Information Science*, vol. 36 (New York: Marcel Dekker, 1983). 本章以降については特に，今まど子・髙山正也編著，現代日本の図書館構想：戦後改革とその展開（東京：勉誠出版，2013）を見よ。特に 102-50 ページで多くの米国の図書館員について言及している。

3：Suzuki [鈴木], "American Influence," 135.

4：Takebayashi Kumahiko [竹林熊彦], "Modern Japan and Library Movement," *Contemporary Japan*, 14 (April–December 1945): 233. 次をも見よ。Sharon Domier, "From Reading Guidance to Thought Control: Wartime Japanese Libraries," *Library Trends* 55, no. 3 (Winter 2007): 551-69.

5：文部省，日本における教育改革の進展（東京：文部省，1950），53-54［訳注：正しくは 72-73］。

6：文部省，日本における教育改革の進展，第 21 表，152［訳注：正しくは 221-223］。このデータには県立図書館の一日平均閲覧者数が含まれておらず，これによると一日平均閲覧者数は 6 人である［訳注：正しくは 96 人］。

7：Sano Tomosaburo [佐野友三郎], "The Public Library in Japan," *Public Libraries* 14, no. 6 (June 1909): 214; Ronald S. Anderson, *Japan: Three Epochs of Modern Education* (Washington, DC: U.S. Department of Health, Education, and Welfare, Office of Education, 1959); Domier, "From Reading Guidance to Thought Control."

8：Eugène Morel, *Bibliothèques, essai sur le développement des bibliothèques publiques et de la librairie dans les deux mondes*, vol. 1 (Paris: Mercure de France, 1908-1909), 389: "Obéré par l'effort prodigieux de son triomphe, le Japon n'a pourtant pas oublié son material de triomphe, il achète des canons et il achète des livres," http://catalog.hathitrust.org/Record/001164300.

9 ：Supreme Commander for the Allied Powers, Civil Information and Education Section, Education Division, *Education in the New Japan*, vol. 1 (Tokyo: General Headquarters, Supreme Commander for the Allied Powers, Civil Information and Education Section, Education Division, 1948), 78–79.

10 ：原覚天，現代アジア研究成立史論：満鉄調査部・東亜研究所・IPR の研究（東京：勁草書房, 1984), 426–74；髙山正也，歴史に見る日本の図書館：知的精華の受容と伝承（東京：勁草書房，2016), 59–76.

11 ：Sawamoto Takahisa ［澤本孝久］, "Training and Education Programs for Librarians in Japan," 65–72, in *Library Education in Developing Countries*, edited by George S. Bonn (Honolulu: East-West Center Press, 1966); also, Takeuchi ［竹内］, *Education*; Takeuchi ［竹内］, *Japan*; Suzuki ［鈴木］, "American Influence"；Ohsa ［大佐］, "On the Libraries"; 図書館情報学教育の戦後史：資料が語る専門職養成制度の展開，根本彰監修（京都：ミネルヴァ書房，2015), 2–3.

12 ：福田直美については，次を見よ。Koide Izumi ［小出いずみ］, "Catalyst for the Professionalization of Librarianship in Postwar Japan: Naomi Fukuda and the United States Field Seminar of 1959," *Asian Cultural Studies*, 39 (March 2013): 65–78; and Kon Madoko ［今まど子］, [Eulogy of Fukuda], *International House of Japan Bulletin* 27, no. 2 (2007): 46–48.

13 ："U.S. Initial Surrender Policy for Japan," *Department of State Bulletin* 13, no. 326 (September 23, 1945): 423–27, https://catalog.hathitrust.org/Record/000598610 ［訳注：この方針は昭和20(1945)年 9 月 30 日付で日本政府が和訳し，日本政府内の関係部署に配布した資料「降伏後ニ於ケル米國初期ノ對日方針」という文書があり，国立公文書館で閲覧可能である］; J. C. Vincent, J. H. Hilldring, and R. L. Dennison, "Our Occupation Policy for Japan," *Department of State Bulletin* 13, no. 328 (October 7, 1945): 538–45, https://catalog.hathitrust.org/Record/000598610. 同盟占領軍に関する文献は非常に多く存在する。英語の資料としては以下がある。*The Allied Occupation of Japan, 1945-1952: An Annotated Bibliography of Western-Language Materials*, edited by Robert E. Ward and Frank J. Shulman (Chicago: American Library Association, 1974).

14 ：*Maptalk* (n.p.: United States Army, Forces, Far East, Information and Education Section, 1–5 (1944–1946) and *Supplements* 1–5 (1945).

15 ：講師たちがどのような知識をもっていたのか，そしてどのようなことを信じていたのかについては，9 名の講師によって端的に著され，終戦後に出版された次を見よ。*Japan's Prospect*, edited by Douglas G. Haring (Cambridge, MA: Harvard University Press, 1946).

16 ：John W. Dower, *Embracing Defeat: Japan in the Wake of World War II* (New York: Norton, 1999), 223.

17 ： Merle Fainsod, "Military Government and the Occupation of Japan," 287–304, in *Japan's Prospect*, edited by Douglas G. Haring (Cambridge, MA: Harvard University Press, 1946); also, Hajo Holborn, *American Military Government: Its Organization and Policies* (Washington, DC: Infantry Journal Press, 1947), 87–99; Malcolm M. Willey, "The College Training Programs of the Armed Services," *Annals of the American Academy of Political and Social Science*, 231 (January 1944): 14–28; Justin Williams, "From Charlottesville to Tokyo: Military Government Training and Democratic Reforms in Occupied Japan," *Pacific Historical Review*, 51 (1982): 407–22.

18 ： Matsumoto Kiichi [松本喜一], "Libraries and Library Work in Japan," *ALA Bulletin* 20, no. 10 (October 1926): 243.

19 ： Takebayaeshi [竹林], "Modern Japan."

20 ： Takeuchi [竹内], "Education for Librarianship" ; Takeuchi [竹内], "Japan."

第7章
CIE 情報センター

　米国の生活そして米国政府のねらいと政策の全貌。——ハリー・S・ト
ルーマン（Harry S. Truman）大統領，1945 年 10 月 21 日[1]

　米国の戦時情報局（OWI）は，終戦前から日本に携わっていた。日本国内
では，メディアが政府によって厳しく統制されていたが，当局のプロパガンダ
には効果がなかった。[2] その理由の一つは無能力（incompetence）にあり，も
う一つは，真実が尊重されないことにあった。経験豊かな OWI の職員である
ジョン・F・サリバン（John F. Sullivan）は，日本の省庁が行った敗戦前のプ
ロパガンダ活動について次のように書いている。

　　日本政府は，中央集権的なプロパガンダ，事実の歪曲，そして報道の抑
　　圧といった観点から行動することに慣れていたため，国民が考え，疑問を
　　抱き，そして意見を形成するのに役立つ情報の発信を，政府の正当な機能
　　の一つとして取り入れる準備ができていなかった。……広報の技術や科学
　　はまったく知られていなかった。……時折，新聞発表，報告書や「白書」
　　の発表があったが，それらは堅苦しく，大体において大衆には理解できな
　　いようなことが書かれており，まったく調整がなされていなかった。[3]

　社会統制が強く，政府の力が強ければ強いほど，一般の人々が知ることへの
関心は低くなりがちである。しかし，効果的なプロパガンダには，確かな事実
に基づくいくつかの要素が必要である。終戦間近になると，軍事的な敗北が勝
利と主張されることはなくなったが，悲惨な軍事的および経済的状況は明らか
にされなかった。一方で，飛行機から落とされた OWI の小冊子が劇的で事実

に基づいたものであったため OWI の効力は高まり，その効力よって厳しい事実に対する認識が高まった。[4]

1. 連合国軍最高司令官総司令部（SCAP/GHQ）の民間情報教育局（CIE）

このような状況の中で，日本の民主主義文化を推進するという使命がSCAP/GHQ に与えられたことを考えると，広報や教育は，連合国軍占領下において重大な関心事でなければならなかった。日本は 1945 年 8 月中旬に降伏し［8 月 14 日に「ポツダム宣言」の受諾を決定した：訳注］，9 月 2 日に降伏文書が調印された。陸軍元帥ダグラス・マッカーサー（Douglas MacArthur）が連合国軍最高司令官（Supreme Commander of the Allied Powers: SCAP）となり，東京に総司令部（General Headquarters: GHQ）を設置した。[5] 彼の任務である，1945 年 11 月 1 日の基本的な降伏後の初期の指令［「日本占領および管理のための連合国軍最高司令官に対する降伏後における初期の基本的指令」（JCS1380/15）と思われる：訳注］には，プロパガンダ，検閲，そして意見，言論，報道，集会の自由に関する指示が含まれていた。[6]

SCAP/GHQ（連合国軍最高司令官総司令部）内には，9 月 22 日に「広報，教育，宗教，その他の日本の社会問題に関する政策について最高司令官に助言を与えるための」民間情報教育局（Civil Information and Education Section: CIE）が設置された。その具体的な任務には以下が含まれていた。

> 3.a. 次のための勧告をする。(1) 情報と教育により連合国の目的を達成する。(2) すべての広報メディアを通じて民主主義の理想と原則を広めることにより，宗教的崇拝の自由，意見，言論，報道，集会の自由の確立を促進する。……b. あらゆるメディアを通じて，日本国民に向けて情報問題についての提言を行う。[7]

この任務には，内閣情報委員会の廃止を含む，制限的な統制を撤廃する改革が必要であったが，第一の手段は，民主主義社会のためのもっとも効率の良い

方法に重点を置くことだった。占領の最初の 1 カ月間には，「新聞遵則」［正式名称は「日本に与うる新聞遵則」（SCAPIN-33: Press Code For Japan）：訳注］と放送遵則［正式名称は「日本に与うる放送遵則」（SCAPIN-43: Radio Code for Japan）：訳注］が発行され，事実や真実に基づいた「偏見のない報道」が規定された。また，両遵則が遵守されているかどうかを監視するために，ある程度の［日本側から見れば，きわめて厳格・強力な：訳注］検閲が行われた。

　CIE には様々な専門官が配置されており，それぞれが各専門領域の問題に取り組んでいた。CIE の専門官は，実際の問題あるいは潜在的な問題を分析し，SCAP/GHQ 内，日本政府側，その他の利害関係者と協議し，必要に応じて SCAP/GHQ の階層内で検討すべき事項を提案し，また必要に応じて日本政府に提言して行動に移すことが期待されていた。図書館が言及されたのは，CIE 指令の最後の一文だけであった。

　　g. 美術品や古美術品，文化財，宗教的物品，図書館，博物館，記録史料保管所，宗教的建造物および歴史的記念物の保護，保存，回収またはその他の処分に関する事項について最高司令官に提言する。[8]

　それにもかかわらず，日本初の OWI 様式の図書館は驚くべき早さで開設された。CIE は 11 月 15 日に，日本人一般向けの最初の図書館を東京に開設した。CIE 情報課の政策・施策部門長ジョン・W・ギャディス（John W. Gaddis）は，CIE の図書館について次のように述べている。

　　近代的な知識，特に 1930 年代から 40 年代の熱狂（hysterical）の時代には日本人には入手できず，1930 年までの比較的自由主義的な 10 年間でさえも量的には手に入らなかった最近の文学的作品，技術的情報，政治的な著作物の知識を通して民主化を促進するためにつくられた。[9]

　ケネス・R・ダイク（Kenneth R. Dyke）大佐が CIE 局長に任命された。CIE は情報課と教育課の 2 課により構成されていた。初代の情報課長は，マニラで OWI の中央太平洋作戦の責任者を務め，1945 年 8 月下旬に国務省が

OWI を吸収合併した際に国務省に入省していたブラッドフォード・スミス（Bradford Smith）だった。スミスは，情報課長としての彼の後任であるドン・ブラウン（Don Brown）を含む，OWI のプロパガンダ専門家のチームを連れてきた。図書館は情報課に属していたため，その管理・監督はブラッドフォード・スミス，そして後にドン・ブラウンの責務であった。

　最初の図書館は，蔵書が揃ってもいないのに開館した。しばらくの間，利用できる蔵書は「兵隊文庫」（Armed Services Editions）のみであった。［兵隊文庫については：訳注］米国の非営利団体「戦時図書審議会」（Council on Books in Wartime）によって，1,300 以上のタイトルの 1 億 2,200 万部が，編集され安価に印刷されて米軍に配布された。その意図は，海外で任務につく兵士に娯楽を提供するとともに，政治や歴史，軍事問題について教育することだった。戦時図書審議会のスローガンは「本は思想戦における武器である」であった。約 70 の出版社と十数社の印刷会社が協力して，古典，ベストセラー，ユーモア本，詩集の中から文学の専門家グループよって選ばれた大量生産のペーパーバックを，米国外で従軍する男女兵士にのみ提供した。［製作に際しては：訳注］漫画本を印刷する印刷機の空き容量を使用して，一度に二つの著作を上下に印刷し，それを二つの横長判型のペーパーバックに切断した。[10]

　この最初の図書館をここまで迅速に開館させることができたのは，二つの要因があったからである。一つは，OWI がラテンアメリカなどの地域で展開した図書館や情報センターでの豊富な経験である。もう一つは，降伏のかなり前から日本に図書館を配備するための詳細な計画を立てていたことである。その計画に従事していた一人が，元新聞記者のドン・ブラウンだった。

2．ドン・ブラウン（Don Brown）

　ドナルド・ベックワース・ブラウン（Donald Beckworth Brown, 1905-1980）は，ピッツバーグ大学を卒業し，ジャーナリズムの学士号を取得した。大学院で学んだ後は，英国で新聞記者として働くことを決意した。しかし，まず 1930 年に中国に旅行に行き，そこでウィルフレッド・フライシャー（Wilfred Fleischer）と出会い，彼の父ベンジャミン・W・フライシャー（Benja-

min W. Fleischer）が 1908 年 に
設立した東京の英字新聞 the *Ja-*
pan Advertiser［1890 年に横浜で創
刊され，1908 年にベンジャミン・フ
ライシャーにより買収された：訳注］
で働くように勧誘された。神経衰
弱を患った父［ベンジャミン・：
訳注］フライシャーは，医師から
旅行するように勧められていた。
そこで，家族をパリに残して，ベ
ンジャミン・フライシャーは旅に

図 7.1　ドン・ブラウン（Don Brown）

出た。日本に到着した彼は，横浜とそこでの欧州や北米からの在住者たちの居
住地区（colony）に魅了された。その居住地区には後に競争相手となるニュー
ズレターがいくつかあり，フライシャーはそのうちの一つの制作を手伝った。
その結果，彼はそのニューズレターの経営権を獲得し，その生産拠点を東京に
移して最新の生産技術を駆使し，生産施設が火災と地震で二度も破壊されたに
もかかわらず，それを極東でもっとも高く評価される英字新聞にした。フライ
シャーは米国のジャーナリズム学校を卒業した若手を採用することに熱中して
いた。ベンジャミンの息子ウィルフレッドは編集者になった。やがて，日本政
府がより軍国主義的で権威主義的になるにつれて，独立した編集方針をもつ新
聞は受け入れられなくなっていった。彼らとその従業員は，ますます脅迫や嫌
がらせを受けるようになった。そして 1940 年 10 月には，ベンジャミン・フラ
イシャーは the *Japan Advertiser* を日本政府に忠実な新聞である the *Japan*
Times に安値で売却せざるをえなかった。[11]

　ドン・ブラウンは，開戦前に日本を離れた最後の米国人新聞記者の一人だっ
た。戦時中は，日本兵が占領している島へ投下したビラなど，太平洋戦域での
心理戦メディアを担当した。日本の占領に伴い，ドン・ブラウンは SCAP/
GHQ の CIE 情報課に加わり，間もなくしてその課長となった。[12]

3. ポール・バーネット（Paul Burnette）

CIE 情報課には，現代の知識，特に最近の文学，技術，政治の著作物の利用を促進することを目的とした図書館部門があった。図書館部門は，OWI 図書館の伝統の中で独自の施設を創った。日本で最初の CIE 図書館は図書館と呼ばれていたが，その後，このような図書館が増えるにつれて，情報センターと呼ばれるようになった。

日本で最初の CIE 図書館は，ポール・ジーン・バーネット（Paul Jean Burnette, 1908-1992）により計画され，［初代図書館長として：訳注］運営された。彼はドン・ブラウンと同様に，以降のページに繰り返し登場する。バーネットはイリノイ大学アーバナ・シャンペーン校で図書館学の学位を取得した後，ボーズマンにあるモンタナ州立大学で司書として勤務した。そのころ，フィリップ・キーニー（Philip Keeney）は近くのミズーラのキャンパス［現在のモンタナ大学：訳注］で大学図書館長を務めていた。その当時，司書職の標準的な資格は，大学卒業後の 1 年間の司書コース修了証取得者（後に図書館学の学士号に再指定）だったが，より意欲的な少数の司書たちは，図書館学の修士号に向けてさらなる研鑽を積んだ。1941 年，バーネットはカリフォルニア大学バークレー校の図書館学校で再び学び始めた。そこで彼は，創設者であり学校の基調をつくったシドニー・ミッチェル（Sydney Mitchell）の影響を受けた。ミッチェルは賢く実際的な人物であり，魅力的で並み外れた対人能力をもっていた。

1942 年，バーネットは陸軍航空隊に入隊し，ミシガン大学の民政訓練学校（Civil Affairs Training School）極東プログラム（日本）で日本における民政の準備をした。それが完了すると，サンフランシスコから南に 100 マイル（約 160km）離れた小さな歴史ある町，カリフォルニア州モントレーの民政関係者集合基地（CASA）に送られ，そこで日本へ輸送されるのを待つことになった。[13]

4．CIE 情報センター

　東京の最初の図書館の蔵書は，当初は数セットの「兵隊文庫」のみであったが，より充実した蔵書がすぐに構築された。一つの CIE 情報センターには，約 6,000 冊の米国の図書や定期刊行物があったであろう。それはただ消極的に集められた本の集合体以上のものであった。[14] 情報センターは，占領軍の民間情報教育プログラムの一部であり，そこには積極的な館外活動も含まれていた。そのサービスは無料で，米国占領軍人の利用は認められなかった。最初の情報センターについては，SCAP/GHQ の公式記録が次のように誇らしげに報告している。

　　一般公開されたことから，特に米国の生活や英語の知識を向上させるための情報を求めている学生，教師，編集者，当局者を魅了した。日本国民にとってこの図書館の価値は明らかであり，SCAP/GHQ は 1947 年 8 月に，［CIE が開設した：訳注］東京の図書館が日本最大の公共図書館よりも毎日多くの利用者を集めていることを指摘し，京都と名古屋にも同様の図書館施設を配置するよう政府に指示した。12 月 14 日には，さらに福岡，仙台，札幌，高松，広島，大阪，横浜，神戸，新潟，金沢，熊本，函館，静岡，長崎に，日本政府の費用で図書館を増設する指示が出された。すべての図書館には，SCAP/GHQ が配属した司書の下に日本人が配置されることになっていた。同時に，東京の図書館は他の図書館と同じ立場におかれ，日本人自身が維持管理することになった。17 の図書館のうち最後のものが 1948 年 10 月 30 日に開館した。[15]

　興味を引かれたのは，魅力的な最新の蔵書だけではなく，図書や雑誌などの公共図書館的な蔵書が開架で容易に利用できることであった。
　1952 年 4 月の占領終了時までに，23 館［1950 年から 1951 年までに 6 館が追加され計 23 館となっていた：訳注］は非常に目立つ活動を行っていた。例えば大阪の情報センターは閑静な金融街にあったので，注目を集めるために，人気のあ

図7.2　CIE 図書館，東京

る大きなデパートに新聞 100 紙，色とりどりの雑誌，そして読書用の机と椅子
を用意して，米国の報道に関する展示を行った。教育用ポスターのほか，地元
の情報センターに関する展示があり，米国の学校や議会図書館に関する映画が
1 日 2 回上映された。展示の広報は，ラジオの告知，路面電車の広告，店舗の
入り口にかかる横断幕，店内放送，街頭のショーウィンドウの陳列などを通じ
て行われた。来場者は，2 週間で 5,000 人であった。[16]

　CIE 図書館は，他の国でのアメリカンセンターと同様に，読書のための施設
を提供するだけではなかった。小さな公共図書館として始まったものは，次第
にコミュニティセンターとなっていき，講座，展示会，講演会，その他の文化
的・宣伝的な催しなどを含む幅広い人気の活動を，よりいっそう行うように
なった。子どもたちの活動，レコードコンサート，「米国と出会う」（Meet
America）の講演会や展示，民主化プログラムとそれに関する展示，英語教
室，スクエアダンス，その他の教育的な娯楽が提供された。

5．岡山

　岡山の情報センターは，一つの良い例である。同センターは，活発な館外活動，特に子ども向けの見世物（show），展示，プログラムを企画した。地元の日本人芸術家や米国の学童による美術展が人気を博した。日米の学校間では，美術品の交換が行われた。映画スターや著名演奏家を含めて，よく知られている米国人が招かれた。バイオリニストのユーディ・メニューイン（Yehudi Menuhin）が来日し，演奏会を開いた。地元日本の図書館員の来館は，歓迎されていた。

　ファッションショーやファッション雑誌はとても人気があった。それは，全国的な洋装ブームを補完するものであり，魅力的な実用技能としてだけでなく，戦時中の貧しさや反西欧主義からの解放の象徴としても急速に浮かび上がった。[17] その他に，新聞記者向けのカクテルパーティー，ラジオ局や新聞社への定期的な週１回のニュース発表，都市公園での夏の演奏会，地域の行事について毎週掲示するなどの広報活動を行った。通勤ラッシュ時に情報センターが放送するのではなく，代わりに人気のある録音資料が駅に貸し出され，米国軍兵士を乗せた列車が通過する際に再生（放送）された。

　［情報センターの：訳注］企画は，国際連合とその機関，特に世界保健機関（WHO）やユネスコ（UNESCO）の活動を推進した。利用登録者の約 40% が学生で，20% が技術者や専門職従事者だった。個人貸出のほとんどは，社会科学や工芸の本であった。[18]

　その企画はかなり多様だった。横浜の情報センターは，親子を対象とした「バズセッション」（buzz session）［少人数のグループに分かれて議論し，その結果を持ち寄って，全員でさらに討議する方法：訳注］を開催した。理想の児童図書館をテーマにした CIE 映画「ぼくらの夢」（Our Dream）［日本で製作された CIE 映画：訳注］を含む２本の映画を上映した後，60 人の子どもたちは別の部屋に遊びに行き，親たちは「より有効な家庭生活を促進する方法」についての講演を聞いた後，小グループでの議論や講演者との質疑応答を行った。[19]

　これらの情報センターの人気が非常に高かったのは，さして驚くべきことで

はない。彼らはまた，開架方式，本を自由に手に取ることの奨励，地域社会へ
の精力的で想像力に富んだ館外活動という今までにない体験をさせることで，
公共図書館サービスのあるべき姿を提供した。

6．人員配置

　一方で，情報センターへの人員配置は課題だった。適切な資格をもつ日本人
司書がいなかったため，米国から専門職の認定を受けた司書たち（professional
librarians）が呼び寄せられた。しかし彼らは通常，日本語や日本文化に不慣
れなため，それぞれに通訳を行い地域社会とのやり取りを手伝う日本人の「相
談役」（adviser）が割り当てられた。全体的に若くて熱心で，英語もある程度
知っている相談役にとって，この仕事は貴重な実務経験となった。しかし，米
国から来た司書たちは，通常1年あるいは2年後の帰国を望んでいたため，後
任の司書を補充する必要があった。

　［CIE情報センターへの：訳注］謝意を表す利用者の一人に湯川秀樹がいる。彼
はCIE情報センターのおかげで物理学者としての活動が続けられたと述べた
といわれている。そして彼は日本初のノーベル賞受賞者となった。

注

1：Harry S. Truman, "Termination of O.W.I. and Disposition of Certain Functions of
　　O.I.A.A. Aug 31, 1945," *Department of State Bulletin* 13, no. 323 (September 2,
　　1945): 306.
2：本章は次の書に依拠している。John W. Gaddis, *Public Information in Japan under
　　American Occupation: A Study of Democratization Efforts through Agencies of
　　Public Expression* (Geneva: Imprimeries Populaires, 1950).
3：John F. Sullivan, *Information Services in Japanese Ministries. SCAP CIE Report*,
　　December 7, 1949, quoted in Gaddis, *Public Information*, 63.
4：Gaddis, *Public Information*, 62.
5：SCAP/GHQに関する文献は多い。次の書を参照されたい。Takemae Eiji［竹前栄
　　治］, *Inside GHQ: The Allied Occupation of Japan and Its Legacy* (New York: Con-
　　tinuum Press, 2002).

6 ：Gaddis, *Public Information*, 145-66: appendix A.6. 次を見よ。paragraph 9 (a and c), 152-53.

7 ：Gaddis, *Public Information*, 143-44: appendix A.5.

8 ：Gaddis, *Public Information*, 143-44: appendix A.5.

9 ：Gaddis, *Public Information*, 72.

10：Armed Services Editions. *Wikipedia*, https://en.wikipedia.org/wiki/Armed_Services_Editions.

11：フライシャーとthe *Japan Advertiser* に関しては，次を見よ。Demaree Bess, "Tokyo's Captive Yankee Newspaper," *Saturday Evening Post* 215, no. 32 (February 6, 1943): 22 and 66; and Peter O'Connor, *The English-Language Press Networks of East Asia, 1918-1945* (Folkestone: Global Oriental, 2010).

12：ドン・ブラウンに関しては，次を見よ。横浜開港資料館，ドン・ブラウンと昭和の日本：コレクションで見る戦時・占領政策（横浜市：有隣堂，2005）; also, Don Brown, *Beginning of the School*. ［1976 年 11 月 28 日の講話の未編集の記録］; Douglas M. Kendrick, "Don Brown," ［死亡記事］*Transactions of the Asiatic Society of Japan*, 3rd series, 15 (1980): 1-2; and 三浦太郎，"ドン・ブラウンと再教育メディアとしての図書館，" in 今まど子・髙山正也編著，現代日本の図書館構想：戦後改革とその展開（東京：勉誠出版，2013），197-212.

13：バーネットに関しては，次を見よ。"Paul J. Burnette," *Library Quarterly* 27, no. 1 (January 1957): 48; also, 今まど子・髙山正也編著．現代日本の図書館構想：戦後改革とその展開（東京：勉誠出版，2013），259-65; Arthur Stanionis, "Illini and the War," *Daily Illini* (March 15, 1944): 2, col. 6, http://idnc.library.illinois.edu/cgi-bin/illinois?a=d&d=DIL19440315.2.27#.

14：Hiromi Ochi ［越智博美］, "Democratic Bookshelf: American Libraries in Occupied Japan," 89-111, in *Pressing the Fight: Print, Propaganda, and the Cold War*, edited by Greg Barnhisel and Catherine Turne ［訳注：正しくは Turner］(Amherst: University of Massachusetts Press, 2010); 今まど子，"CIE インフォメーション・センターの活動," 87-154, 今まど子・髙山正也編著，現代日本の図書館構想：戦後改革とその展開（東京：勉誠出版，2013）.

15：Supreme Commander for the Allied Powers. *History of the Non-Military Activities of the Occupation of Japan*, 31 (Tokyo, 1950-1952): 313. ［参照：竹前栄治，中村隆英監修．GHQ 日本占領史．日本図書センター，1996-2000，56 冊.］

16：Arline Borer, "Japanese Marvel at Osaka Library Exhibit," *Wilson Library Bulletin* 23, no. 4 (December 1948): 310-11.

17：John W. Dower, *Embracing Defeat: Japan in the Wake of World War II* (New York: Norton, 1999), 170. ［参照：John W. Dower. 敗北を抱きしめて．三浦陽一，高杉忠明訳．岩波書店，2001，2 冊.］

18：岡山の CIE 情報センターの詳細は，1950 年から 1952 年まで同センター長であった ジョン・B・マクラーキン（John B. McClurkin）の次の文献を典拠としている。"People and Books in Japan," *Alabama Librarian*, 4 (July 1953): 18-19. 次をも見 よ。今まど子，"CIE インフォメーション・センターの活動," 146-48. CIE 情報セン ターに関する他の文献には以下のものがある。F. J. Harsaghy, "Seventy Million Japanese Say 'Yes,'" *Wilson Library Bulletin* 27, no. 4 (December 1952): 309-13 and 320, also letter 27, no. 6 (February 1953): 419; Ken Kantor, "Japanese Libraries, American Style," *Wilson Library Bulletin*, 29 (September 1949): 54-55; Roland A. Mulhauser, "Information Libraries Flourish in Japan," *Library Journal*, 73 (February 1, 1948): 160-63; Ochi[越智], "Democratic Bookshelf"; Matilda A. Roedel, "'Arigato,' Say Japanese," *Library Journal*, 74 (December 1, 1949): 1792-95 and 1806; and Supreme Commander for the Allied Powers, Civil Information and Education Section, Education Division, 1952, *Post-war Developments in Japanese Education*, vol. 1 (Tokyo, General Headquarters, Supreme Commander for the Allied Powers, Civil Information and Education Section, Education Division): 369-71.

19：Dorothea B. Munro, "Japanese Buzz Session," *Wilson Library Bulletin* 26, no. 4 (December 1951): 326 and 330.

第**8**章

教育使節団，1946 年

税金で運営されている公共図書館もまた，知識（ideas）の普及を促進する機関の一つである。……幸いなことに，日本における公共図書館運動のルーツはすでに存在している。……我々は，日本のためのすばらしい公共図書館制度とはどのようなものかを具体的に示す……——教育使節団報告書[1]

教育改革は連合国の政策のための基本的かつ中心的なものであり，1946 年 3 月には 17 名の米国の専門家からなる教育使節団（education mission）が，1 カ月間の徹底的な調査と協議のために日本に到着した。勧告の範囲は意図的に広く設定されていた。1946 年 3 月 30 日に提出された教育使節団の報告書は，「日本の民主主義にとってもっとも優れた保証となるのは，熟練し，雇用され，かつ，情報を得た労働者の集団である」と断じている。[2]

1．目的

報告書は，日本の教育システムは三つの目的に基づくべきであると主張している。

1．教育制度は，少年であれ少女であれ，男性であれ女性であれ，知的で責任感があり協力的な社会の一員としての個人の能力を最大限に伸ばせるように十分に体系化されるべきである。……試験のために単に事実を暗記するのではなく，問うことの自由を重要視するべきである。
2．教育制度は，一般教育の基礎から現代社会の多種多様な職業——すな

わち，農業，工業，商業，家事，専門職——のための専門的な準備へと進んでいく生徒の能力，適性，興味に合わせたタイプの学校，教育機関を提供することにさらなる責任をもつ。教育と職業の両方に関する，十分に体系化された助言や指導は有用であることがわかるだろう。

3．最後に，教育システムは生徒たちに新たな興味を抱かせるだろう。知的な興味だけではなく実用的，美的な興味を。新しい課程の至るところで，図書館など独習のための機関は重要な役割を果たすことになる。実際，教科書の暗記や資料の口述の偏重から脱却するための方法は，異なる観点から書かれた図書や論文にアクセスできるようにすることである。[3]

　政治的な課題は明快であった。すなわち，「軍事支配による悲惨な戦争で衝撃を受け，傷ついた日本人は，今や平和と世界の協力を目的とした新たな戦いに向かっている。日本の知的，精神的な資源を方向転換するために，人類の福祉に関する情報や知識が広く行き渡るよう，取りうるすべての手段を用いるべきである」。これまでの「閉鎖的で隔離された」学校制度を効率化し微調整することよりも，さらに多くのことが必要であった。

2．レオン・カーノフスキー（Leon Carnovsky）

　教育使節団のメンバーには，当時シカゴ大学大学院図書館学研究科（Graduate Library School at the University of Chicago）の副主任（associate dean）であったレオン・カーノフスキー（Leon Carnovsky, 1903-1975）が含まれていた。シカゴ大学大学院図書館学研究科は，米国においてもっとも権威ある図書館学校であり，長年にわたり博士号を授与できる唯一の図書館学校であった。同研究科は，図書館員のための専門教育を変革するための意識的な試みとして，カーネギー財団（Carnegie Corporation）からの助成金を受けて設立された大学院であった。

　カーノフスキーは哲学と社会学を学び，その後，公共図書館と大学図書館での短い勤務経験を経た後，学生の読書への興味に関する学位論文によってシカゴ大学大学院図書館学研究科における初期の博士号を取得した。彼は同学部に

1932 年から 1971 年まで教員として在籍した。カーノフスキーは幅広い関心を
もっていたが，社会における図書館サービスの役割を専門とし，公共図書館の
調査を数度にわたり実施した。カーノフスキーは教育使節団の報告書のうち，
図書館サービスに関する部分を執筆した。彼は，教育使節団のメンバーが東京
で最大のデパートに展示された書籍を購入し，教員養成機関に送った後，さら
にそこから選ばれた学校に配布するというプログラムも指揮した。[4]

3．フィリップ・キーニー（Philip Keeney）

　CIE は，教育使節団の運営面での支援や広範な援助を行っていた。カーノフ
スキーは，CIE の図書館専門家であるフィリップ・オーリン・キーニー（Phil-
ip Olin Keeney, 1891-1962），通称アンガスと議論した。キーニーはバークレー
の図書館学校で司書資格を取得し，ミシガン大学の図書館に勤務した後，ミ
ズーラのモンタナ州立大学で図書館長および図書館学の教授となった。キー
ニーは後の図書館調査については賞賛されたものの，残念ながら図書館サービ
スの改善については二代にわたる専制的な学長との対立，すなわち知的自由と
終身在職権をめぐる対立の激化によって暗雲の下に置かれることとなった。
　キーニーは保守的な環境における左派の進歩的な人物だったため，対立が起
きることを予期していた。キーニーは，改革の中で学部生のために自由にアク
セスできる娯楽読み物のコレクションを設置し，「オープンシェルフ」（Open
Shelf）と呼んだ。コレクションには，地元の作家であるバーディス・フィッ
シャー（Vardis Fisher）の小説 *Passions spin the plot*［情熱が筋書きを紡ぐ：訳
注］が含まれていた。この小説は，利己的で不愉快な大学生が，婚約者を含め
たあらゆる人に酷いことをするという内容で，主人公よりも彼女の方が多くの
性的な経験をもっていたことを知った後に激化するというものであった。この
本は非倫理的な行動を描いているものの，卑猥な内容は含まれていなかった。
しかし，この作品に対する苦情をきっかけに，学長は本の除架と終身在職権を
もつキーニーの即時解雇を要求した。キーニーは訴訟を起こし，アメリカ教員
連盟（American Federation of Teachers），アメリカ自由市民連盟（American
Civil Liberties Union），アメリカ大学教授協会（Association of American

University Professors）の支援を得て，モンタナ州最高裁判所から復職命令を勝ちとった。この勝利は，終身在職権のための重要な判例となったが，キーニーは病に倒れ，職務をまっとうすることができなくなり辞職した。

　当時はかなり保守的な組織であったアメリカ図書館協会（American Library Association: ALA）は，キーニーを支援しなかった。こうしたキーニーの経験を重大な契機として，本人および他の人々は，協会をより民主的な組織に改革し，図書館に対する連邦政府と州の資金提供を促進することを目的とした進歩的な司書の評議会を設立することによって，「すべての進歩的な図書館員一人ひとりの声が聞こえるように団結させる」ことを目指した。[5]

　キーニーは，バークレーで数年の失職期間を経た後ワシントン DC に移り，米国議会図書館（Library of Congress），戦略諜報局，国務省（State Department）を含む連邦政府の一連の役職に就いた。

　1945 年の終わりに，キーニーは日本で社会調査を実施するために 9 カ月間の任務を引き受けた。彼は SCAP/GHQ の政府部門［民生局：訳注］に配属され，憲法草案の地方行政に関する部分を練り上げるための委員会に参加したり，図書館を担当したりした。そして 1946 年 2 月には民間情報教育局の教育課に異動して日本の図書館サービスに従事するようになり，必要に応じてカーノフスキーを補佐した。7 月には，昇進して図書館担当官（Library Officer）に任命された。[6]

　CIE のスタッフは専門家で構成されており，全員がそれぞれの分野で政策や計画を立案し，SCAP/GHQ や日本人と協議し，最終的には SCAP/GHQ から必要に応じて助言や支援を受けながら，日本政府が実施すべき行動方針を提案することが求められていた。

4．図書館への勧告

　初等・中等教育に関する教育使節団の報告書では，学校図書館については「教科書，参考書，図書館の本，その他の教具が十分に供給されるべきである。指導のための視覚的・聴覚的な補助具は，これまで以上に広く利用できるようにすべきである」[7] という以上のことは，ほとんど言及されていなかった。

また，子どもたちのために，より多くのより良い本が必要であるという懸念が
示されていた。

　当時の日本は子どもよりも大人の方が多かったため，成人教育の課題に注目
する必要があった。成人教育に関する第 5 章のほぼ半分は，公立の公共図書館
の設立を要望するものであった。すなわち，利用料や貸出料が無料で，税金に
よって運営され，分館をもち，「すべての地域社会にサービスを提供する」公
共図書館である。報告書は，「税金で運営されている公共図書館は，知識の普
及を促進するもう一つの機関である」とし，「幸いなことに，日本における公
共図書館運動のルーツはすでに存在しており，全国に相当数の市立図書館や県
立図書館が設立されていた。しかし，そのほとんどは部分的に，あるいは完全
に破壊された。また，図書館制度は公共でありながら無料ではなかったことを
思い出さなければならない。通常は入館料がかかり，図書の貸出は有料であっ
た」と指摘している。

　報告書は，「知識の普及を促進する」とともに「文化的な刺激を受けられる
資源として常に歓迎される」「日本のためのすばらしい公共図書館システム」
の組織を具体的に示している。

　　　文部省には公共図書館サービス局長を置く。局長の役割は，図書リスト
　　　や書誌の発行，図書館の運営上の問題に関する助言など，全国の図書館を
　　　支援することにある。局長は，政府から支給された資金配分に責任を負
　　　う。彼は図書館の基準を定める場合もある。各市と県には，地方自治体に
　　　任命された主任図書館員が置かれる。各図書館は，学校にも自治体中央図
　　　書館の分館としてコレクションを置き，地域の建物にブックステーション
　　　を設置し，周辺の地域に特別なサービスを提供することになるだろう。[8]

　教育使節団は，この大規模なプログラムには多額の費用がかかり，野心的で
あるということを理解したうえで，まずは東京で試験的な図書館プログラムと
して開始し，モデルとすることを勧めた。

　日本の大学は英国や米国ではなくドイツを見本としており，そのことが図書
館にも反映されていた。学科別のコレクションは独裁的な教授が厳しく管理し

ており，それらが複数あり，それぞれに独立している。それらと比べて貧弱な中央図書館は専門的な資格をもたない教授が管理しており，調整も行われず，専門的な資格はほとんど尊重されない。米国の標準的な慣行に慣れた教育使節団の図書館勧告を正しく評価するためには，こうした背景を十分に踏まえておく必要があった。

　　高等教育のすべてのレベルにおいて，研究と個々の学生の成長に不可欠なのは図書館である。
　　すべての学生が国の資源を利用できるようにするために，各大学がコレクションを統合して集約し，単一の総合目録を作成することを検討するよう提案する。これらは各学会のコレクションと同様の目録とともに，中央機関で管理される主要な総合目録に組み込まれるかもしれない。このようにして，必要な書籍を探す学者にとって計り知れない価値をもつ全国書誌の基礎が築かれるであろう。
　　日本国内での図書館相互貸借制度を創設し，戦前に行われていた国際交換制度をできるだけ速やかに再開すべきである。
　　日本の大学図書館が大学図書館員の専門家協会を組織することは有益であろう。また，専門的な人材を育成するために，図書館設備の整った大学に図書館学校を設立するのもよいと考えられる。[9]

　これらの勧告は，今となっては当たり前で控えめすぎるように映るかもしれないが，当時の状況からすれば，抜本的な変化を意味するものであった。教育使節団が日本を去った直後にキーニーは独自計画を提出した。それは日本のための総合的な図書館計画［本書の付録に採録：訳注］であった。

注

1：United States, Education Mission to Japan, *Report of the United States Education Mission to Japan. Submitted to the Supreme Commander for the Allied Powers, Tokyo, March 30, 1946* (Washington, DC: U.S. Government Printing Office, 1946),

45, https://catalog.hathitrust.org/Record/011325745.

2 ：United States, Education Mission, *Report*, 18.

3 ：United States, Education Mission, *Report*, 19.

4 ：カーノフスキーについては，以下を見よ。William C. Heygood, "Leon Carnovsky: A Sketch," *Library Quarterly* 38, no. 4 (October 1968): 422–28; 図書館情報学教育 の戦後史：資料が語る専門職養成制度の展開，根本彰監修（京都：ミネルヴァ書房, 2015), 4 and 936; Frederick A. Schlipf, "Leon Carnovsky: A Bibliography," *Library Quarterly*, 38 (October 1968): 429–41; Howard Winger, "Carnovsky, Leon (1903– 1975)," 73–74, in *Dictionary of American Library Biography*, edited by Bohdan. S. Wynar (Littleton, CO: Libraries Unlimited, 1978).

5 ：Rosalee McReynolds and Louise S. Robbins, *The Librarian Spies: Philip and Mary Jane Keeney and Cold War Espionage* (Westport, CT: Praeger, 2009) はキーニー 夫妻の共同伝記である。キーニーのモンタナ州立大学での業績については，以下を 見よ。Maurice F. Tauber and Eugene H. Wilson, *Report of a Survey of the Library of Montana State University for Montana State University, January–May 1951* (Chicago: American Library Association, 1951), 20, http://hdl.handle.net/2027/ mdp.39015034609811. 選書をめぐる対立については，以下をも見よ。Rosalee McReynolds, "Trouble in Big Sky's Ivory Tower: The Montana Tenure Dispute of 1937– 1939," *Libraries and Culture*, 32 (Spring 1997): 163–90; Joe W. Kraus, "The Progressive Librarians Council," *Library Journal*, 97 (July 1972): 2351–54. 第 11 章の図書館 法の議論をも見よ。

6 ：Theodore McNelly, *Origins of Japan's Democratic Constitution* (Lanham, MD: University Press of America, 2000), 66–67. キーニーは，日本での図書館に関わる業務 や経験について以下の4つの記事で報告している。"Japanese Librarians are War-Damaged," *Library Journal*, 73 (May 1, 1948): 681–84; "Meet the Japanese Librarians," *Library Journal*, 73 (May 15, 1948): 768–72; "Reorganization of the Japanese Library System," *Far Eastern Survey*, 17 (January 28, 1948):19–22; and (February 11, 1948): 32–35. 後ろ 2 つは，他のメモとともに次において転載されている。 図書館法成立史資料，裏田武夫・小川剛編（東京：日本図書館協会，1968), 419– 33. McReynolds and Robbins, *Librarian Spies* では，日本での図書館業務を簡単に 紹介している。カリフォルニア大学バークレー校のバンクロフト図書館は，彼の文 書コレクションを所蔵している。*Philip Olin Keeney Papers*, BANC MSS 71/157.

7 ：United States, Education Mission, *Report*, 30.

8 ：United States, Education Mission, *Report*, 40.

9 ：United States, Education Mission, *Report*, 54.

第**9**章

フィリップ・キーニーとキーニー・プラン

　このような必要性に応える方法の一つとして，日本の戦後まで生き残っ
た図書館を，カリフォルニア州図書館システムに倣った全国的なシステムに
組織することが考えられる。──フィリップ・キーニー（Philip Keeney），
1946年

1．カリフォルニア州におけるキーニー

　米国教育使節団の報告書作成において，図書館的見地からレオン・カーノフ
スキー（Leon Carnovsky）を手伝ったCIEの図書館専門官であるフィリッ
プ・キーニーは，第4章で説明したカリフォルニア州の郡図書館システムに精
通していたはずである。キーニーは体調不良で1915年にMIT（米国マサ
チューセッツ工科大学）で化学の学位取得を諦めることになった。キーニーは
サクラメント（Sacramento）から北へ100マイルほど（約160km）の所にあ
る埋め立て地でのオーランド灌漑プロジェクト（Orland Irrigation Project）
で，太陽の降り注ぐカリフォルニアの屋外で働くために西へ向かった。グレン
（Glenn）郡を中心としたオーランド灌漑プロジェクトには，コルサ（Colusa）
郡とテハマ（Tehama）郡の一部も含まれており，この上なく過ごしやすい気
候だった。本好きのキーニーは，1914年，1915年，1916年に，これら三つの
郡でそれぞれ無料の公共図書館サービスが導入されたことをよく知っていたと
思われる。[1]
　1924年，キーニーは農業を離れ，同じカリフォルニア州にいた二人の姉妹
と一緒にバークレー（Berkeley）に住んでいた。264冊の本が寄贈される1893
年まで，バークレーには公共図書館がなかった。キーニーが到着したころに

は，優れた公共図書館サービスに発展していた。1914 年から 1927 年までの
バークレー市立図書館長であったカールトン・B・ジョッケル（Carleton B. Jo-
eckel）は，州知事ロバート・M・ラフォレット（Robert M. LaFollette）が進
歩的な社会政策を展開したウィスコンシン（Wisconsin）州の出身であった。
ジョッケルは第一次世界大戦で西部戦線に出征し，名誉の負傷を負った英雄，
ジョッケル大尉として復員した。軍事組織運営の有効性［軍の階層組織構造の有
効性のこと：訳注］に触発されたジョッケルは，全国的に適用できる公共図書館
の統治構造の在り方の実現を目指し，バークレーで管理する図書館を大規模な
中央館と 4 の分館をもつ公共図書館システムに組織化し，そのパターンは 1 世
紀後の今日も続いている。

　キーニーは，カリフォルニア大学バークレー校に入学した。キーニーの関心
は化学から歴史に移っていた。1925 年に歴史の学士号を取得した後，バーク
レー校の図書館学校に入学し，1927 年に司書の資格を取得した。同図書館学
校では，キーニーは後に「私の古くからの良き助言者」と呼んだ図書館学校主
任のシドニー・ミッチェル（Sydney Mitchell）と密接な関係をもっていたと
述べていた。[2] バークレーの図書館学校で非常勤講師として教えてもおり，後
にキーニーの身元保証人となってくれたカールトン・ジョッケルとキーニー
は，緊密な関係であったと思われる。このような環境を考えると，キーニーが
"Librarianship: A Social Force" と題された学術書に何年も取り組んでいたこ
とは驚くに値しない。出版されることはなく，おそらく完成することもなかっ
たのであろう。現存する原稿は知られていないが，その一部は 1938 年の *Wil-
son Library Bulletin* に，編集者の強く支持するコメントとともに，"The Pub-
lic Library: A People's University?" と題された論文として掲載された。[3]

　カリフォルニア州立図書館職員が定期的に教えていたバークレーの図書館学
校の学生には，カリフォルニア州の郡図書館システムは非常に身近なもので
あっただろう。キーニーは当時バークレーに住んでいて，バークレーキャンパ
スで農学関係の仕事をしていたハリエット・エディ（Harriet Eddy）を知って
いた可能性が高い。

2．統一された計画

　キーニーは来日後，SCAP/GHQ の占領統治部門で社会調査を行うため，民間情報教育局（CIE）に異動し，CIE 教育課の図書館専門官となり，教育使節団報告書の図書館勧告の執筆に際し，レオン・カーノフスキーの業務を手伝った。

　教育使節団報告書は 1946 年 3 月 30 日に完成した。数日後，フィリップ・キーニーは，おそらく図書館に関する教育使節団の勧告とレオン・カーノフスキーとの議論を基にした，日本における図書館サービスの全体的戦略的発展計画を，彼の上司であるエドワード・H・ファー（Edward H. Farr）に提出した。「日本における統一された図書館サービス」（*Unified Library Service for Japan*）と題されたこの計画は，実施のための提案手順を含めて 1,500 語に満たない非常に短いものであった。本書巻末に付録として全文を掲載しておくので参考とされたい。キーニーは 1946 年 4 月 8 日付のファーへの送信書簡で，以下のように述べている。

　　　日本における統一された図書館サービスについての研究は，カーノフスキー氏が教育使節団と一緒に東京にいた時にカーノフスキー氏との会談と，また，何人かの日本の図書館員との話し合いの結果である。その基本は，米国の多くの州やいくつかの外国でも模倣されているカリフォルニア州の郡図書館システムに似ている。……無料の公共図書館運動は，民主主義の理想を実現するうえで重要な要素であると考えられており，日本にはなかった無料の図書館を支援するプロジェクトは，少なくとも米国の視点によれば，きわめて重要であると思われる。

　キーニー・プランの第 1 章では必要性が述べられていた。第 2 章では，その解決策を二つの部分に分けて説明した。すなわち，開設可能な図書館の即時開設と，「日本のすべての図書館資源を一つの統一されたシステムで共同利用するための長期計画」である。[4]

　このような必要性に応える方法の一つとして，日本の戦後まで生き残っ
た図書館を，州内の全資源を郵送による図書館間相互貸借によって，州内
すべての住民に提供しているカリフォルニア州図書館システムに倣った全
国的なシステムに組織することが考えられる。1911 年にカリフォルニア
州で採択されたこのシステムは，最大の人々に，最小の費用で，もっとも
幅広い図書館サービスを提供できるとされていた。

　キーニーは，日本はカリフォルニア州と同程度の地理的な規模であること，
上野公園の国立図書館［帝国図書館：訳注］はカリフォルニア州立図書館のよう
な役割を果たすことができること，そして「日本の都道府県立図書館は国立図
書館と密接に対応しており，すでにカリフォルニア州の郡図書館と同じ機能を
果たしている」と指摘した。[5]
　キーニーの計画は，カリフォルニア州の郡図書館システムの特徴を簡潔に反
映したもので，図書館相互連携を重視している。その目的は次のように簡単に
述べられていた。

　　その目的は，(1) 統一された，(2) 経済的で，どこの地域に住んでいて
　も平等に利用でき，そして完成された，(3) 学校の授業と協調した総合的
　な教育システムの一部としても組織された，(4) 教室以外の場所で学習す
　る成人も利用できる，という図書館システムを構築することである。

　この計画は，大規模に構成された組織単位［図書館組織を想定されたい：訳注］
でなければ，質の高い多様なサービスを支援することができないので，組織構
造上，論理的に構成された相対的に小規模な組織単位では，図書館サービスが
地域の分館図書館や地域の機関内の閲覧室で提供されるようなサービスの提供
主体となる都道府県立図書館（または複数の都道府県から成る一つのグルー
プ）にしかならないであろうと主張している。各単位［館や部署：訳注］を担当
する司書は，専門的な資格をもつべきである。都道府県または地域のサービス
は，読者へ無料で図書館間相互貸借を容易にするため，カリフォルニア州立図
書館のように，総合目録を維持している国立図書館と連携しなければならない。

　キーニーは，戦後日本の復興・発展は，人々が様々な仕事であらゆる種類の知識を応用できるようにするための成人教育を受けられることにかかっていると書いていた。教育を受ける機会に恵まれなかった人たちには，救済のための支援が必要になるだろう。十分な教育を受けた人にとっては，その知識を職業に関連した分野で常に最新に保つ必要がある。そのためには，小さな地域社会でさえも知識や情報を届けるための経路として，統一された図書館システムを組織化し，つくっておくことができる。そのためには，組織化された地域や組織全体の図書の全コレクションをすべての人が共有することができるように，ある程度の調整が必要である。このように，この目的を達成するには，まとまりのある全体として機能する図書館システムを構築することである。

　カリフォルニア州の郡程度の規模をもった行政単位であれば，通常の図書館サービスを十分かつ効率的に提供し，訓練を受けた司書を雇用するのに十分であり，その図書館サービスの実施単位は，個別に図書館を運営する個々の自治体よりも，より良い，より費用対効果の高いサービスを提供することができる。日本における公共図書館行政の論理的な検討単位は，都道府県（または「地方」に編成された都道府県のグループ）で，その地域の主要都市に本部を置くが，サービスは地域社会に分散した方法で提供されることが好ましい。

　図書館学校の推薦を受けた有能な図書館員資格取得者は，ただちに実務につくべきである。各地の本館となる図書館は，すべての地域住民のために設置された分館を伴う都道府県またはすべての地域社会における図書館サービスのための情報を入手・整備・選別する情報提供機関（clearinghouse）となるべきである。既存の公共図書館は，必要に応じて既存のアクセス可能な機関（学校，公民館など）内に設置された分館を保有すべきである。

　有資格の司書が地域社会に在って，地元の図書館などの管理人を使い，各地域社会が必要とする目的に役立つ図書，雑誌，その他の資料の活用体制を整える。利用頻度が低い資料は交換されたり，再利用されたりする。要求されても所蔵されていない資料は，要望があった時に，地域の本館または他の館から調達する。

　各都道府県や地域の自治体は，相互貸借を無料で利用できるようにするため，日本の図書館における全蔵書の総合目録を整備する国立図書館と協力す

る。図書，定期刊行物，さらに地図，地球儀，写真，映画フィルム，その他の
資料をリストアップした全国総合目録は，特別な利用要求を満たすためにも，
重複した受入による不要な資料購入予算支出を避けるためにも必要である。
キーニーはこのことを強調するために次に見るように大文字を使って書いたほ
どであった。

　　国民はどこに住んでいようとも，日本国内ですべての図書館サービスを
　「平等」（EQUAL）に受けることができる。すべての図書館資料は可能な
　限り，そのサービスを「経済的」（ECONOMICAL）に利用に供される。
　資料要求を満たすためのすべての可能性がサービスを「完全」
　（COMPLETE）に行うために求められる。そして，すべてのサービス提
　供担当組織——すでに確立した公共図書館も，学校図書館も，県立図書館
　や国立図書館も——完全に「統一」（UNIFIED）された一つのシステムと
　なる。

　キーニーは，このような計画は米国各地や他の国々でも程度の差こそあれ実
施されており，図書館やその他の教育手段が破壊された日本に適したものであ
る，と指摘した。おそらくキーニーは，この文書が米国教育使節団の提言の力
をもとに作成され，CIE内での政策合意形成の基礎となり，SCAP/GHQに受
け入れられ，その結果，重要な公式の動きに対して必要とされると考えたので
あろう。2カ月後の1946年6月にCIEの局長に就任したドナルド・ニュー
ジェント（Donald Nugent, 1903-1983）は，カリフォルニア州で生まれ，教育
を受けた。彼もまた，カリフォルニア州の郡図書館システムに精通していたは
ずである。
　キーニーは，諮問と計画のための詳細な提案を加えた。当時の日本の状況で
は，手続き的に行政組織によるトップダウン型のアプローチが必要であったと
思われるが，キーニーは，専門誌の論文で繰り返し主張してきた，経営に対す
る協議・参加型のアプローチに深く傾倒していた。[6]

3．図書館担当官としてのキーニー

　CIE の専門官の役割は助言と支援であり，キーニーの努力は模範的なもので
あった。キーニーは東京と地方を何度も訪問し，新しい政策の実施を促すため
に，広く，日本の司書や教育者だけでなく，1947 年初頭まで各都道府県に配
置されていた SCAP/GHQ の占領政策担当官とも話し合った。キーニーは司書
と相談し，図書館を訪問し，教育者や地元の公務員と話をした。キーニーは，
他の目的に転用された図書館の建物を図書館として使用できるように修復した
り，新しい建物の割り当てを受けられるようにしたり，古い建物を改装したり
することも試みた。1946 年 7 月，キーニーは昇進し，図書館担当官のポスト
に就任した。

　キーニーは，司書職（librarianship）における女性の地位を改善することも
主張した。キーニーは上野の帝国図書館に「カリフォルニア州立図書館がカリ
フォルニア州の郡図書館のために活動するように，帝国図書館も日本のすべて
の図書館のために活動すること」を求めた。1946 年 9 月に E・H・ファーの後
を継いで教育部の部長に就任したマーク・T・オアー（Mark T. Orr）に，
キーニーが報告した。[7] ある旅行から戻ったキーニーは次のように書いた。「今
回の旅は大変だったが，GHQ 当局や日本の司書，多くの都道府県の教育担当
者との交流は非常に有益であった。今後図書館の分野で実を結ぶであろう」。[8]

　キーニーの仕事の頂点は，1946 年 8 月 15 日から 17 日に東京の上野帝国図
書館で，新しい公共図書館法の原案を議論するために開催された文部省主催の
日本の図書館制度改革委員会での彼の役割であった。その会議について，キー
ニーはオアーに報告した。[9]

　　キーニーは，米国議会図書館とカリフォルニアの郡図書館システムに特
　に重点を置いて，米国図書館法について説明した。……会議の二日目の
　夜，キーニーは，訪日中の図書館関係者，文部省担当官，東京の司書数名
　を第一生命ビルでの夕食に招待した。夕食の間も，司書職に関連した友好
　的な会話が続いた。……それは食事をしている人たち全員が互いをよく知

る良い機会となった本当に饗宴の時であった。……夕食が会議の残りの部分に火をつけたのは明らかで，12 人の司書からなる委員会は，金曜日の夜のほとんどすべてを費やして，新図書館法の最終版草稿を準備した。

第一生命ビルは SCAP/GHQ に占領されており，日本人は通常立入禁止とされていた。キーニーが手配した第一生命ビルでの夕食会は前例がなく，招待された人々はたいへん喜んだ。

図9.1　日本でのフィリップ・キーニー（Philip Keeney）

　教育使節団のカーノフスキーへの協力に加えて，キーニーは，1947 年に学校図書館のコンサルタントとして CIE に数カ月間滞在した経験豊かな学校図書館専門職であり，学校図書館の職員の教育者でもあるメイ・グラハム（Mae Graham）とも協力した。グラハムは文部省のために学校図書館のためのガイドの作成において，日本の司書たちと協力した。また，グラハムは教育指導者講習会（Institutes for Educational Leadership: IFEL）シリーズにおいて拡大ワークショップも実施した。

　諮問と包括というキーニーの長年の主張により，彼は司書の会議を組織した。その一つは私立大学の司書を対象としたもので，1946 年 7 月に開催された。もう一つは，「図書館制度改革委員会」（Japan's first national conference of librarians from all types of libraries）で，1946 年 8 月に開催された。代表者たちは 3 日間を費やして，司書の給与と公務員人事上の等級に関する法律草案を含む計画と政策を検討し，日本図書館協会のための新しい会則を起草し，増大する財政支援のための可能性を探り，上野の帝国図書館でのより幅広い専門的なカリキュラムと，より高い入学基準での図書館研修の復活を計画した。

図9.2　帝国大学附属図書館協議会，1946年。前列左から：明石節孝
（北海道），櫻井匡（九州），沢瀉久孝（京都），高橋穰（東北），フィ
リップ・キーニー，市河三喜（東京），杉田直樹（名古屋），清水辰次
郎（大阪）。2列目：武田遥（北海道），河内日出生（北海道），重久篤
太郎（東北），宮西光雄（京都），水野亮（東京），田中敬（大阪），土
井重義（東京），河合博（東京），青野伊豫兒（東京）。後列：中江藤四
郎（九州），柳生四郎（東京），大島武四郎（名古屋）。

秋には，近代的な専門職団体へと生まれ変わった日本図書館協会の新会則が会
員の過半数の賛成で採択された。シドニー・ミッチェルは，かねて，専門職協
会の役割と協議を強調していたが，これを知ったなら，喜んだことであろう。
図9.2は，帝国大学附属図書館の司書グループと一緒にいるキーニーの姿であ
る。[10]

4．ウイロビーと「左翼」

　戦時中にマッカーサー（MacArthur）の軍事情報部長官を務めていたチャー
ルズ・ウイロビー（Charles Willoughby）は，マッカーサーに同行して東京に
赴き，そこで一般住民の対敵情報活動（civilian counter intelligence）と警察
の監督も追加担当するようになった。ウイロビーは，英国人の母の姓を採用し
て米国市民に帰化したドイツ人で，非常に保守的な政治観をもっていた。ウイ
ロビーはスペインのファシスト政権に憧れ，後にその指導者であるフランコ将
軍（General Franco）の下で働いた。ウイロビーは，冷戦時代の反共産主義に
共鳴していた。共産主義者，トロツキー派（Trotskyites），社会主義者に加

え，ソビエト連邦共産主義に反対する進歩的な思想家までも，「左翼」として
一括りにされた。ウイロビーは左翼と疑われる人々の膨大なリストを熱心に作
成した。ウイロビーは，彼らをすべて破壊活動家として追放しようと決意し，
スタッフが証拠を見つけられないと文句を言ったという。ウイロビーはカナダ
の外交官ハーバート・ノーマン（Herbert Norman）を共産主義者のスパイで
あると誤って告発したり，多くの人々の中でキーニーを「著名な共産主義者で
あり，［国際共産主義運動の指導組織であるコミンテルンの：訳注］密使（courier）」
と非難したりした。[11]

　赤狩り［国による共産主義の恐怖の宣伝と弾圧：訳注］時代の偏執的妄想は，
キーニーの妻メアリー・ジェーン（Mary Jane）が，キーニーに小さな折り畳
み傘を送った時に示された。メアリー・ジェーンはそれを郵送する代わりに，
米国から東京に戻る SCAP/GHQ の従業員に傘を持って行ってくれるように頼
んだ。しかし，その従業員は受け取りはしたものの，この依頼を不審に思い連
邦捜査局（Federal Bureau of Investigation）に通報したと，後に誇らしげに
回想録の中で述べている。[12]

　キーニーは，進歩的で左翼的な見解を強く支持していた。キーニーは労働組
合，参加型経営，言論の自由を支持していた。キーニーの見解を支持する者は
誰でもウイロビーの標的になっていただろう。日本の図書館のための統合され
た計画を提出した一年後，キーニーは危険人物（security risk）の疑いがある
として，突然逮捕された。それは新しい告発ではなかった。キーニーが米国議
会図書館で働いていた 1942 年，連邦捜査局長の J・エドガー・フーバー（J.
Edgar Hoover）は，米国議会図書館のアーチボルド・マクリーシュ（Ar-
chibald MacLeish）に対し，キーニーを破壊活動家として解任するよう要求し
ていた。マクリーシュは，彼の行政補佐官のヴァーナー・クラップ（Verner
Clapp）に調査を命じたが，何の証拠も見つからず，フーバーは証拠を求めら
れても何も提示しなかったため，マクリーシュはこれを拒否した。[13]

　ドン・ブラウン（Don Brown）も赤狩りに巻き込まれ，1954 年には破壊活
動家として［米国陸軍を：訳注］解雇された。ブラウンは数カ月後に復職を果た
すことができた。[14] キーニーはそれほど幸運ではなかった。キーニーは 1947 年
4 月 22 日に「解雇通知書」を渡され，米国に送り返された。日本の図書館員

とキーニーの CIE の上司であるマーク・T・オアーは，キーニーの仕事をもっとも強い言葉で称賛する証言を書いた。それにもかかわらず，1947 年 6 月 9 日にキーニーは職務を解かれ，何の説明もなく解雇された。

　キーニーの運命とキーニー・プランの運命は後に取り上げる。しかし最初に，日本国内の立法，国会，そして米国の使命に関連して，非常に重要な展開があった。

注

1 ：日本におけるキーニーについては，以下を見よ。Rosalee McReynolds and Louise S. Robbins, *The Librarian Spies: Philip and Mary Jane Keeney and Cold War Espionage* (Westport, CT: Praeger, 2009), 91–97; Theodore McNelly, *Origins of Japan's Democratic Constitution* (Lanham, MD: University Press of America, 2000), 66–68.

2 ：Philip O. Keeney to Paul North Rice, July 16, 1937, Keeney Papers, Bancroft Library, Box 1:12.

3 ：Philip O. Keeney, "The Public Library: A People's University?" *Wilson Library Bulletin* 13, no. 6 (February 1939): 369–77 and 387.

4 ：キーニーの全容は "Reorganization of the Japanese Library System," *Far Eastern Survey*, 17 (January 28, 1948): 19–22 and (February 11, 1948): 32–35 に掲載されており，次に転載されている。図書館法成立史資料，裏田武夫・小川剛編（東京：日本図書館協会，1968）419–33.

5 ：Keeney, "Reorganization," 33.

6 ：例えば，Philip O. Keeney, "Democratic Aids to Staff Responsibility," *Library Journal* 59, no. 12 (April 15, 1934): 361; "Against Autocratic Library Management," *Library Journal* 59, no. 11 (April 1, 1934): 312–13; and "The Responsibility of Being Head Librarian," *Library Journal* 59, no. 6 (March 15, 1934): 271–72.

7 ：これらのメモのうち 8 つのメモの一部または全部が次に転載されている。裏田武夫・小川剛編，図書館法成立史資料，438–57. 原本のコピーは次にある。Keeney Papers, Bancroft, box 2:1.

8 ：メモ，Keeney to Mark T. Orr, April 3, 1947, Keeney papers, Box 2:1; 裏田武夫・小川剛編，図書館法成立史資料，436–37.

9 ：メモ，Keeney to Orr, September 1, 1946, Keeney papers, Box 2:1; 裏田武夫・小川剛編，図書館法成立史資料，438–41.

10：日本人司書たちとのキーニーの他の 2 つの会議グループの写真は次にある。Philip

Keeney, "Meet the Japanese Librarians," *Library Journal*, 73 (May 15, 1948): 769 and 771.

11：Roger Bowen, *Innocence Is Not Enough: The Life and Death of Herbert Norman* (Armonk, NY: M. E. Sharpe, 1986), 220–21; John W. Dower, *Embracing Defeat: Japan in the Wake of World War II* (New York: Norton, 1999); McNelly, *Origins*, 66 –68; Takemae Eiji [竹前栄治], *Inside GHQ: The Allied Occupation of Japan and Its Legacy* (New York: Continuum, 2002), 161–62.

12：Eleanor M. Hadley, *Memoir of a Trustbuster: A Lifelong Adventure with Japan*, with P. H. Kuwayama (Honolulu: University of Hawaii Press, 2003), 122–23.

13：Clapp to Keeney, December 7, 1942. Keeney Papers, box 1:12,

14：GHQ 情報課長ドン・ブラウンとその時代：昭和の日本とアメリカ，横浜国際関係史研究会，横浜開港資料館編（東京：日本経済評論社，2009），102.

第 **10** 章

国立国会図書館

　図書館に関わる者として我々二人は一つの国の豊かな経験が，そこから実りある成果を得られるように思える他の国の支援に向かう，このような機会に巡り合えることは，今までになかったという思いで一致していた。日本での5週間を経た後も，その思いは変わらなかった。──ヴァーナー・ウォーレン・クラップ（Verner W. Clapp），1948年

1. 帝国図書館

　ジェームズ・ギリス（James Gillis）は，数は多いがただそれだけの蔵書群から，州の隅々にまで図書館サービスを行きわたらせる活発な図書館へとカリフォルニア州立図書館を発展させた。この新しい役割には図書館サービスの地理的拡張や利用の奨励だけでなく，図書館の良いサービスの提供には必要であってもそれだけでは図書館サービスの向上を実現しえない図書館関係法令改正の立案，予算措置，さらには実用的な設備の基盤に関する改善と向上への積極的な指導が含まれていた。例えば，カリフォルニア州出版物である公文書の利用，総合目録の作成，索引の整備，熟練した助言者の活用，さらにはしばらくの間であったが，深刻な司書の不足を補うための教育・研修計画があった。実際，このような方法を通じて，カリフォルニア州立図書館は量的には大きいが，ただ存在するだけの蔵書群から活発な州立図書館へと変わった。米国の他の州立図書館も同様の動きを見せた。

　同じように，19世紀末から世界の国立図書館は徐々に同様の変化の途をたどり始めた。議会図書館は同館の目録記述の複製の作成を始めたが，これは他館でそれぞれ個別に目録作成することで要するコストを削減するためであっ

た。英国やフランスでも，国立図書館が大きな記念碑的で書誌的な資料となる
印刷本形式での目録を作るという野心的な計画を始めた。他には，全国的に，
また国際的にも，標準目録規則が発達した。特に，国内出版物についての全国
書誌が編纂されたが，その進歩は国ごとに大きく異なり，特に，ユネスコ
（UNESCO）が 1946 年に創られるまで，包括的な書誌的基盤（comprehensive
bibliographic infrastructure）や標準類を多数の国で採用することが重要で，
影響力をもっていた。全体的には，ただ存在するだけの蔵書群から，図書館と
図書館サービスを積極的に推進する機関への重要な移行であった。

　日本政府は 1872 年に文部省の管轄下に大規模な図書館［書籍館：訳注］を
創設した。1890 年には帝国図書館が日本の国立図書館として，東京の上野公
園に創られることになった。同館は 1922 年には図書館員養成のための研修を
始めた［文部省所管，図書館員教習所のことか？　同教習所の設置・開設は 1921 年 6
月 1 日，校舎は東京美術学校内。帝国図書館を校舎とする図書館講習所の開設は 1925
年 4 月である：訳注］が，1945 年まで，帝国図書館の蔵書群を図書館サービス
に進化させて，実質的に国立図書館にまで発展させようとする動きはほとんど
なかった。それとは無関係に，間宮不二雄に率いられた青年図書館員聯盟の指
導の下で，何冊かの有益な指導書などが出版されていた。

2．ファーズ（Charles Fahs）の提案

　1946 年の初めに，当時日本に派遣された（米国からの）教育使節団やキー
ニー（Philip Olin Keeney）の努力とは別に，チャールズ・バートン・ファー
ズ（Charles Burton Fahs, 1908-1980）は SCAP/GHQ が国立図書館を創るこ
とが戦略的にも望ましいとの勧告をするために専門家を日本に送るべきとの提
案をした。ファーズ博士は二つの理由で重要な人物であった。第一に，彼は
［極東問題解決の基本として：訳注］国務省の極東問題専門家の第一人者であっ
た。第二に，彼は日本について，数少ない米国人の専門家でもあり，日本の経
済と政治に現実的で実際的な理解をしていること［日本の政治・経済上の課題解
決のため：訳注］で名声を得ていた。

　チャールズ・バートン・ファーズは極東問題で評価の高かったノースウェス

タン大学（Northwestern University）で国際関係学の修士（M.A.）と博士（Ph.D.）の学位を取得していた。彼は京都帝国大学で一年，さらにもう一年を東京帝国大学でも過ごした。1936 年に東洋学を教えるためにカリフォルニアのクレアモント（Claremont）にあるパモナ・カレッジ（Pomona College）で教職に就いた。1940 年に連邦政府機関である情報調整局（The Federal Office of the Coordinator of Information）に移り，1942-1945 年には戦略諜報局で働いた。戦略諜報局では 1944-1945 年には極東部門の主任となった。1945-1946 年には国務省極東調査部門の主任代理になった。司書の息子であったファーズは図書館サービスに大きな関心を寄せていた。[1]

3．国立国会図書館のための立法支援

　日本の新憲法 [現行の日本国憲法：訳注] は 1946 年 11 月 3 日に公布され，1947 年 5 月 3 日から施行された。新憲法の特徴は国会を国権の最高機関とし，国の唯一の立法機関としたことであった。以前は天皇が法に関する権限を掌握し，立法準備が内閣によって行われた。帝国議会は貴族院と衆議院から成り，その役割は内閣から提出される法案の認否であった。

　新憲法の下で，国会はより大きな責任を担うことになったが，その新しい役割を果たすには十分な装備・体制がなかった。国会議員は信頼できる情報サービスを含め相当な支援職員を必要としていた。SCAP/GHQ にあった日本政府担当課のジャスティン・ウイリアムズ（Justin Williams）による 1946 年 9 月のメモによれば 14 項目の勧告がなされていた。勧告第 6 項目は国会図書館の設立であり，勧告第 7 項目は，衆参両院は立法のための適切な参考サービスを有することであった。国立国会法は「国会図書館が国会議員の研究と調査のために国会に付置される」そして「国会図書館の利用は一般国民にも開放される」ことを定めていた。これらの条項は 1947 年 3 月に制定された国会図書館法に取り入れられた。[2]

　立法機関のための図書館サービスは通常，国立図書館業務からは切り離される。しかし，新国会図書館の必要性に関する検討が深まり，日本は現代的な国立図書館によって通常は提供されるはずの書誌的な基盤と図書館相互の協力に

欠けることが明らかになった。新しい国会図書館が，理念上，たとえどんなに
すばらしくその図書館が創られ，設備等が整えられていても，日本にそのよう
な，書誌的な，相互協力的なサービスが欠けている限り，十分な効果を発揮す
ることは期待できない。またキーニーが指摘していたように，日本には現代的
な国立図書館も，全国の図書館を統合する全国計画もない中では，他の図書館
に期待することもできない。これらのことを考慮すると，国会図書館が国立図
書館機能の責務を負うしかないという提案になる。図書館資源が不十分な中
で，国立図書館と，それとは別に国会図書館を同時並行的に創り上げるより，
国立図書館と国会への図書館サービスを一図書館で一緒に実行することがより
実際的である，ということになった。

　1947 年 7 月に，国立図書館であり国会図書館でもある単独の図書館をどう
創るかがわからなかった衆・参両院の指導者たちは，マッカーサー（MacAr-
thur）に「国立であり国会図書館でもある単独の図書館を創ることを支援する
何人かの専門家を呼び寄せてほしい」と要望した。SCAP/GHQ は三人のチー
ムを考えた。すなわち，議会図書館，大学図書館，公共図書館それぞれの代表
である。ところが人選は難しかった。計画の遅延を避けるために二人だけの使
節団が送られてきた。議会図書館のヴァーナー・クラップ（Verner Clapp）
と，アイオワ州立大学（Iowa State College）のチャールズ・ハーヴェイ・ブ
ラウン（Charles Harvey Brown）であった。[3]

4．クラップ（Verner Clapp）とブラウン（Charles Harvey Brown）

　ヴァーナー・ウォーレン・クラップ（Vernaer Warren Clapp, 1901–1972）
は，南アフリカのヨハネスブルグで米国人の父とデンマーク人の母との間に生
まれ，1905 年に米国に移った。学部卒業後に議会図書館の手稿部門で目録担
当の臨時職として入職した。その後ハーバード大学大学院で 1 年間哲学を専攻
した後に，参考業務部門の助手として議会図書館に復職し，30 年以上にわた
り議会図書館に勤めた。1928 年には，連邦議会議員への情報サービス提供を
する新設部門の責任者になった。この部門は高度に尊重される議会参考業務

図 10.1 ヴァーナー・クラップ（Verner Clapp）

サービス部門となった。クラップの広範な分野への関心と，幅広い知識および管理能力は，戦時下での蔵書中のもっとも貴重な文献群の保護措置，視覚障害者への図書の貸出，国際連合図書館の設立などにみられる多様な特別任務に結びついた。クラップは着実に昇任し，議会図書館長代理（Deputy Librarian），簡単にいえば，副館長（Acting Librarian）となった。1947 年には収書部の部長から，主席副館長（Chief Assistant Librarian）に昇任した。彼は特別なほどに，国立国会図書館に関する助言というこの使命に適切な条件を備えていた。[4]

　チャールズ・ハーヴェイ・ブラウン（Charles Harvey Brown, 1875-1960）は科学技術文献の専門家であった。彼は現在ではアイオワ州立大学として知られている，当時のアイオワ農工大学の図書館長を 24 年務めて，引退した。図書館学と数学の教育を受けた彼は専門職団体での指導と，科学雑誌の計量分析とで記憶される業績を残している。[5]アメリカ図書館協会の元会長でもある彼は背の高い，高齢の，保守的で，独裁的な人物であった。彼は意思決定に部下の介入を拒み，図書館運営への女性の介入を排除した。彼の見解はフィリップ・キーニーとはまったく異なっていたが，この時までにキーニーは米国に送り返され，もう日本にはいなかった。[6]

　クラップとブラウンは 1947 年 12 月の初めに日本に向け出発した。カリフォルニアの極東向け軍事飛行便の出発地であった，現在ではトラヴィス空軍基地と名前を変えたフェアフィールド・スイサン（Fairfield-Suisun）陸軍航空基地で，座席確保のために 4 日間も待たされた。この待ち時間は彼らの国立図書館設立勧告を創るために用意された 2 カ月の検討と計画づくりには絶好の時間

となった。彼らは重要で，不朽の貢献ができるまたとない機会が与えられたことにもよく気づいていた。クラップは帰国後に「図書館に関わる者として我々二人は一つの国の豊かな経験が，そこから実りある成果を得られるように思える他の国の支援に向かう，このような機会に巡り合えることは，今までになかったという思いで一致していた。日本での 5 週間を経た後も，その思いは変わらなかった」[7]と述べている。

　1947 年 12 月 14 日に日本に到着し，そこで，彼らは必要とされる多くの仕事が，すでに国会の委員会，その他の関係団体，および SCAP/GHQ の一部門である CIE の担当者によってなされていたことを知った。SCAP/GHQ の CIE にはポール・バーネット（Paul Burnette）が CIE の図書館担当官としてすでに働いていた。

　米国の議会図書館は国立図書館の役割と立法府への図書館サービスを結びつけている例外的な図書館である。しかし，米国からの図書館使節は，米国の方式が欠陥や例外とは考えないで，日本も米国と同じようにすべきであると勧告した。国会に対する最高の図書館サービスは本来なら国立図書館が提供する情報基盤や図書館サービスを必要とする。そこでの国立図書館の機能には国内出版物の書誌整備，目録作成実務の標準化，高度な調査研究のための蔵書，多くの図書館所蔵文献をカバーする総合目録，図書館相互貸借システムの円滑な運営，ジェームズ・ギリスがカリフォルニアで実行したような州内図書館へのリーダーシップ発揮や相互関係の調整などがある。しかしこれらの国立図書館に必要で重要な特性，すなわち，リーダーシップや調整などが日本では大きく欠けていた。戦略的に単一の図書館を創ることが国会への図書館サービスと国立図書館サービスを別々につくるやり方よりも有利で効率的であるとされたのである。

　各方面の意見も取り入れて，クラップとブラウンは報告案をまとめ，東京での関係者がその報告案を検討する間に中国に出かけた。

　彼らの勧告は，その当時としては，立派な実践に結実した。例えば，受入部門の責任はしっかりと二つの部門に分割された。すなわち，一つは何を受け入れるかの決定に関わる選書部門であり，もう一つは購入，交換，寄託や委任，さらには他部門が選定した記録の複製などを収集する実務過程，すなわち，受

入作業に関わる。結果として図書館の在り方は議会図書館に従ったが，大きな違いもあった。その違いとは国立国会図書館は中央政府のすべての部門［各省庁：訳注］に対する多くの図書館サービスを担うことになったことである［支部図書館制度を設けたことを指す：訳注］。

　キーニー同様に，クラップとブラウンも図書館サービスのための統合されたアプローチを強調した。彼らの報告の最初の章の見出しは「日本における国立図書館サービス」であり，国立図書館の必要性が述べられている。

　　　全国民が利用できるその国の情報的文化的な資源を創るのに役立つ国の基盤をもっとも効率的につくりあげるためのサービスの実行。このようなサービスがない場合，設備が充実していたとしても，十分に効果的な図書館機能の発揮を期待することはできない。一方，これらのサービスがあれば，きわめて小規模な図書館であっても全国システムの一角を占めることができる。そして全国システムは行政権限によるものではなく，共通の方法と情報源から得られる共通の知識から成立している。適切な国立図書館システムは全国的な情報資源の有効な活用のための本質的な手段であるだけでなく，有力な民主主義の推進力でもある。その効果がすべての人に行き渡るということでは，他に比べるものがないほどであり，すべての人へのサービスということでは，純粋に国民の財産になる。[8]

相互協力と標準化の有効性についても言及した後で次のように続けている。

　　　日本人は読書好きである。日本人は適切な図書館施設があればそこから多大な利益を得られるという多くの証拠を有している。そのような図書館施設のないことは基本的な国立図書館サービスの欠落に起因するところが大きいし，それが，国会に関連づけられれば，国会議員が政府の執行部門［行政部門：訳注］に完全に情報を依存するという政治思想に反映されている。それゆえ，国立国会図書館の機能と組織体は次のようであるべきと本図書館使節は考えた。第一に，国会議員自身にとっての必要性。第二に，中央政府の全体にとっての必要性。そして初めから終わりまで，全体とし

て国民への必要性，である。[9]

　第 2 章には 10 項目に及ぶ目的と機能が述べられている。最初に，国会議員全員に対し，「政策決定での事実に関する情報で議員を援助するために」参考業務と調査サービスの提供をうたっている。報告書の最後に熟練した司書の不足を率直に指摘している。

　　適切な教育を受け，経験を積んだ司書は今日の日本では極端に不足している。国立国会図書館に十分に適確な資質をもった人物を近い将来に見いだすことは不可能であろう。……日本では年間に何百人もの教育訓練を受けた司書が必要とされている。[10]

　研修のような短期の訓練，外国への留学，有資格の司書の下での見習い修行などが提案されているが，はっきり言って，もっとそれ以上のものが必要であった。「図書館学での男女共学での教育に関する明確な計画が 1948 年中に明確化されるべきである」。上野公園の図書館職員養成所は 2 年の短期大学に改変されたが，たった 10 人の学生しかいなかった。クラップとブラウンは，図書館学教育機関は大学と共同でつくり，運営すべきだと考えた。しかし上野の養成所は小規模なままで，1950 年にはたった 12 人の学生が卒業しただけであった。社会的な地位も低く，他と比べ物にならない図書館員の低賃金は［図書館発展の：訳注］障害物としてしか見られなかった。

　該博な協議を経て，国立国会図書館法案が［1948 年：訳注］2 月 4 日に公表され，ただちに両院で満場一致で承認された。別の法律として国立国会図書館建設委員会の設置もまた承認された。クラップとブラウンによる公式報告書は *Report of the United States Library Mission to Advise on the Establishment of the National Diet Library of Japan*（日本の国立国会図書館設置助言についての米国図書館使節の報告書）と題され 1948 年 2 月 8 日に提出された。その報告書において，彼らは穏やかに，彼らの役割は「単なる触媒に過ぎない——［彼らが：訳注］日本へ到着する前にできていた考えや目的を形にするのを手伝っただけである」と述べている。彼らはまた「国会の図書館委員会，日本政

府，および SCAP/GHQ のすばらしいチームワーク」を称賛している。[11]

5．金森徳次郎と中井正一

　［衆参両院間で新館長人事についての激しい論争があった後に：訳注］手際よく迅速
に，1948 年の 2 月 7 日には新図書館の館長として金森徳次郎の就任が公表さ
れた。1924 年に金森は内閣法制局長官に就任していた。当時，内閣法制局と
は新規法案の起草に関わる作業を担当する組織であった。彼の思想が世俗的で
あるため，天皇を神格化するには不適切とみられ，辞任圧力が強まり辞任した
［天皇機関説の立場に立ったために辞任したこと：訳注］が，彼は尊敬すべき憲法学
者とみられていた。終戦後，彼は政治の世界に再登場し，1946 年に制定され
た新憲法に関して，SCAP/GHQ との交渉を取り仕切った。彼は水彩画を能く
し，高山植物の専門家であり，高潔な人物としての名声を博していた。[12]
　館長人事を巡っては紛争が生じた。もう一人の館長候補は中井正一であっ
た。彼は変わった経歴をもっていた。庶民の現世における生活を重視する浄土
教仏教に深く帰依していた彼は一方で，幅広くドイツ哲学書を読み，社会主義
思想（ただしマルクス主義者ではなかった）に傾倒した。彼は左翼主義思想の
見地からファシズムに反対し，1937 年に出身校の京都帝国大学の哲学科を追
われるまで同大学で美学を講じた。彼は戦時中末期に再び投獄された。解放さ
れて，中井は出身地の広島県の各地で，男女を問わず，知識階層，農民，労働
者を束ね，人民大学的なグループの組織化に努めた。彼は社会におけるメディ
アが発展・進化する役割についての高度な考えをもっており，現代においても
彼のメディアとしての映画の理論が論じられているほどである。彼は小さな市
の公共図書館長であり［尾道市立図書館長：訳注］，社会的政治的変革における
図書館サービスのもつ役割に先見的な展望をもっていた。彼は次のように書い
ている。

　　「閲覧室の無い図書館」という概念は逆説ではない。索引，目録カー
　ド，通信ネットワークのシステムが創られることで今までとは異なる蔵書
　利用や図書館サービスの提供という大きな新しい期待に応えられる図書館

図 10.2　国立国会図書館での金森徳次郎，1948 年。中央は SCAP/
GHQ から寄贈された図書を確認する金森。右は中井正一とドン・
ブラウン［右端：訳注］。

を実現できる。今ですら……図書館はその外観を未来の形に変容させてき
ている——図書の収納庫から情報センターとしての巨大な組織への変容で
ある。……印刷出版物がマイクロフィルム，マイクロフィッシュ，そして
電話網利用の情報伝達へと変わってきたように，図書館の概念も，目に見
える場所ではなくなってゆく。[13]

　中井の左翼主義傾向の政治的見解に対する異論は中井の館長候補推挙に対す
る反対になり，老練な政治手腕をもち，官僚経験豊かな金森の館長任命につな
がった。保守的な図書館員たちの抵抗にもかかわらず，中井は彼のために特別
に用意された副館長職に就任した。このことが 4 年後に中井が死亡するまで，
中井が国立国会図書館の方針や実務に活発に従事し，かつ没頭させることを可
能とした。
　国会図書館と国立図書館という二重の役割をもったこの図書館の職務を深め
るためになすべきことはたくさんあった。新組織の発足を支援するために，
チャールズ・ハーヴェイ・ブラウンの弟子ともいえる，ロバート・ダウンズ
（Robert Downs）が新図書館の業務に関する，より詳細な勧告を 2 カ月間にわ

たって行うために 1948 年 7 月 7 日に日本へ到着した。

6. ロバート・ダウンズ（Robert Downs）

　ロバート・ビンガム・ダウンズ（Robert Bingham Downs, 1903-1991）は背の高い，細身の，力にあふれた感じで独裁的ではあるが勤勉な人物であった。彼は 1943 年にチャールズ・ハーヴェイ・ブラウンによる推薦を受けて，イリノイ州アーバナ・シャンペーンにあるイリノイ大学の大学図書館長になった。彼はまた，同時に大学院課程にある図書館学校の学科主任（director）でもあり，大学研究図書館協会（The Association for College and Research Librar-ies）の会長でもあった。[14]

　20 世紀には，大学図書館の執務や蔵書を調べて改善勧告をしてもらうために専門の助言者を雇うことは一般的な方法であった。ダウンズはその道の第一人者であったし，このような仕事をこなすのがうまかった。その後，1970 年代までに，労働の現場での仕事の仕方の実態，新技術に加え，このような諮問がますます重視されるようになったが，そのような調査は外部の調査専門家ではなく委員会を組織し，その委員会の多様なメンバーによって実施されるようになった。

　ダウンズはまず内部の管理体制と組織に関心をもった。特に，図書館に収集され，整理に移される文献・資料類のテクニカルサービス［受入処理をし，分類，目録作成にまわす過程：訳注］上の手続きに関心を寄せた。しかし，彼はまた，人事や新図書館［国立国会図書館のこと：訳注］と他の図書館との関係を含む広範囲の他の問題にも関心を向けた。彼は次のように書き残している。

　　次のことを一点，強調しておきたい。あらゆる努力は日本人図書館員によってすでに成し遂げられていることの上に成り立っているのであって，不慣れな米国方式を押しつけようとしてはならない。日本人は長い間図書館職のテクニカルな側面（整理業務面）に積極的な関心を示してきたし，このテクニカルな（整理業務の）面，特に東洋文献に対しての貢献は大きいものがある。それゆえに，いつでも，国立国会図書館はすでに日本の図

図 10.3　福田直美とロバート・ダウンズ（Robelt Downs）と一緒の国立国会図書館指導者［左端が福田直美，一人飛ばして中央が金森徳次郎，右側がロバート・ダウンズ，右端が中井正一：訳注］

書館人に知られている仕事の仕方を，必要であり，望ましいと思えるなら適宜修正したり，拡張したりして，採用することが奨励される。[15]

　ダウンズは東京大学の図書館学夏季コースでも講義したし，ポール・バーネット（Paul Burnette）は 1948 年秋に国立国会図書館で研修コースを開催した。

　ミシガン大学で図書館学の教育を受けた福田直美は案内役と翻訳・通訳者として［日本の図書館界にとって：訳注］重要な役割を演じた。1948 年 9 月 15 日にダウンズは米国に戻った。そして日本の食糧不足を思い出して，いくつもの食料品小包を送っていた［当時の日本は極端な食糧難で，一般国民は飢餓に苦しんでいた：訳注］。[16]

　暫定的に赤坂離宮で業務を開始した国立国会図書館は，公式に 6 月 5 日に開館し，翌日から図書館サービスを提供し始めた。[17] しばらくの間はフィリップ・キーニーによって提唱されたように，公共図書館を振興し，公共図書館を対象にする新たな法律の制定のための話し合いも継続していた。

注

1 ：Charles B. Fahs, *Government in Japan; Recent Trends in Its Scope and Operation* (New York: International Secretariat, Institute of Pacific Relations, 1940). ファーズと日本に関する他の米国専門家については, 次を見よ。Richard H. Minear, "Cross-Cultural Perception and World War II: American Japanists of the 1940s and Their Images of Japan," *International Studies Quarterly* 24, no. 4 (December 1980), 555–80.

2 ：この記述は米国から日本へ送られた図書館使節と SCAP/GHQ の CIE による 1948 年の以下の文書を参照。*Report of the United States Library Mission to Advise on the Establishment of the National Diet Library of Japan* (Washington, DC: Government Printing Office, 1948), http://catalog.hathitrust.org/Record/009161030.

3 ：Verner W. Clapp, "Mission to Japan," *Information Bulletin. Library of Congress* (February 24–March 1, 1948): 7–8, https://catalog.hathitrust.org/Record/000639207.

4 ：クラップに関しては, 以下を見よ。Foster Mohrhardt, "Clapp, Verner Warren (1901 –1972)," 77–81, in *Dictionary of American Library Biography*, edited by Bohdan S. Wynar (Littleton, CO: Libraries Unlimited, 1978); *Verner Warren Clapp, 1901– 1972: A Memorial Tribute* (Washington, DC: Library of Congress, 1973).

5 ：Charles H. Brown, *Scientific Serials* (Chicago: Association of College and Reference Libraries, 1956).

6 ：ブラウンに関しては, 以下を見よ。Lawrence S. Thompson, "Brown, Charles Harvey (1875–1960)," 63–65, in *Dictionary of American Library Biography*, edited by Bohdan S. Wynar (Littleton, CO: Libraries Unlimited, 1978); also, Emily M. Danton, *Pioneering Leaders in Librarianship*, 1st ser. (Chicago: American Library Association, 1953), 293–384; Edward G. Holley, "Charles Harvey Brown," 10–48, in *Leaders in American Academic Librarianship, 1925–1975*, edited by Wayne A. Wiegand (Pittsburgh, PA: Beta Phi Mu; and Chicago: American Library Association, 1983); and Edward G. Holley, "Mr. ACRL: Charles Harvey Brown (1875– 1960)," *Journal of Academic Librarianship* 7, no. 5 (November 1981): 271–78.

7 ：Clapp, "Mission to Japan," 7.

8 ：U.S. Library Mission, *Report*, 4.

9 ：U.S. Library Mission, *Report*, 5.

10 ：U.S. Library Mission, *Report*, 28.

11 ：U.S. Library Mission, *Report*, 3.

12 ：金森に関しては, 以下を見よ。Justin Williams, *Japan's Political Revolution under MacArthur* (Athens: University of Georgia Press, 1979), 193, 231–44; Clapp, "Mission to Japan," 8; Robert L. Gitler [訳注：; edited by Michael Buckland], *Robert*

Gitler and the Japan Library School (Lanham, MD: Scarecrow Press, 1999), 92–94; and 春山明哲, "金森徳次郎と草創期の国立国会図書館：戦後日本におけるある「ライブラリアンシップ」の誕生" in 今まど子・髙山正也編著, 現代日本の図書館構想：戦後改革とその展開 (東京：勉誠出版, 2013), 39–85.

13：中井に関しては, 以下を見よ。Michael Lucken, *Nakai Masakazu: Naissance de la théorie critique au Japon* (Dijon: Les presses du réel, 2016), esp. 205–18 on the Diet Library; also, Leslie Pincus, "Revolution in the Archives of Memory: The Founding of the National Diet Library in Occupied Japan," 382–92, in *Archives, Documentation, and Institutions of Social Memory: Essays from the Sawyer Seminar*, edited by Francis X. Blouin Jr. and William G. Rosenberg (Ann Arbor: University of Michigan Press, 1981. 引用は, 中井正一を引用している Pincus (388) からである。中井正一全集, 久野収編 (東京：美術出版社, 1981), 4: 295. "Masakazu Nakai [中井正一]," *Wikipedia*, https://en.wikipedia.org/wiki/Masakazu_Nakai.

14：ダウンズについては, 以下を見よ。D. W. Krummel, "Downs, Robert Bingham (1903–1991)," 79–82, in *Dictionary of American Library Biography: Second Supplement*, edited by D. G. Davis (Westport, CT: Libraries Unlimited, 2003); and *Research Librarianship: Essays in Honor of Robert B. Downs*, edited by Jerrold Orne (New York: Bowker, 1971).

15：Robert B. Downs, *National Diet Library. Report on Technical Processes, Bibliographical Services and General Organization* (Tokyo: National Diet Library, 1948). Summary in Verner W. Clapp, "R. B. Downs Reports on the National Diet Library of Japan," *Library of Congress Information Bulletin* (September 21–27, 1948): 17, https://catalog.hathitrust.org/Record/000639207.

16：Clapp, "R. B. Downs," 17.

17："Japan's 'Library of Congress,'" *Library of Congress. Information Bulletin* (July 27–August 2, 1948): 11–13, https://catalog.hathitrust.org/Record/000639207.

第**11**章

1950 年の図書館法

影のために実体が犠牲になったと言われていた——竹内悊, 1983 年

　米国教育使節団, キーニー・プラン (Keeney's plan), そしてそのプランに
こだわる日本の図書館指導者たちの図書館構想は野心的であったが, その志は
目新しいものではなかった。欧州や北米における図書館サービス発展の水準は
日本でも知られていた。例えば, 1938 年の全国図書館大会では, 文部省の教
育審議会に対し, 政府からの巨額の資金提供で全国に公共図書館設置を義務づ
けるよう陳情している。[1] しかし, 公共図書館の支援に対する政府の関心は最
小限にとどまっていた。[2]
　歴代の日本政府は, 西洋の最高の科学技術を採用し, これを取り入れようと
考え, 科学技術文献には真剣な注意が払われた。図書館には, 新しく文化的に
異なる考えが本や雑誌を通じてもたらされ, 図書館の読者を介して広められる
という意味において, 「[情報：訳注] 漏洩」(leak) でもある。新しい考えや独
立した思考を促す図書館サービスは, 独裁的政権や体制順応的社会, あるいは
教育指導が教訓的で試験がすべてを決めるようないかなる場所にも適さない。
また, 図書館がサービスをほとんど提供していないところでは, 専門教育に関
する図書館員の要求は技術面での訓練に限られる。どのような理由であれ, 日
本において政府は, 公共図書館と司書のための教育への投資を最小限に抑える
ことで満足していたのである。
　1945 年の敗戦と占領により, 民主主義の進展は公式の優先事項となり, そ
れは情報へのより広いアクセスを意味していた。国立国会図書館の設立は大き
な変化を表し, 新たな体制の象徴であったが, 公共図書館の発展は未定のまま
であった。すべての民主主義国が自由主義なわけではない。正式な国の名称に

「民主主義」が含まれている国は，しばしば非自由主義的で抑圧的な政権であった。西側の自由民主主義は，情報を自由に与えられた教育を受けた米国の市民と結びつけて考えることができるが，米国においては 1945 年までに無料の公共図書館サービスの必要性が長い時間をかけて一般に受け入れられるようになっていた。さらに，当時，公共図書館は成人教育に主要な役割を果たす「庶民の大学」（the people's university）とみなされていた。この見解は，第 8 章で示された図書館サービスの発展のための教育使節団の勧告に反映されている。

1. 中田邦造の草案

　教育使節団の報告書は 1946 年 3 月 30 日に提出され，キーニー・プランが出たのはその数日後であった。図書館サービスを大幅に変更するには法律が必要となるため，文部省は中田邦造に，これまでの日本の経験や意見を考慮に入れた新しい図書館法の起草を依頼した。中田は他の人たちと協力して草案を作成し，1946 年 6 月に提出した。

　中田の計画では，様々な種類の図書館のネットワーク，ネットワークの中心となる国立中央図書館と県立中央図書館の設置，各地方自治体に地方公共図書館の設置を義務づける法律，国立中央図書館と県立中央図書館での連絡組織と連絡担当者の設置などが提案された。この計画は，日本の主要な図書館指導者の悲願の延長線上にあると見ることができるが，SCAP/GHQ の取り組みによってようやく強化された。[3] 中田と彼の協力者たちは，司書職（librarianship）のための教育が他の方法では発展しないことを知っていたので，図書館員の教育のための実質的な要件と対策案を計画に含めた。計画には，大規模図書館の司書を養成するための中央の国立図書館学校と，小規模図書館の職員を養成するための多くの小規模図書館学校が含まれていた。

　1946 年 8 月 15 日から 18 日にかけて文部省が草案を議論するために招集し，キーニーが夕食会を主催した会議では，以下のような問題が長時間にわたって議論された。[4]

・戦災図書館の復旧のための国の財政支援の必要性。17 の県立図書館が空
　襲により全壊・半壊している。
・高価格本の買取支援。
・上野の帝国図書館を強化し，その結果日本社会においても帝国図書館が米
　国議会図書館と同様に日本人の生活に資するようにする。
・適切な図書館学校の即時設立。すべての日本人司書は，訓練を受けた司書
　の不足が日本の図書館の発展を妨げるもっとも深刻な問題点の一つと考え
　た。文部省担当官は，ただちに注力することに同意した。
・強力な県立図書館が，国の支援の下，すべての都道府県に新たに創られ
　る。
・米国教育使節団が提案した勧告に準拠する形で，文部省内に図書館部局を
　設置することが望ましい。この議題は使節団の側で非常に重大な関心を集
　めた。
・日本でもっとも薄給なままにおかれている図書館専門職の雇用・昇進の条
　件，給与水準の改善を行う。

2．ジョン・ネルソン（John Nelson）

　1947 年 4 月にフィリップ・キーニー（Philip Keeney）が解任されると，
キーニーの職務にはジョン・ネルソン（John Nelson）が任命され，継承され
た。彼は加藤宗厚とともに文部省第 6 次案の図書館計画を作成した。ネルソン
はこの計画を図書館法として立法化することを文部省に求めた。
　ジョン・モニンガー・ネルソン（John Monninger Nelson）は，1946 年から
1950 年まで CIE 教育部の成人教育担当官を務めた。部門長のマーク・T・オ
アー（Mark T. Orr）と同様，ネルソンは CIE での経験をもとに，米国に帰国
後，日本での成人教育に関する博士論文を執筆した。論文には，利用者が書架
にあるものを見ることができても触ることができず，利用者から図書館の本を
守るため金網が使われていたことに憤慨したという，杓子定規で不親切な公共
図書館を訪れた話が含まれている。[5] ネルソンはカンザス州出身の若い教育者
であり，経験豊富な司書ではなかった。この金網の使用が米国の公共図書館で

も標準的に行われていたこととか，前世代の公共図書館サービスに関する標準
的なマニュアル，さらにはアーサー・ボスウィック（Arthur Bostwick）の
Administration of a Public Library に，ニューヨーク公共図書館の分館でも金
網が同じように使用されているイラストが含まれていたことを知らなかったの
だろう。⁶

　図書館担当官の役職はフィリップ・キーニーのために CIE 教育部内に設け
られ，後にポール・バーネット（Paul Burnette）が就くことになった。しか
し，SCAP/GHQ 内で図書館に関する助言や援助を行う責任は，実際には複数
の訓練を受けた専門職職員の間で分担されていた。高等教育に関与する専門職
関係者は大学図書館に関する助言を行った。小・中学校関係者は日本人職員と
協力して学校図書館の改善に取り組んだ。SCAP/GHQ の政府担当部門と CIE
は，日本政府に対し国立国会図書館に関する助言を行うため，日本の国会から
の要請でヴァーナー・W・クラップ（Verner W. Clapp）とチャールズ・H・ブ
ラウン（Charles H. Brown）による指導と助言を得た。CIE 情報センター［日
本では CIE 図書館と訳される場合もある：訳注］は，図書館担当官のいる教育部
（the Education Division）ではなく，ドン・ブラウン（Don Brown）の下にあ
る CIE の情報部の職員によって監督されていた。教育部の視聴覚担当官は，
各県立図書館への視聴覚図書館の設置と運営を監督する責任を負っていた。
ジョン・ネルソンは，成人教育の専門家として，成人教育を支援するために活
用できそうな公共図書館に関心をもっていた。

　1947 年 10 月，ポール・バーネットは図書館担当官に任命された。バーネッ
トは 1949 年 3 月に辞任し，1949 年 4 月には東京の総司令部を拠点とする極東
軍司令部の陸軍主任司書を務めていたジェーン・フェアウェザー（Jane Fair-
weather）が後任となった。しかし，フェアウェザーは 1949 年 9 月に米国に
戻った。バーネットの離任に伴い，ネルソンは再び CIE 内で図書館関連業務
に責任を負うことになった。そこには，日本の文部省社会教育局の職員や日本
図書館協会の代表者と協力して新しい公共図書館法を起草することも含まれて
いた。キーニーとバーネットは日本の図書館員と良好な関係を築いてきたよう
であり，どちらかがずっとその立場にいればもっと良い結果が得られたかもし
れない。CIE 図書館担当官の地位の不安定さは不幸なことであり，そのうえ，

ネルソンは司書ではないという不利な立場にあった。

　果てしなく長い議論の後，第16次草案の法律は，すべての地方自治体の管轄区域に公共図書館設置を義務づけた。具体的には1万を超える図書館の設置，そのほとんどは非常に小規模で，36,000人の常勤図書館職員が必要と見積もられた。緊縮財政の時代に入ってからの第21次草案は，もはや図書館サービスの提供を義務づけておらず，図書館主任司書の教育要件も弱めている。日本の図書館指導者たちは文部省に従うことを決定し，さらに拘束力の弱い第22次草案が1950年の図書館法として制定され，1950年4月30日に公布された。[7]

3．1950年の図書館法

　一般市民にサービスを提供する図書館のうち，ごく少数は公費ではなく私費で運営されていたため，公共図書館を認可・規制する法律は「公共図書館法」ではなく「図書館法」と呼ばれることとなった。[8]

　1949年3月の文部省社会教育局の調査によると，公共図書館の数は日本全国で1,549館で，平均蔵書冊数を和書約5,300冊，洋書約400冊と報告されていた。この数には比較的規模の大きい県立図書館も含まれていたので，ほとんどの図書館はそれよりも少なかった。3,000冊以上の館はほんのわずかであり，大多数の図書館は入館者数が非常に少なかった。

　新図書館法は，地方自治体が無料の公共図書館サービスの提供を認めたということで，非常に重要なものであった。また，文部大臣が定める最低基準を満たした図書館に対して，中央政府が財政支援を行う仕組みと条件を提示したが［制定時の図書館法第20条：訳注］，財政的支援は実現しなかった。この法律は，定義，責任，関係を明確にしただけであった。公共図書館と国立国会図書館との協力・相互貸借の義務化，公共図書館サービスの無償化，諮問機関である図書館協議会の設置，都道府県レベルまたは市町村レベルへの公共図書館サービスに対する責任の分散化，公共図書館管区と学区の関連づけ，主任司書とその補助者の専門的資格の義務化などが定められた。[9]

　第1条は，「この法律は，社会教育法の精神に基き，図書館の設置及び運営

に関して必要な事項を定め，その健全な発達を図り，もって国民の教育と文化の発展に寄与することを目的とする」と宣言した。図書館は，「図書，記録その他必要な資料を収集し，整理し，保存して，一般公衆の利用に供し，その教養，調査研究，レクリエーション等に資することを目的とする」ことが期待されていた（第 2 条）。法律の規定と期待として以下のことが含まれていた。

- ・単なる受け身の姿勢の蔵書構築ではなく，図書館サービスへの期待。「図書館の職員が図書館資料について十分な知識を持ち，その利用のための相談に応ずるようにすること」（第 2 条）〔正しくは第 3 条 3：訳注〕
- ・資料の種類。「郷土資料，地方行政資料，美術品，レコード，フィルムの収集にも十分な配慮がなされている」（第 3 条 1）
- ・図書館のアウトリーチ。「分館，閲覧所，配本所等を設置し，及び自動車文庫，貸出文庫の巡回を行うこと。読書会，研究会，鑑賞会，映写会，資料展示会等を主催し，及びその奨励を行うこと。時事に関する情報及び参考資料を紹介し，及び提供すること」（第 3 条 3, 5-7）〔正しくは第 3 条 5-7：訳注〕
- ・各図書館は，国のシステムの一部として機能しなければならない。「他の図書館，国立国会図書館，地方公共団体の議会に附置する図書室及び学校に附属する図書館又は図書室と緊密に連絡し，協力し，図書館資料の相互貸借を行うこと。……学校，博物館，公民館，研究所等と緊密に連絡し，協力すること」（第 3 条 4, 8）〔2008（平成 20）年の改正で，第 3 条 4, 9 が正しい：訳注〕
- ・すべての図書館には，専門的な資格をもった図書館長がいなければならない。また，司書補（Assistant librarians）も専門的な資格を有すること。ほとんどの司書がその時点で正式な専門資格をもっていなかったため，5 年間の移行期間が認められた（第 13 条）。〔国から第 20 条の規定による補助金の交付を受ける地方公共団体の設置する公立図書館の館長となる者は，司書となる資格を有する者でなければならない。但し，当該図書館の館長となる者のうち，都道府県又は地方自治法（昭和 22 年法律第 67 号）第 155 条第 2 項の市（以下「五大市」という。）の設置する図書館の館長となる者及び五大市以外の市の設置する

図書館の館長となる者は，更にそれぞれ 3 年以上又は 1 年以上図書館の館長又は司書（国立国会図書館又は大学の附属図書館の職員でこれらの職員に相当するものを含む。）として勤務をした経験を有する者でなければならない。(第 13 条 3)：訳注]

・サービスは無料でなければならない。「公立図書館は，入館料その他図書館資料の利用に対するいかなる対価をも徴収してはならない」(第 17 条)

・基準「文部大臣は，図書館の健全な発達を図るために，公立図書館の設置及び運営上の望ましい基準を定め，これを教育委員会に提示するとともに，一般公衆に対して示すものとする」(第 19 条)〔制定時は第 18 条が正しい。2008(平成 20)年の改正で，第 18 条は削除され，代わりに同内容が第 7 条の 2 に新設された：訳注〕

・基準を満たした図書館に対して，国が財政支援を行うことを認めた。「国は，図書館を設置する地方公共団体に対し，予算の定めるところに従い，その設置及び運営に要する経費について補助金を交付し，その他必要な援助を行う」(第 20 条)

4．図書館法の影（A Shadow）

　図書館法の要件の実施に伴い，その時点で存在した多くの小規模図書館は閉鎖され，市町村の 12% しか図書館をもたなくなった。それにもかかわらず新しい図書館法では，この先 5 年以内に 1,500 人の司書が最低限の専門職資格を取得し，さらに 1,500 人の司書補が同等の資格を取得する必要があった。実際，上野公園にある帝国図書館附属図書館職員養成所〔著者は文部省によると記述しているが，1947 年は帝国図書館の管轄で設置されていた：訳注〕は，1947 年に 2 年間のプログラムで復活していた。この課程を修了すれば資格が得られるが，1950 年には 12 名しか修了者がいないという小規模なものであった。新たに課せられた要件は，他の教育機関の新しいプログラムによって満たされる必要があった。法律は最低限の基準として，基本的な図書館業務の手順を扱う 15 単位の入門課程を指定したが，米国ではこれは図書館の助手に相当するものとしかみなされなかっただろう。そのような基本的なコースを提供することは，経験豊富な一人か二人の司書が教えることができれば，難しくはなかった。いく

つかの大学はすぐに新しい法律のささやかな要件を満たすプログラムを提供し始めた［このことが日本の図書館学，ひいては図書館サービスの発展を大きく損ねた：訳注］。

　これらの規定は，ギリス（Gillis）のカリフォルニア州の郡図書館システムに多かれ少なかれ対応しているが，二つの重要な違いがある。図書館法は図書館を地方の教育委員会の下に置いたが，ギリスはカリフォルニア州の郡図書館サービスを郡教育委員会から管理上分離していた。また，カリフォルニア州の郡図書館システムは，大規模なサービス単位を強調していた。すなわち，図書館サービスを個別に提供することを選択した合併都市を除く，郡全体である。地域分館を備える大規模なサービス単位は，複数の小規模な独立したサービス単位が提供できるものよりも，はるかに高度なサービスを提供し，専門家を雇うことができる。

　キーニー・プランと新図書館法との関係は不明瞭である。法律制定に至るまでの議論や修正が複雑であったこと，法律で採用されたアイデアはキーニー・プランとは無関係に日本での議論が先行していたこと，また法律の特徴が当時どこの国の公共図書館計画でも，多かれ少なかれ期待されていたものだからである。

　残念なことに，図書館法では日本の無料の公共図書館制度が認められ，公共サービスや機関間連携が明記され，専門職教育が義務づけられたにもかかわらず，この新しい法律は期待された水準での図書館サービスの実施を伴わなかった。施行後，これまでに 20 回ほどの改正を経て，今やもっとも強力な要素が削除され，プログラムはかなり希薄なものになってしまったのである。竹内悊は「影のために実体が犠牲になった」とコメントしていた。[10]

　中央政府から資金を得る仕組みを承認し規定することは，重要な準備段階を形づくった。しかし，資金が配分されなければ，ほとんど効果がない。資金調達は微々たるものであった。

　専門的な訓練は義務化され，もう一つの重要なステップとなったが，しかしその水準は低く設定されており，カーノフスキー（Carnovsky），キーニー，またはバーネットが必要と考えたであろうものをはるかに下回っていた。1950年の図書館法は 50 年以上にわたって有効に存続している。正式に主任司書

（司書）や司書補としての資格を得るための低い基準は，専門的な教育を必要
とすることの受け入れを容易にしたが，低い資格要件は，充分な社会的地位を
もたらすものではないし，良い給料を要求できるものでもない。また，最低限
水準の資格要件は，より良い専門的資格を取得しようとすると，より良い専門
職資格を取得しようとする動機づけを奪う可能性が高い。実際には，司書養成
のコースは学生の間で非常に人気となり，図書館で考えられるあらゆる雇用を
はるかに超えた資格取得者が生じた。このように，新図書館法は日本の統一的
な図書館制度が進展することに一定の権威は与えたものの，公共図書館のサー
ビスや司書職（librarianship）のための専門性向上のための準備は未整備のま
まであった。日本の地方自治体の行政では，職員を異なる部署に人事異動させ
ることが良い経営慣行であると考えられてきたため，特別に専門職とはみなさ
れない図書館員は，会計や人事など他の自治体行政の部署に異動させられる傾
向があった。異なる部署間との人事異動は間違いなくいくつかの利点はある
が，司書の専門職としての専門的な存在証明を阻害していた。

　ネルソンは，1946年から1950年までを振り返って，公共図書館の改善は，
「視聴覚教育活動の拡大を除いては，大きな成果としてあげるものはない」と
結論づけている。日本における図書館の建物や設備の整備と図書館サービスの
水準の向上は，資金不足が大きな障害となっていた。[11]それにもかかわらず，
図書館法は無料の公共図書館サービス，専門職の図書館職員の配置，専門職教
育の義務化を提唱していた。

　図書館法が成立したのと同じころの1950年の春，SCAP/GHQの民間情報
教育局の中で驚くべき展開があった。

注

1 : Theodore F. Welch, *Libraries and Librarianship in Japan* (Westport: Greenwood, 1997), 74-75.

2 : 本章は，次の詳細な記述を踏襲している。Takeuchi Satoru［竹内悊］, "Education for Librarianship in Japan: A Comparative Study of the Pre-1945 and Post-1945 Periods" (PhD diss., University of Pittsburgh, 1979), chap. 5 : The Library Law

and Education for Librarianship（1946–1955）. 次の書も参照。Takeuchi Satoru［竹
内悟］, "Japan, Education for Library and Information Science," 239–71, in *Encyclo-
pedia of Library and Information Science*, vol. 36（New York: Marcel Dekker,
1983）; and 図書館法成立史資料, 裏田武夫・小川剛編（東京：日本図書館協会,
1968）. 次をも見よ。三浦太郎, "占領下日本における図書館法制定過程", in 今まど
子・髙山正也編著, 現代日本の図書館構想：戦後改革とその展開（東京：勉誠出
版, 2013）, 249–70.

3：Takeuchi［竹内］, "Education," 134.
4：Keeney to Orr, memorandum, September 1, 1946. 次に転載されている。裏田武夫・
　小川剛編, 図書館法成立史資料, 438–41. 次にコピーがある。Keeney Papers, box
　2:1.
5：John M. Nelson, "The Adult-Education Program in Occupied Japan, 1946–1950"
　（PhD diss., University of Kansas, 1954）. 日本語訳として, 占領期日本の社会教育改
　革［深海秀行監訳：訳注］（東京：大空社, 1990）.
6：Arthur E. Bostwick, *The American Public Library*, 3rd ed.（New York: Appleton,
　1928）.
7：法律の英文は, 次の付録 II に掲載されている。Theodore F. Welch, *Toshokan：Li-
　braries in Japanese Society*（London: Bingley, 1976）, 253–60; also in Nelson, "The
　Adult-Education," 418–37. ウェルチ（Welch）のテキストには, 第 7 条, 第 11 条,
　第 22 条, 第 24 条が「削除された」と記載されており, テキストは示されていな
　い。ネルソンはこれらの論文のテキストを提供しているが, 削除については言及し
　ておらず, 以前のバージョンである可能性がある。
8：Nelson, "The Adult-Education," 448–49. 図書館法の詳細については, 次を見よ。裏
　田武夫・小川剛編, 図書館法成立史資料.
9：Welch, *Toshokan*, 57–60, 253–60; Welch, *Libraries*, 74–75.
10：Takeuchi［竹内］, "Japan," 248.
11：Nelson, "The Adult-Education," 354–55.

第**12**章
ドン・ブラウンの新たな取り組み

瞬間的に私はこう言った「図書館員養成学校を立ち上げませんか？」
——ドン・ブラウン（Don Brown），1976 年

1．ドナルド・ニュージェント（Donald Nugent）

占領期の大部分において SCAP/GHQ の民間情報教育局（CIE）の責任者
は，ドナルド・ニュージェントという海兵隊の中佐であった。彼は 1946 年 2
月に CIE 教育課に入るとすぐに教育課長となり，占領期の終焉までずっと
CIE 局長を務めた。

ドナルド・ロス・ニュージェント（Donald Toss Nugent, 1903-1983）はカ
リフォルニア州サンノゼで生まれ，スタンフォード大学で歴史学の学士号と教
育学修士号を取得した。ニュージェントはコミュニティー・カレッジで教鞭を
とり，*The Pacific Area and its Problems; a study guide* というアジア研究に
関する優れた学生向け手引書の編纂（大部分は執筆も）を行った。彼は和歌山
で数年間教えるなど，戦前の日本での経験があった。英語を使うことを好んで
はいたが，日本語で会話することもできた。[1]

1950 年初頭，ニュージェントは CIE 情報課長だったドン・ブラウンを自身
の執務室に呼び寄せ，訪問客であるルー・ヴァン・ワゴナー（Lou Van Wag-
oner）との話し合いに参加させた。元野戦砲兵大佐であったヴァン・ワゴナー
はワシントン DC から来ていたが，かの地で彼は占領地域救済政府資金（ガリ
オア資金）の仕事をしていた。ヴァン・ワゴナーの任務の一つは CIE に必要
な資源とサービスを調達することであった。ワゴナーはニュージェントとブラ
ウンに向かって，CIE には相当な額の未消化の予算があること，しかし 6 月

30 日を期限とする連邦会計年度内に使うか，少なくとも特定の将来的な使途を割り当てておかない限り，その予算は失われ，よそに再配分されてしまうという事情を説明した。

　ヴァン・ワゴナーが，CIE にはこの金の良い使い道があるだろうかと尋ねると，ドン・ブラウンは間髪を入れず図書館員の教育に使ってはどうかと提案した。後に彼はこう回想していた。

　　瞬間的に私はこう言った「図書館員養成学校を立ち上げませんか？」。私は上野や日比谷といった公共図書館や東大図書館，東洋文庫，さらに国際文化振興会図書館を非常によく知っていた。……こうも言ったかもしれない。私は 6 歳の時から図書館を利用している。使う側の視点で図書館にはとても詳しいと。[2]

　ニュージェントは賛成し，実現できるようヴァン・ワゴナーに支援を求めた。ニュージェントは想像力の乏しい四角四面の役人と評されてはいるものの，ブラウンが後に力説したように，この予算を図書館員養成に使おうという提案は，ニュージェントがその考えを完全に支持してくれなければ行き詰ってしまったことだろう。[3]

　戦後，図書館員教育の再開に向けては，いくつかの小さな前進がみられてはいた。上野の図書館講習所は 1947 年に再開，2 年間の課程に拡張され，その時点で入学の要件は短大卒以上となった。1948 年には京都大学にも養成課程が一時的に存在した。CIE 自身も評判の良い養成講座シリーズを実施，これは 1948 年に始まった教育指導者講習会（IFEL）として知られている。25 の異なる専門的および技術的分野の集中型再教育コースであり，うち 4 つの IFEL 講習は図書館員向けであった。最初の 2 つは，米国陸軍司書で後に CIE 職員となったジェーン・フェアウェザー（Jane Fairweather）によって 1949 年に行われた。さらにもう 2 つは，1950 年と 1951 年，ノースカロライナ大学（University of North Carolina）の図書館学校学科長（dean）であるスーザン・グレイ・エイカーズ（Susan Grey Akers）が行った。IFEL 講習は高く評価されてはいたが，参加者の数が少なすぎ，大きな影響は及ぼさなかった。[4]

2. アメリカ図書館協会

ヴァン・ワゴナーがワシントンに戻った後，陸軍が米国議会図書館副館長の
ヴァーナー・クラップ（Verner Clapp）に連絡をしてきた。クラップは日本
の新しい国立国会図書館に関する勧告を行ったチャールズ・ハーヴェイ・ブラ
ウン（Charles Harvey Brown）とともに使節団の団長を務めた人物である。[5]
1950年5月19日のアメリカ図書館協会本部の内部メモには，カール・マイラ
ム（Carl Milam）の後任としてALAの常任理事を務めたジョン・コーリーに
対するヴァーナー・クラップからの電話内容がまとめられている。ジョン・
マッケンジー・コーリー（John Mackenzie Cory）はバークレーで教育を受け
た図書館専門職で，戦時情報局（OWI）の図書館部門の責任者を務め，図書
館の必要性と設備についてOWIに助言し，戦時情報プログラムの計画におい
て図書館を支援するなど様々な経歴をもっていた。[6]

　　クラップ氏は，日本の図書館員をこの国［米国：訳注］に連れてくるた
　め，ここ1年半の間，陸軍と占領当局との話し合いをもっていたと言っ
　た。すると突然陸軍が彼に電話をよこして言うことには，陸軍は今，図書
　館教育のために10万ドルの資金をもっているという。……この10万ドル
　は，日本で図書館学を教えるための図書館学校または図書館講習所の設立
　に使われることになっている。図書館学校または図書館講習所は1951年
　4月1日までに開講されなければならない。
　　ホッジス大佐（Col. Hodges）がこの措置に関して受け取った電報では，
　コロンビア大学（Columbia University）に相談すべきと助言されていた。
　だがクラップ氏は，そうではなく，陸軍がALAと契約してこの事業を行
　い，ALAがスタッフ，人員などに全責任を負うことを提案したのだっ
　た。[7]

アメリカ図書館協会（ALA）は，米国外の図書館サービスの発展に十分な
影響力をもっていた。国際関係委員会は1942年に設立され，1943年からは

ロックフェラー財団（Rockefeller Foundation）の助成を受けた。ALA の職員，とりわけ長年事務局長を務めていたカール・マイラムは，ラテンアメリカにおいて米国の資金提供による図書館の発展に積極的に関与していた。さらに重要なこととして，ALA はフランスのパリでも図書館学校を成功裏に立ち上げる支援を行った。これは 1924 年から 1929 年まで運営され，二つの世界大戦の間にもフランスでの専門的な図書館の発展が揺るがなかったほど多大な影響を与えた。[8] 1943 年，エドウィン・E・ウィリアムズ（Edwin E. Williams）は，戦後の図書館発展の必要性と機会に関し，ALA 国際関係委員会向けに報告書を作成した。彼は日本についてこう書いている。

　くわえて，日本は欧州の敵国よりもさらに難題である。敗北の経験がなく自由政府の経験もないこの東洋の国で，敗北が国内にどのような結果をもたらすのかはほとんど想像がつかない。考えようによっては中国人や朝鮮半島の人々の方が，欧州への侵略の犠牲となった多くの者たちより復讐心が弱いように思える。日本を世界の知的交流の枠組みの中に戻すという任務には，西洋のどの国よりも彼らの方が適しているかもしれない。いずれにせよ，日本人は世界の学問や文化に貢献することができ，また貢献してきたことは事実であり，戦争のせいで日本の敵だった国がそうした事実に目をくらまされることがあってはならない。日本の図書館員はこの国［米国：訳注］で養成することで実りある結果を生みだすことができる。[9]

1947 年の ALA 国際関係委員会の政策文書は次のように述べている。

　アメリカ図書館協会国際関係委員会はこのように確信する。図書館員，図書館，および図書館が保有する資料は，永続的な平和の確立と保証に不可欠である。敵対行為が終わったからには，アメリカ図書館協会がその活動を国内の問題だけに限定して国際理解を促すための手段を追求しないなどということはありえない。[10]

1949 年，ロックフェラー財団は東京大学の図書館学関係の資料購入のため

ALA に 7,000 ドルを助成した。基本的な資料は 1949 年と 1950 年に送られ，「日本ですでにこの分野にいる人々の研究を刺激」した。

　ヴァーナー・クラップが橋渡しした陸軍の提案は受け入れられ，フローラ・ベル・ルディントン（Flora Belle Ludington）が議長を務める国際関係委員会は，ロバート・ダウンズ（Robert Downs）を議長に日本図書館学校計画の諮問委員会を設立した。ルディントンは，バークレー近郊のミルズ大学（Mills College）で図書館長を務め，その後は長年マサチューセッツ州のマウント・ホリヨーク大学の図書館長であった。途中マウント・ホリヨークを休職，1944 年から 46 年までボンベイにある米国情報図書館の設立責任者を務め，また 1948 年には日本の CIE の客員専門員を務めた。[11]

　ALA の理事会は，国際関係委員会に全権を委任することを決定し，同委員会が日本の図書館学校設立に関し必要な活動を行うこととなった。ALA は 1950 年 8 月 25 日，陸軍の承認を求め正式提案を提出した。ヴァーナー・クラップ，メイ・グラハム（Mae Graham），ロバート・ダウンズを議長とし，当計画の様々な諮問委員会がつくられた。国際関係委員会委員で当時イリノイ大学アーバナ・シャンペーンのダウンズの下で働いていたポール・バーネット（Paul Burnette）は，新しい学校の資料収集のため 3 カ月の休職を許可された。ダウンズはこの計画に関する記事を発表している。

　　日本図書館学校の教育課程は，次の属性にある人々の必要性を満たすよう計画されている。(1) 初めて図書館学を学ぶ者，(2) 図書館法の要件を満たす現職図書館員，(3) 図書館学の教員。学校は 50 〜 100 人の学生しか受け入れることしかできないが，図書館学教員がここで研修を受けた後，今度は初学者と多数の現職図書館員への教育を支援することができるようになると思われる。図書館学校は，図書館学の理論ではなく実践により力を注ぎ，学生には日本における図書館と図書館員によるサービスの価値と機会についての理解をしっかり植えつける努力を行う。……15 カ月が経過した後，学校の継続は後援する大学の責任となる。[12]

3．陸軍の責任

　1950 年 10 月 12 日，陸軍占領地位局の再教育課課長代理 R・P・ハーゲン（R.P. Hagen）は，フローラ・ベル・ルディントンに向けて次のように書いている。

　　米国人職員は陸軍省コンサルタントとしての雇用が提案されているため，SCAP/GHQ は次のように考える。図書館学校は SCAP/GHQ プロジェクトとして，陸軍省コンサルタントが管理し，アメリカ図書館協会が契約に基づいて選考，監督，支援を行うべきである。SCAP/GHQ は，図書館学校，そこで働く教職員，そして養成教育課程が，図書館の重要性を確信している若い世代の差し迫った必要性に応えるよう強く希望する。図書館は人々の可能性を最大限に実現する民主的な目標の追求に用いられるツールであるという彼らの信念はゆるぎないので，図書館の組織，管理，推進，利用の基本といった武器を身につければ，彼らは反対にあっても屈せず，また落胆することなく，図書館のない地域にはどんな小さなものでもよいので図書館を作るよう説得し，そうした図書館がより大きな公共サービスに育つよう励ますだろう。図書館学校は，図書館員としての矜持と図書館サービスに対する姿勢を確立させることにまず重点を置くことが望ましい。その意識を強烈なまでに叩きこめば，卒業生はこれまでの日本国内の図書館専門職による保守的な受け身の姿勢から影響を受けないだけでなく，専門職を活気づけたり，やる気にさせたりするだろう。教育課程には，選書と分類の授業に加え，図書館内にある資料を，それを欲する人々が最も容易に利用できる方法や貸出方法，さらに書誌の作成に関する講習を含める必要があると考えられる。しかしそれに加え，小規模な図書館の資金調達方法や，地域住民からの支持を得る方法，人々を図書館に惹きつける方法，そして図書館を有用にするためのあらゆる側面に関する授業が必要である。[13]

4．ダウンズの調査

　一方，国際関係委員会は，ロバート・ダウンズに図書館学校に適した場所として可能性のありそうな日本の大学の予備調査を行ってもらうための手筈を整えていた。ダウンズはイリノイ大学アーバナ・シャンペーンの図書館学校学科主任（director）であると同時に，同大学図書館長であった。さらに少し前に日本での経験もあり，滞在時には国立国会図書館に対する助言を行っていた。ダウンズは日本に向かい，再び福田直美の協力を得，様々な方面で意見を求めた。ダウンズはこの計画が成功することを切望していた。彼はのちに自叙伝において「当時の日本における図書館界の最も深刻な弱点は，図書館員の不足と養成機関の不足であった」と述べている。[14]

　ダウンズは，大学レベルで図書館学教育を始めるという計画は望ましいものであり，実現可能であると確信したと報告していた。彼は潜在的な受け入れ先としていくつかの大学を特定し意見を述べた。それらは東京大学，京都大学，同志社大学，慶應義塾大学，そして早稲田大学であった。38ページに及ぶ最終報告が1950年7月17日付でALA国際関係委員会に提出され，8月25日付でその要約が陸軍に送られた。

5．責任者を任命する

　選考委員会は3名の候補者名簿を作成した。一人はルイス・ショアーズ（Louis Shores, 1904-1981）で，当時フロリダ州立大学の図書館学校の非常勤の学科主任（director）であり，また非常勤の百科事典編集者でもあった。ショアーズは，図書館の中心的な教育的役割を強く主張し，「カレッジ・ライブリー」（college library）ではなく「ライブラリー・カレッジ」（library college）という表現を使用したことで記憶されている。もう一人はジェロルド・オルネ（Jerrold Orne, 1911-2008）で，当時はセントルイス（St. Louis）にあるワシントン大学（University of Washington）図書館長であり，米国議会図書館では技術文献の取り扱いを経験していた。ポール・バーネットから提案さ

れた三人目の候補者は，当時シアトル（Seattle）のワシントン大学図書館学
校学科主任（director）であったロバート・ギトラー（Robert Gitler）であ
る。委員会は 1950 年の夏の終わりにギトラーに話をもちかけた。レオン・
カーノフスキー（Leon Carnovsky）にも声がかかったが，彼は辞退していた。

　10 月に入ってしばらくまで，ALA は助成金が確実に下りるという確証がな
く，時間は無駄に過ぎていったようである。SCAP/GHQ は最終決定がなされ
る前に，検討中の候補者についての意見を述べる機会を求め，候補者には配偶
者や他の扶養家族の同行を許可しないという重大な制限を課した。それは隣の
韓国で危機的状況が拡大しつつあったためである。しかし，陸軍はこれらの名
簿に記載された候補者は問題なしと考えた。図書館学校と学科主任に助言を行
うため，ロバート・ダウンズが議長を務め，ヴァーナー・クラップを含む小さ
な諮問委員会が設立された。

　10 月中旬，ルディントンがギトラーに連絡を取ると，彼は前向きな反応を
示した。ワシントン大学はギトラーに無給で 1 年間の休暇を与えることを認め
ていた。任務を申し入れると，彼はそれを受け入れた。フローラ・ベル・ル
ディントンは，1950 年 11 月 8 日，ロバート・ギトラーが選定されたことを
ニュージェントに伝えた。次なるステップは，ギトラーが日本に向かうことで
あった。

注

1 ： *The Pacific Area and Its Problems: A Study Guide*, edited by Donald R. Nugent
　　（New York: American Council, Institute of Pacific Relations, 1936）. Don Brown,
　　Beginning of the School, 1976 年 11 月 28 日付の無編集の会話内容；Robert S.
　　Schwantes, *Japanese and Americans: A Century of Cultural Relations*（New York:
　　Harper, 1955）, 127.

2 ： Brown, *Beginning*, 3.

3 ： Theodore Cohen, *Remaking Japan: The American Occupation as New Deal*（New
　　York: Free Press, 1987）, 97.

4 ： Takahisa Sawamoto ［澤本孝久］, "Training and Education Programs for Librari-
　　ans in Japan," 65–72, in *Library Education in Developing Countries*, edited by

George S. Bonn ([Honolulu: East-West Center Press, 1966). Also Takeuchi Satoru [竹内悊], "Education for Librarianship in Japan: A Comparative Study of the Pre-1945 and Post-1945 Periods" (PhD diss., University of Pittsburgh, 1979), chap. 5: The Library Law and Education for Librarianship (1946–1955); Takeuchi Satoru [竹内悊], "Japan, Education for Library and Information Science," 239–71, in *Encyclopedia of Library and Information Science*, 36 (New York: Marcel Dekker, 1983); Suzuki Yukihisa [鈴木幸久], "American Influence on the Development of Library Services in Japan 1860–1948" (PhD diss., University of Michigan, 1974); Beverly J. Brewster, *American Overseas Library Technical Assistance, 1940–1970* (Metuchen, NJ: Scarecrow Press, 1976), 87, n. 54; and Robert L. Gitler, "Japan," *Library Trends* 12, no. 2 (October 1963): 273–94.

5 ：ダウンズは，マッカーサー自身が議会図書館での昼食会でクラップとダウンズにこの計画を提案したと述べている。*Oriental Collections, U.S.A. and Abroad. Report of the Third Group Meeting Held at the University of Pennsylvania, March 28, 1951.* Sponsored by the Joint Committee of the Far Eastern Association and the American Library Association (Ames: Office of the Chairman, Iowa State College Library, 1951), 3.

6 ：コーリーについては，次を見よ。Peggy Sulllivan, "Cory, John Mackenzie (1914–1988)," 55–58, in *Dictionary of American Library Biography: Second Supplement*, edited by Donald G. Davis (Westport, CT: Libraries Unlimited, 2003).

7 ：Margie Sornson Malmberg to Cory, memo, May 19, 1950. ALA Archives. Executive Board and Executive Director. Subject File, 1910–1976. Series 2/4/6. Box 22.

8 ：S. W. Witt, "Merchants of Light: The Paris Library School, Internationalism, and the Globalization of a Profession," *Library Quarterly* 83, no. 2 (April 2013): 1–21.

9 ：Edwin Everitt Williams, *International Library Relations: A General Survey of Possible Postwar Library Development* (Chicago: American Library Association, 1943), 7.

10 ：American Library Association, "Conclusions and Recommendations of the International Relations Board." Memorandum (March 26, 1947), 1–2.

11 ：Anne C. Edmonds, "Ludington, Flora Belle (1898–1967)," 322–24, in *Dictionary of American Library Biography*, edited by Bohdan S. Wynar (Westport, CT: Libraries Unlimited, 1978).

12 ："Japanese Library School," *ALA Bulletin* 44 (December 1950): 458; Robert B. Downs, "ALA Sponsorship of Library Schools Abroad: How to Start a Library School," *ALA Bulletin*, 52 (June 1958): 388–400.

13 ：Hagen to Ludington, October 12, 1950. ALA.

14 ：Robert B. Downs, *Perspectives on the Past: An Autobiography* (Metuchen, NJ: Scarecrow Press, 1984), 122.

第 **13** 章

ロバート・ギトラー, 清岡暎一, そして慶應義塾

　私は, ブリガム・ヤング（Brigham Young）がグレート・ソールト・レーク（Great Salt Lake）に着いた時に,「こここそがその場所だ！」と叫んだと同様の感覚になったと思う。——ロバート・ギトラー（Robert Gitler）, 1999 年

1. ロバート・ギトラー（Robert Gitler）

　ロバート・ギトラーの生涯は, 彼の晩年に回想録として記録された彼の自叙伝に詳細に述べられている。[1] 彼は 1909 年にニューヨーク市に生まれ, 1912 年頃に, 両親の離婚により, 母とカリフォルニア州のサンフランシスコに移った。彼の父はロシア出身者であった。こうしてロバート・ギトラーはサンフランシスコに隣接するオークランドで成長したが, オークランドには当時, 公立の優れた学校があり, この学校から, 当地のカリフォルニア大学バークレー校［以下, バークレーと略記：訳注］に進学した。ギトラーは素人演劇に熱中し, またバークレーの大学図書館で, 学生身分のアシスタントとして働いた。1930年 5 月に彼は歴史学と政治学の学士号を得て, バークレーの学部課程を卒業し, 国際関係の仕事で経歴を積もうとしたが, 就職試験を病気で受けられなくなっただけでなく, 虫垂炎のため, せっかく予定したスペイン旅行にも行けなかった。折しも世界大恐慌が起こったため, 人生の先行きが見通せなくなり, 経済的にも苦しくなった。これを知ったバークレーの図書館学校学科主任であったシドニー・ミッチェル（Sydney Mitchell）がギトラーに図書館員にならないかと声をかけた。ちなみにミッチェルは［占領下の日本で SCAP/GHQ の CIE に図書館担当官として来日した：訳注］フィリップ・キーニー（Philip Keeney）にも影響を与えた人物である。ギトラーは図書館職には興味があるし，この職に就くことは悪くはないはずだと考えてバークレーの大学院にあった一年間の司書の資格取得課程に入学した。その課程は約 10 年前にキーニーが在学していた当時と基本的には変わらなかった。

　ロバート・ギトラーという人物はその人生や将来の可能性に対して積極的であった。彼の晩年には，部屋の壁に彼の人生訓ともいえる額を掲げていた。そこには，「他人の拓いた途を安易に辿るのではなく，自ら途を切り拓き，後に続く人のための足跡を刻め」と記されていた。この積極的な態度は 1950 年に彼がたいへん大きな任務に直面した時に発揮された。彼は日本に新しい図書館学校を開設することを依頼されたのであった。それも日本の学事歴は毎年 4 月に始まるが，その 4 月までにはほんの数カ月しかない時点であった。しかも，どの大学がその図書館学校を引き受けるかさえも，いまだ決まってはいなかった。とりわけて日本の大学はどこも，慣習に縛られ，保守的であった。日本では学部課程での専攻分野とは考えられていなかった図書館学の教育課程を創りあげ，そのうえ，米国の支援がなくなる日本独立後も末永く財政的に，この教育課程を支え続ける大学を探さなければならなかった。彼は日本語もできなかったし，日本についてもほとんど知らなかった。それは成功などおぼつかないように思えた課題であった。

　ギトラーは 1950 年の 11 月にアメリカ図書館協会［以下，ALA と略記：訳注］の諮問委員会に呼ばれ，そしてそのすぐ後に，ALA 国際関係部会長のフローラ・ルディントン（Flora Belle Ludington）に次のように伝えた。「陸軍省［現国防総省：訳注］での土曜日（1950 年 12 月 2 日）の会議では，ヴァン・ワゴナー（Van Wagoner）大佐とニュージェント（Nugent）中佐にも会い，ほぼ満足のゆくものでした」。[2]

　彼はこうして 12 月 22 日（1950 年）に東京にやって来た。翌日 SCAP/GHQ の CIE 本部に出頭し，そこでドン・ブラウン（Don Brown）に会った。クリスマス休暇時期でもあったので，ブラウンはギトラーを，川奈［静岡県伊東市：訳注］での CIE 図書館職員の集会に連れていった。川奈のホテルは海を見渡せる大きなリゾートホテルであった。ギトラーはここに集まった CIE 図書館員たちが彼に協力的であり，新しい図書館学校における翻訳要員についても自分

たちの使っている翻訳・通訳要員を喜んで推薦しようとしてくれているのを知った。

　川奈から戻るとすぐに，天野文部大臣と金森国立国会図書館長に挨拶の電話をした。金森館長とは ALA の会議で会っていた。後にギトラーは金森館長との出会いの思い出として次のように語っている。

　　　ドン・ブラウンは私に言いました。「そこには福田さんがいると思う。福田直美さんだ。彼女は注目すべき人物だ」と。彼女は戦後日本での多くの図書館問題のリーダーであり，優れた人物であると，ALA 国際関係部会長であったルディントンが，私が日本に立つ前に私に語ってくれてもいた。……部屋の向こう側の壇上の王座のような椅子に金森館長は座っていた。……金森館長の左肩に福田さんがいた［福田は小柄な女性であったので，あたかも金森の左肩にとまっているように見えたのであろう：訳注］。彼女は金森館長の通訳をしていた。……金森館長訪問はたいへん有意義ですばらしいものであった。彼は図書館学教育課程と図書館一般についてのこれからをたいへんよく理解してくれた。[3]

2．設置大学の選択

　ギトラーはロバート・ダウンズ（Robert Downs）が候補として示した6校の大学を訪問して，候補校を3校に絞った。その3校とは東京大学，京都大学と慶應義塾大学であった。そこには一つ問題があった。特に東京大学は一時的暫定的な組織や機関を創るのに外部の資金を受け入れることはできるとしたが，大学執行部はギトラーが望むような既設学部に恒常的な予算執行に影響する学科等組織の増設案［常設校案：訳注］を受け入れることには同意しなかった。[4] ギトラーは常設校の設置に同意してくれる大学を選ぶという目的に資する基準の 16 項目に及ぶリストをつくった。

　1．西欧の諸概念，理念および教育に対する考え方の理解や受容とその基に

図 13.1　ロバート・ギトラー（Robert Gitler）

なる哲学一般。

2．他の高等教育機関や学部からの移籍学生の受け入れや，他の教育機関発行の学位の承認の可能性。

3．1952年以降に図書館学校を継続させることへの意向と関心。

4．大学の学生が支払う学費。

5．大学執行部が ALA や図書館学校の当事者の示す方針や計画を受け入れ，考慮する程度。

6．新たな図書館学校の日本人スタッフを大学の既存の教授陣が受け入れられるか。

7．図書館学校への受験者の受験成績に受験者の内申書成績を反映できるか。

8．正規学生，夏季セミナー受講生を問わず，現職者の受け入れが可能か。

9．図書館蔵書における和漢書の蔵書構成は十分か。

10．図書館蔵書における洋書の蔵書構成は十分か。

11．図書館蔵書における図書館学関係の蔵書は充実しているか。

12．奨学金を用意できるか。

13．図書館学校として利用できる施設。

14．学生の居住施設や生活費補助。

15．大学の所在地や大学の名声などの学生にとっての魅力度。

16．CIE との連絡や物質的，経済的助成を受けるための地理的位置。

ギトラーはこのリストに示された基準のうち，いくつかはまったく主観的な判断を要する基準であることを十分に承知していたし，定量的な基準であった

としても常に定量的に信頼できる数値があるわけではないこともわかってい
た。それにもかかわらず彼は，慶應義塾大学，京都大学，東京大学に対してそ
れぞれの基準に 1 から 5 の評価点を几帳面に割り振り，総計した。［ギトラーは
16 項目すべてに対して 1（最上位）〜 5（最下位）の評価値を与え，これを集計した。
「集計結果は慶應 31，京大 32，東大 37 であった」（出典：髙山正也．歴史に見る日本の
図書館：知的精華の受容と伝承．勁草書房，2016，p.143.）：訳注］

3．清岡暎一

　ギトラーは 1 月 10 日［1950 年：訳注］慶應義塾大学を訪問し，そこで慶應義
塾の外事部長を兼務していた清岡暎一教授に会った。清岡は，その日は彼の祖
父である福澤諭吉の誕生日であること，その祖父，福澤諭吉は西欧文明を日本
に紹介すべくこの慶應義塾を創立したことを伝えた。
　清岡暎一（1902-1997）は流暢に英語を話した。若い日に彼は西欧文明の啓
蒙家であった福澤諭吉一家の役割分担の一端を担い，工学技術者になるべく米
国に渡った。しかし，コーネル大学（Cornel University）に入学したものの，
家族に相談もせずに彼は専攻を英文学に変えてしまった。1927 年にコーネル
大学を卒業して，40 日間をかけ，友人と自動車（T 型フォード）で西海岸へ
と大陸横断の映画を撮りながら旅をした。[5]
　慶應義塾大学は福澤諭吉によって創られた日本啓蒙のための一連の機関の一
つであり，清岡は工学技術者になる代わりに，慶應義塾の小学校［慶應義塾幼
稚舎：訳注］の校長になった。穏健で，根っからの自由主義者としての信念を
もち，英米文学やその文化を愛した清岡は折から強まってくる権威主義的で，
軍国主義的な政府の方針に苦しめられた。彼は天皇が神だとは思わなかった
し，真珠湾攻撃は軍事的な敗北につながると確信した。彼は戦時中，ファシス
ト的な政策が彼の学校に押しつけられないように努力を重ねたが，大勢には抗
し難かった。彼の小学校は児童の安全のために東京から疎開したが，学校を守
り，児童たちの食料を確保するのはたいへん困難であった。[6]
　清岡は 1934 年に福澤の自伝［『福翁自伝』：訳注］の英訳版を出版した。また
1942 年には，日本語を学ぶ英語を母語とする学生たちのために *Japanese in*

Thirty Hours: First Course in Japanese Language という教科書を著わした。
両書とも数カ年にわたって版を重ねた。彼の米国文化への傾倒は，1932 年に
米国で生まれ，教育を受けた杉本千代野との結婚でますます強まった。

4. 杉本鉞子

　清岡の義理の母となる杉本鉞子（杉本〈稲垣〉鉞，1873-1950）は伝統的価
値観の強い地方（現在の新潟県長岡市）の士族の家庭に生まれた。家長であっ
た彼女の兄は，昔馴染みで鉞子の婚約者がまだ独身で，オハイオ州のシンシナ
ティ（Cincinnati）で手広く商売を行っているのを知り，1898 年にこの友人と
結婚させるべく妹の鉞子をシンシナティに旅立たせた。こうして二人の娘が誕
生したが，残念なことに彼女は夫と死別した。鉞子は娘たちと日本に戻った
が，再び二人の娘とともに米国に戻り，娘たちは米国で教育を受けた。鉞子は
ニューヨーク市のコロンビア大学でコロンビア大学初の日本人講師として，日
本語，日本の文化と歴史を教えることで自活した。

　1925 年，鉞子は英語で，自伝というよりも自伝的な小説，*A Daughter of
the Samurai: How a Daughter of Feudal Japan, Living Hundreds of Years in
One Generation, Became a Modern American*[7] を出版した。出版の意図は日
本人の生涯・生活を西欧人，なかんずく，米国人に知らしめることであった。
この著作は当初，雑誌に連載された。彼女の友人のフロレンス・ウィルソン
（Florence Wilson）によって秘かに書き改められた単行本は，ベストセラーに
なるとともに，米国の中等教育校［中学と高校：訳注］で広く読まれた。鉞子は
他にも数冊の本を英語で執筆しているが，それらはあまり読まれなかった。戦
後，鉞子は占領軍を手伝ったが，彼女の娘である清岡千代野によれば，「母ほ
ど SCAP/GHQ の仕事を熱心に手伝った人は他にはいないでしょう」と，母，
鉞子の人気のあった自伝の続編を要望する読者のために鉞子夫妻について書か
れた *But the Ships Are Sailing —Sailing—* の中で述べている。[8]

　清岡は戦後，慶應義塾大学の法学部で英語を教え，外事部長も兼務した。こ
れは大学外部との折衝の役割を担うことが意図されていた。そこで，ロバー
ト・ギトラーとの折衝も清岡が行うこととなった。米国時代に図書館サービス

図 13.2　清岡暎一と千代野

に馴染んでいたので，清岡は米国型の図書館学校を創ることに熱中し，ギトラーと大学常任理事会との仲介役として巧みに振る舞った。

5．福澤諭吉と慶應義塾

　清岡は 1853-1854 年という日本の「開国」以前の時代に，日本へ欧米の学識を紹介したという福澤の使命を解説すべく，どのようにその大学が創られたかをギトラーに説明した。福澤は当初遣米使節団の一員になり，1860 年サンフランシスコに到着した。マーカンタイル図書館協会（Mercantile Library Association）図書室への使節団訪問は日本の海軍図書館の創設につながった。福澤はウエブスター（Webster）の辞書を見つけ，これがあれば，いっそう英語の勉強ができると考えた。彼は幕府の翻訳方となり，欧州を訪問し，図書館を含む欧米の方式を説明するたくさんの本を出版し，また，多くの本を日本に持ち帰った。[9]福澤は欧州の諸国の帝国主義的な植民地化に，日本が抵抗するためには，可能な限りの新しい方法で，日本人を教育することしかないと考え，その教育に専心した。

　1858 年に，福澤はオランダ語を教える学校を創り，それから彼は教育に専

心した。1868 年に福澤は学校を慶應義塾と名づけた。「慶應」とは時代（1865-1868）を示す年号であり，「義塾」とは学校［公衆のために設けた私立学校：訳注］の意である。彼は欧米方式で慶應の図書館の規則をつくり，教育科目に演説・弁論術を加えた。慶應の当初のねらいは欧米学の小さな私塾であったが，それがどんどんと拡張し，1890 年には大学部を創ることとなった。福澤はハーバード大学の総長に手紙を送り，米国人教授を派遣して，大学部創設を助けてほしいと要請し，三人の教授が派遣されてきた。このような起源から，慶應義塾大学［以下慶應と略記：訳注］は日本における現存する最古の高等教育機関となっている。[10]

　清岡は英訳した福澤の自伝を一部，ギトラーに渡し，言った，「ギトラーさん，たぶん，この本を読んでこの大学の創設者である福澤諭吉を知ることで，あなたはここ，慶應がどのような構想をもっている大学かについての十分な情報を得ることになるでしょう」と。

　その夜，ギトラーはその本を遅くまでかかって読んだ。彼はその本に感化され，今や慶應を選ぶことが正しいのだと確信し，疑いをもたなかった。実際，彼は後に，「慶應がだめなら次はどうするかは考えていなかった」し，「慶應は図書館学教育を続けてゆく希望のもてるところだ。……私は，ブリガム・ヤングがグレート・ソールト・レークに着いた時に，「ここここそがその場所だ！」と叫んだと同様の感覚になったと思う」と書いている。[11]

　翌日ギトラーはロバート・ダウンズに「東京でどの大学に図書館学校を設置するかに関しては，慶應に設置することが，日本における図書館学教育のさらなる発展と我々の図書館教育にかける思いを十分に実現するためには，より良いように思える」と書き送っている。一週間後のことになるが，米国に戻ってイリノイ大学図書館でダウンズの下で働いていたポール・バーネット（Paul Burnette）がギトラーに手紙を出した。「ボブ・ダウンズ（Bob Downs）も私も，あなたが慶應に感じたのと同じように思う」と。幸いにも，ギトラーのつくった 16 項目に及ぶ評価表での評価数値も，慶應は第一順位であった。

　ギトラーは 1 月 17 日に慶應を再訪問した。清岡への手紙の日付は 1 月 22 日になっているが，そこでギトラーの［慶應への：訳注］期待を列挙している。[12]

1．慶應は 1952 年 6 月 30 日以降も図書館学科を永続させる。

2．図書館学科は文学部の正統な一学科となる。

3．［図書館学科が関わる：訳注］入学試験には図書館学科を関与させる。

4．正規学生として他大学からの編入生を認める。

5．図書館学科での取得単位が他学部他専攻での取得単位と同等に学内で認められる。

6．図書館学科生が図書館学科専門科目を履修する以外の 3 カ年に取得した単位と図書館学科で専門科目として取得した単位が学士学位取得のためには同等に扱われること。［学科開設当初，図書館学科開設専門科目は一学年間に集中履修するよう指導され，他の三学年間に卒業に必要な一般教養科目や学科外設置専門科目の所要単位数を取得することになっていた：訳注］

7．図書館学科の占有空間については必要に応じて作り直すこともありうる。

8．教室の設備や調度品（道具）は必要に応じて調達できる。

9．ALA は米国陸軍との契約により米国人スタッフ（教員と図書館員）を雇用する。

10．SCAP/GHQ は用務員と営繕担当者以外の図書館学科専属日本人従業者を雇用する。

11．ALA は必需品と用具類を提供する。

12．慶應は他学部・学科と同じ条件で，図書館学科学生に奨学金を用意する。

　ギトラーは清岡宛の 1 月 22 日付の手紙の他の個所で次のように述べている。「清岡先生，私は慶應における先生の先見性に富んだお気持ちで物事を処理されるお力を信じておりますので，もし私がその筋にその旨の返事をすれば，我々は慶應での図書館学教育を確立できると確信しております」。同日ギトラーはニュージェント（Nugent）とドン・ブラウンに慶應を推薦するという報告書を提出し，その選択は翌日承認された。ブラウンはすでに慶應が良いと考えてはいたが，まだギトラーには伝えていなかった。
　1 月 29 日に，慶應義塾の潮田江次塾長がギトラーの条件を書面で承認し，2

月5日に一連の内諾事項がSCAP/GHQ を代表するニュージェントによって正式決定された。

6. 慶應義塾との摩擦

　ギトラーは日本ではたとえ，図書館学というものがいまだ学術分野として認められていなくとも，大学の他の学術的な諸学部・学科と同等な学部・学科として設置されることに強くこだわった。慶應側も当初の米国陸軍との契約が終わった後も，その学科の維持・運営を引き受け続けることを表明しなければならなかった。くわえて，教室や事務室も必要であった。慶應はこれらの要件をすべて受け入れた。ギトラーは慶應側にも意見があると考えていた。慶應は相対的に限られたエリート社会階層の中から選ばれた男子のエリート学生が学ぶ大学であった。ギトラーは女子学生や編入学生を含む日本中からの多様な学生が図書館学科に集まることにこだわった。（ちなみに東京大学は編入学生の受け入れは絶対に認めなかった。）その図書館学科が日本における米国の出先機関でないことは決まっていたが，ギトラーは大学当局が好む文学部図書館学科でなく，「日本図書館学校」と名乗ることにもこだわった。

　日本語がわからず，日本についても知らなかったギトラーは心穏やかならざることにも直面した。2月7日付でダウンズに次のように書き送っている。「ここで，生え抜きの連中と働くことを考えると，土曜日には，この問題を前に進めるにはあまりに障害が多いので，我々の計画をすべて放棄した方が良いと思ったほどであったことを正直に告白せざるをえません。その問題は私が強力な立場で強引に押し切ること，それが正しいことはわかっているし，そうするしかうまくゆかないのです」とギトラーは ALA 本部のジョン・コリー（John Cory）にこの手紙の写しを送り，手書きで次のように書き入れた。「今，私は巨大な重荷で押しつぶされそうになっているかのように感じています。しかし，ひとたびこの重荷を取り除くことができれば，予期以上の速さで物事を進めることができると信じています」。

　それは慶應だけではなかった。文部省も説得して，考えを改めさせなければならなかった。諸問題を仲介し，解決するには，慶應に対しては清岡であり，

文部省に圧力を加えられるのは SCAP/GHQ のドン・ブラウンであった。清岡やドン・ブラウンの協力なしには，ギトラーの日本図書館学校プロジェクトの成功はおぼつかなかった。1951 年 2 月 10 日に，SCAP/GHQ は次の新聞発表を行った。

　「アメリカ図書館協会の指導の下で，近く慶應義塾大学で開講される図書館教育の学校」

　本日［1951 年 2 月 10 日：訳注］，SCAP/GHQ の CIE と慶應義塾大学との共同発表により，慶應義塾大学に図書館学科が設立され，日本で最初の米国に比肩しうる専門職司書の教育研修が，開校後 15 カ月間にわたりアメリカ図書館協会の指導の下で，行われることになった。

　米国流の考え方や仕事の仕方を教える米国外では唯一とみられる図書館学科はワシントン大学の図書館学校学科主任であったロバート・L・ギトラーに率いられた 6 人の米国人教員・スタッフにより，慶應義塾大学の三田キャンパスで，4 月から一学年に及ぶ専門教育を始めた。……これは日本の大学では正規の専門教育において最大のフルタイムの外国人教員による教育体制であると考えられる。

　ギトラーによれば，最低限の英語の読解力は図書館学科の学生には役に立ったであろうが，入学のための絶対的な要件とはされていなかった。……CIE の主席であったニュージェント中佐（Lt. Col. D.R. Nugent）は，日本は有能な司書を必要としていたし，有能な司書の存在なくしては，全国の図書館サービスの基礎となる図書館法の高度な目的が達成できないので，SCAP/GHQ は図書館学科を支援したと述べた。

　ギトラーによれば，図書館学科が開設される大学に彼が慶應を選んだのは，図書館学科も日本の図書館学も，慶應がその創立者の福澤諭吉から受け継いでいる自由で進歩的な精神を必要としているというギトラーの考えの反映でもあった。彼はまた，慶應側の図書館学科の開設案件が求めるどんな管理的な調整要求にも，米国の支援期間が終了後の学科の継続案にも喜んで応じた姿勢に強い感銘を受けたという。

ギトラーは2月13日付のルディントンへの手紙で打ち明けている。

　　署名・調印のすべてが終わった後でさえも一週間の事後交渉があった。……私は，たとえ，慶應が実質的に欧米的な意味で書誌的，参考資料の何ももっていなくとも慶應を選んだ。京都はこの面では確かに優れていた。しかし，考慮すべき他のすべての面を見ると，私にはこの計画の将来は学科継続の意思，教育の風土，大学を管理している人たちの能力にかかっていると思えた。それを考慮しなければ，占領終了後にはこの図書館学科創立計画が過去のこととして曖昧になってしまうように思えた。

　　一週間前の土曜日に私はこの全体計画の放棄を申し出ようかと思ったほどであった。私自身が自分たちがやってはいけないと固く考えていたことを，今我々がやろうとしていた。日本の教育者を不承不承に理解したり，伝統的な形式にとらわれたりしているのに気づいたからである。我々の考えや行動について，これが正しいということを証明できる脚本のようなものはなかった。私はその時［日本に図書館学校を創った時：訳注］以来，図書館学という学術分野の最前線に立っていた。ご存知のように，図書館学科開校時の米国人教授陣が帰国した後も図書館学科がうまく継続してゆけるようにするためには，現在の日本の大学の世界にこの図書館学科開校計画を調和させ，統合させることが何より重要なのである。当然，我々はこの過程で多くの困難に遭遇する。……図書館学を日本の大学に導入するという，いわば学術移入の問題は，その問題に関心を有するすべての人によって過去数カ月にわたって，注意深く取り組まれてきたが，私にはまだ文部省の警告やら疑念を完全に払拭はできないでいた。

　3月になって，ギトラーはルディントンにさらなる危機を報告した。文部省は新しい学科の認可の前に，4カ年にわたる履修計画の詳細を報告するように求めてきた。ギトラーはこれを拒否し，大臣と直接に面談して説得しようとした。最終的にこの動きは，文部省の当局者たちに詳細ではなく概要で，図書館学科を承認することに向かわせた。[13]

7．日本人図書館員たちとの交歓・交流

　ALA, SCAP/GHQ, 慶應に加え，ギトラーは日本人の図書館員たちとの交流を図ろうとした。日本人の図書館員たちの多くはまったくか，部分的にしか公式な図書館専門職の資格をもっていなかった。キーニーや CIE 情報センター（図書館）の図書館員たちによる日本人図書館員たちへの働きかけにもかかわらず，日本人の図書館員たちはギトラーの提唱する高度な公的な図書館学教育によって自分たちの地位や既得権益が脅かされると感じて，高度な図書館学教育に裏づけられた公式な図書館専門職資格の要請を，外国人による新たな賦課のように嫌悪した。図書館学科が始まるとほとんど同時に，東京都図書館協会の代表者たちから東京大学で開かれる会合への出席要請があった。ギトラーと彼が率いる教授陣は 200 人ほどの日本人図書館員たちとの会合に出た。通訳の川口藍子［藍とも：訳注］は社交的に言葉を選び，慎重に通訳した。しかし，ギトラーはやり取りを通じて，不安どころか敵意さえ感じた。会合後に彼は同僚の教授陣とその会合を振り返り，語り合った。ギトラーは彼の下にいる米国人教授陣を信頼していたし，日本人図書館員たちが，さらにギトラーたちと接触を深めるなら，安心して図書館学科の教育に接するようになると信じていた。彼は次のような方針の下，計画をつくり，講演をすることとした。

　その方針とは通常の勤務時間に加えて，彼や教授陣の住所も公開し，誰もがいつでも質問を受け付け，その質問に答えられるようにした，彼が「常設窓口」（constant availability）と呼んだものであった。

　夏休みの計画は日本全国のあちこちで，既存の日本人図書館職員たちに，無料のワークショップ（講習会）を開き，図書館学科の教授たちを同伴することである。

　講演は東京での日本図書館協会の年次総会での講演依頼を見据えたものであった。ギトラーは専門職団体の大会には出席・参加することが大事であると信じ，他の米国人教授たちにもそうすることを勧めていた。「私はシドニー・ミッチェルに教えられたように，いつもよそ行きの気持ち・姿で臨んだ」と彼は語っている。[14]

ギトラーは講演を引き受け，若き日の演劇での経験を生かしてどうすれば
もっとも演出効果が発揮できるかを考えた。彼は日本語で講演すべきだと考え
た。そこで彼は英語で図書館学科の方針と目的，および日本で図書館学の発展
に役立つにはどうすればよいと考えているかを要約し，それを流麗な日本語に
訳すように有能な藤川正信［後に慶應の文学部図書館学科教授を経て，図書館情報
大学学長：訳注］に頼んだ。ギトラーはその訳文をローマ字化し，藤川の指導
の下で，繰り返し，繰り返し，口調や抑揚が日本語に聞こえるように練習し
た。

ギトラーが日本語を話せないと断りながら話し始めると一瞬，座がざわめい
た。彼はこの講演は日本語で行うべきだと思うので，日本語に訳してきたと述
べて講演を始めた。彼の講演は流暢な美しい日本語で行われた。口頭で話され
たのであって，読まれたのではなかった。彼の講演は大歓迎された。講演会後
のレセプションでは酒も出され，おおいに盛り上がった。この時以来，彼は日
本の図書館員の中に溶け込んだ。

注

1：本章と次章は次の本を典拠としている。Robert L. Gitler［訳注 :; edited by Michael Buckland］, *Robert Gitler and the Japan Library School: An Autobiographical Narrative* (Lanham, MD: Scarecrow Press, 1999), esp. chaps. 8–11.

2：Gitler to Ludington, December 5, 1950. ALA Archives, box 23: International Relations Office and Japan Library School, hereafter "ALA."

3：Gitler, *Robert Gitler*, 93–94.

4：大学選定の過程は次の文献に述べられている。Gitler, *Robert Gitler*, chap. 8.

5：Jeffrey K. Ruoff, "Forty Days across America: Kiyooka Eiichi's 1927 Travelogues," *Film History* 4 (1990): 237–56.

6：次の文献は，清岡の妻［訳注：杉本鉞子の娘］による。Sugimoto Chiyono［清岡千代野］, *But the Ships Are Sailing—Sailing—* (Tokyo: Hokuseido Press, 1959); and Kenneth J. Ruoff, "The Making of a Moderate in Prewar Japan: Kiyooka Eiichi" (undergraduate thesis, Department of East Asian Studies, Harvard University, 1989).

7：Sugimoto Etsu［杉本鉞子］, *A Daughter of the Samurai: How a Daughter of Feudal*

Japan, Living Hundreds of Years in One Generation, Became a Modern American
(New York: Doubleday, Page, 1925); Hirakawa Setsuko ［平川節子］, "Etsu I.
Sugimoto's 'A Daughter of the Samurai' in America," *Comparative Literature Studies* 30, no. 4 (1993): 397–407; Georgina Dodge, "Laughter of the Samurai: Humor in
the Autobiography of Etsu Sugimoto," *MELUS* 21, no. 4 (Winter 1996): 57–69.
［訳注：杉本鉞子は 1873（明治 6）年，旧長岡藩の家老，稲垣平助の六女として新潟
県古志郡に生まれた。鉞子には，兄平十郎がおり，兄は慶應義塾を中退後，1885 年
の夏頃，商業で成功する夢を抱いて渡米した。ところが，渡米早々，米国行きを斡
旋した貿易会社に騙され，所持金を失う。途方に暮れていた時に救ってくれたのは
米国で商いを営む杉本松之助であった。鉞子の父は 1885（明治 18）年に他界。その
翌年，帰郷した兄が，鉞子に米国での恩人である松之助との縁談を勧め，鉞子も受
諾し，婚約が成立した（鉞子 12 歳）。松之助は福澤諭吉に傾倒し，洗礼を受けた商
人で，日本の古い商法を嫌い，米国のシンシナティで日本骨董の店を開いていた。
鉞子は米国での生活に向けて，英語を学ぶためにメソジスト系のミッションスクー
ルである青山学院の源流となる海岸女学校（予備科）と東京英和女学校（本科）で
4 年間英語を学び，1898（明治 31）年，結婚のため渡米した。結婚式の際，鉞子の介
添人を務めたのが，フロレンス・ウィルソンであり，親日家であったフロレンス
は，その後鉞子を支える生涯の友となり，多大な影響を与えた。

　米国では，フロレンスと生活をともにし，花野と千代野という二人の娘にも恵ま
れ，平穏に暮らしていたが，夫の事業が失敗し，鉞子と娘たちが日本に帰国中に，
夫が盲腸炎で急死してしまった。女手一つで娘たちを養うという厳しい人生が始ま
り，日本キリスト教婦人矯風会で職を得て働きはじめた。

　鉞子は娘たちの教育の在り方に悩んだ末，1916（大正 5）年に三人で再渡米した。
ニューヨークで暮らしながら，娘たちを育て，能力を活かすことができる職業は文
筆業しかないと思った鉞子は，執筆活動に専念した。1920 年にはコロンビア大学の
日本語，日本文化講師となった。1923 年には，雑誌 *Asia* に "A Samurai's Daughter"（武士の娘）を連載し，連載終了後の 1925（大正 14）年に，ダブルデイ・ページ
社から *A Daughter of the Samurai* として刊行された。

　1927（昭和 2）年に日本に帰国後も，Etsu Inagaki Sugimoto の名で，*A Daughter
of the Narikin*（成金の娘），*A Daughter of the Nohfu*（農夫の娘），*Grandmother
OKyo*（お鏡お祖母さま）などの英語本を米国向けに出版した。第二次世界大戦の
戦禍を生き延び，1950（昭和 25）年，東京で 78 歳の生涯を閉じた。

　なお，1959 年には，福澤諭吉の孫の一人（清岡暎一）と結婚した次女の清岡千代
野による伝記 *But the Ships Are Sailing —Sailing—*（Tokyo: Hokuseido Press）が
出版された。

参考文献
・水野真理子．エツ・スギモトの初期作品：日本文化の表象と作品の背景．研究紀

　　要：富山大学杉谷キャンパス一般教育．2017，45，11-24．http://doi.org/
　　10.15099/00018399，（参照 2021-02-26）．
　・大西麻由子．国際理解教育をめぐる今日的課題：日米文化間に生きた A daugh-
　　ter of the samurai の生活史をてがかりに．慶應義塾大学大学院社会学研究科紀
　　要：社会学心理学教育学．1999，No.49，1-9．https://koara.lib.keio.ac.jp/xoonips/
　　modules/xoonips/detail.php?koara_id=AN0006957X-00000049-0001，（参 照 2021
　　-02-26）.］

 8 ：Kiyooka Chiyono ［清岡千代野］, *But the Ships Are Sailing—Sailing—*.

 9 ：Suzuki Yukihisa ［鈴木幸久］, "American Influence on the Development of Library
　　Services in Japan 1860-1948" (PhD diss., University of Michigan, 1974), 69-73.

10 ：Fukuzawa Yukichi ［福澤諭吉］, *Wikipedia*, https://en.wikipedia.org/wiki/Fukuzawa_
　　Yukichi.

11 ：Gitler, *Robert Gitler*, 69.

12 ：Gitler to Kiyooka, January 22, 1951. Copy at Keio University, Library and Informa-
　　tion Science Department.

13 ：Gitler to Ludington, March 10, 1951, ALA.

14 ：Gitler, *Robert Gitler*, 111.

第**14**章
日本図書館学校

　我々は常に忙しく，大学から帰宅した夕刻以降も日本人図書館関係者，大学関係者と様々な広報的，社会的な活動に忙しかった。……私たちが関係したすべての人から，開校について高い評価の反応を受け取っていたのである。──ロバート・ギトラー（Robert Gitler），1951年

1. 開校

　日本図書館学校開校式は，1951年4月7日（土）慶應義塾の三田キャンパスの演説館 [1875(明治8)年建設の擬洋風建築で国の重要文化財：訳注] で行われ,[1]慶應義塾生のワグネル・ソサエティー・オーケストラにより国歌が演奏された。そして潮田江次慶應義塾長，ロバート・ギトラー主任教授，天野 [天野貞祐：訳注] 文部大臣，金森 [金森徳次郎：訳注] 国立国会図書館長，CIE のニュージェント中佐（Colonel Nugent）による英語，あるいは日本語の来賓としての挨拶があった。そして，ワグネル・ソサエティー・オーケストラと一緒に，塾生たちは塾歌を歌った。その後，レセプションがあった。清岡暎一教授は，その式次第に「米国国歌」を含めることを望んでいたが，ニュージェントは反対した。[2]

　ロバート・ギトラーは，彼のスピーチの中で，慶應義塾の創始者である福澤諭吉の思想と精神に刺激を受けたと述べて，次のように呼びかけた [ギトラーは『福翁自伝』の英訳版を既読していた：訳注]。

　　日本には図書館があった。今でも図書館はある。概して1946年までは，日本の図書館は欧州の伝統に即した図書館であった。図書館は，貴重

書の保管と保存を主な目的としていたのだ。しかし，それらの蔵書の利用や提供が目的ではなかった。日本の図書館は，新しい目標に向かって前進することで，図書館における図書館サービスの進歩的な考え方に対応できる図書館員を必要としている。

　私たちは，このキャンパスに，演説館があることが確かに，もっともふさわしいことであると思っている。これは，第二次世界大戦中に戦災から免れた［三田キャンパスでは，空襲で木造校舎のほとんどが焼失：訳注］福澤諭吉の建築の中では焼け残った唯一のものであり，そして，この演説館がとても興味深いのは，考え（idea）を出し合い，議論し，政策を決定する場である昔の米国にあったミーティングホール（the Early American Meeting Hall）を再現しているものだからである。今から75年前に福澤諭吉はこの目的のためにこの建物を建てた。福澤は，その時代の偉人であった。

　西洋の学問を熱心に勉強した福澤は，西洋の学問そのもののためではなく，西洋の学問を記録・出版することが日本にとって価値のあるものと考えたからである。彼は海外のものが敵視されており，侍（Samurai）が些細な挑発だけで人を斬ることも許された時代に，彼は西洋の学問に対するこの方針を追求した。「出島（Dejima）がオランダの国民意識を学ぶための拠点であったように，私たちの慶應義塾を日本における西洋の学問を学ぶための拠点とした。我が国土が戦争で攻撃を受けても，私たちは西洋の学問を手放すことはなかった。この慶應義塾がある限り，日本は世界の文明国であり続ける。私たちの仕事に最善を尽くそう」。

　ここ［慶應義塾の意：訳注］に来られて実に嬉しい。[3]

ロバート・ギトラーの思想が，「学科要覧」（*Announcement Catalogue*）の表紙に反映されていた（図14.1参照）。上段は慶應義塾のロゴであり，2本のペン先がクロスしていた。それは福澤が好んだラテン語のモットー「Calamus Gladio Fortior」（ペンは剣よりも強し）という意味を示していた。下方には，一方は米国政府，もう一方はアメリカ図書館協会によって慶應義塾大学での図書館学校の開校を示す本の絵が描かれていた。このかなり大きな重みをもつ抽

象的な観念は，次の年も繰り返し
使われた。福澤の願いもまたはっ
きりしていたからである。

　この新しい挑戦は，敬愛す
る日本初の真の啓蒙主義者の
一人であり，慶應義塾の創設
者である福澤諭吉による真の
慶應義塾精神とその伝統に基
づく。当時の福澤の思想や行
動は，進歩的で自由であり，
また，新たな創造的な考え
は，当時の人々とは異なる大
きな勇気をもつことで，新時
代をつくることができた。福
澤の慶應義塾への思いは，気

図 14.1　日本図書館学校学科要覧，1951 年

高く偉大で先見の明があった。アメリカ図書館協会が，慶應義塾の三田
キャンパスに，文学部の学科の一つとして日本図書館学校を設立したの
は，このような福澤の伝統に即して当然ともいえた。

　他のセクションは，ギトラーの使命感が反映された「図書館学，司書職（Li-
brarianship），図書館研究の意味」と表題をつけた。そこでは次のように結論
づけていた。

　図書館学校を卒業した専門職たる司書は，図書館サービスの提供者であ
り，図書館という組織のルートを通じて，医師が医療の実践者であるのと
同様，司書職の実践者になることである。
　要するに，図書館学は，本，人間，人生に，強い関心がある幅広い教育
を受ける人たちに，さらなる教養を積ませるために提供される。社交性に
富み，人なつっこく，知的で，心が広く，創造力に富み，理解力に優れた

人たちにとって，また図書館サービスという手段を通じて，日本の発展に貢献したいと思っている人たちにとって，司書となることは，人生の成功であり，個人的な満足感を与えてくれるものである。

授業は，開校式数日後の4月16日に，日本全国から集まった59人の学生で始まった。入学に関する問い合わせは595件あり，その結果79人が志願書によって適格と判断され，入学を認められた。

2．教職員

ギトラーの社交的な性格と，図書館関係団体との定期的で積極的な関与が，その幅広い人的接触の輪を広げた。ワシントン大学図書館学校の学科主任としてギトラーは，アメリカ図書館協会の会議だけでなく，図書館学校教員の主な集まりであるアメリカ図書館学校協会にも正式のメンバーとして定期的に参加していた。彼は，日本に向けて出発する前に，これらの連絡先を利用して，米国人教員の初代のメンバーを迅速かつ慎重に選択することができた。彼は，最上の教員を選抜することを望んだが，同時に，米国人教員が日本人との関係でどのように行動するかについても非常に心配していた。

ギトラーには，二つのまったく異なる基準があった。当然のこととして，ギトラーは，彼らがその専門分野で優秀であり，教員として効果的に指導できることを期待していた。しかし，彼は彼らの動機と態度についても非常に心配していた。一年間日本に行くことはとても魅力的ではあったが，彼はそれが主な動機になることを望んではいなかった。カリフォルニア人としてのギトラーは，アジア人に対する過去の偏見と，「強制収容所」と呼ばれる遠隔地の集中収容所の中に，10万人以上の米国市民としての日系米国人が収容されたことを知っていたのだろう。もちろん，日本は戦時中の残虐行為の風評がある敵国でもあった。米国人教員の日本人に対する否定的な態度は，避けなければならなかった。このため，彼はすでに個人的に知っている人から教職員を選抜した。ギトラーは，後に次のように説明していた。

　例外なく，私は，これらの人々の一人ひとりを知っていて，彼らのほとんどはアメリカ図書館学校協会（AALS: the American Association of Library Schools）での出会い以来，互いを知り合っていた。私が彼らを知っているだけでなく，彼らも皆，互いに知っていたと思う。私が最初に伝えようとしたことの一つは，彼らがなぜ選ばれたかの理由であった。第一に，彼らは専門知識があることをすでに実証済で，よく知られていた。第二に，私が彼らを個人として，人間としてよく知っていたので，彼らは，日本の状況に関していかなる種類の偏見ももっていないと思っていたからであった。[4]

　米国からの訪問教員であったギトラーは，1952年にダウンズ（Downs）への書簡で，米国からの客員教員は，男性でも女性でもかまわないが，「彼らは「ふさわしい」人でなければならない」。[5] 彼は後にある候補者について次のように書いていた。「彼女の問題点は，完璧主義者すぎて，柔軟に対応できないことです」。[6] ギトラーが学科主任の時代に，彼が失敗したと感じた唯一の指名者は，その人と個人的な面識がないままに，他者の推薦に基づいて受け入れた人だけであった。

　ギトラーの最初の勧誘は，ワシントン大学大学院課程でお気に入りの最近の卒業生であったフィリス・ジーン・テイラー（Phyllis Jean Taylor，今はジーン・ブーチャー（Jean Boucher））への電話であった。彼女はホノルル（Honolulu）のハワイ・テリトリアル図書館（Territorial Library of Hawaii）のレファレンスと閲覧係のアシスタントとして仕事をしていた。彼は，彼女に図書館学校の図書館員になるように頼んだ。

　フランシス・ニール・チェニイ（Frances Neel Cheney, 1906–1996）はテネシー州のナッシュビル（Nashville）にある教師養成のためのジョージ・ピーボディ大学（George Peabody College）の図書館学校の准教授であった。彼女は社会学と図書館学の学位をもっていて，ナッシュビルの合同大学図書館のレファレンス部門長として長年の経験があった。図書館専門職団体での活動では，彼女は *Wilson Library Bulletin* の「現代レファレンスブック」担当の編集者として，参考書についての多くのレビューを発行していた。そして彼女

154

図 14.2 ロバート・ギトラー（Robert Gitler）とフィリス・ジーン・テイラー（Phillis Jean Taylor）（後のジーン・ブーチャー（Jean Boucher）），日本図書館学校図書室にて

は，後にレファレンス業務で役に立つガイドも著した。[7]

　バーサ・マーガレット・フリック（Bertha Margaret Frick, 1894-1975）は，コロンビア大学の図書館サービス学校で目録と分類を教えている准教授であった。彼女は数学の教師から図書館員となり，コロンビア大学図書館で特別コレクションの目録作成を専門に数年経験を積んでいた。また，装飾写本における専門家でもあった。[8]

　ハンナ・ハント（Hannah Hunt, 1903-1973）は，当時イリノイ州のロックフォード公共図書館（Rockford Public Library）で若い図書館員であった。彼女は，ストーリーテラー（storyteller）として，また公共図書館と学校図書館の両方で，子どもやヤングアダルトへの図書館サービスを担当し，ハワイでの図書館事業の拡張を行ってきた長年の経験があった。[9]

　エドガー・レイモンド・ラーソン（Edgar Raymond Larson, 1914-？）は，以前，日本での占領軍で働いていた経験があった。フランス語の学位を取得し，小学校と中学校で数年教えた後，転職した。ギトラーのワシントン大学の図書館学校を卒業した彼は，米国議会図書館インターンシッププログラムを受講した後，書誌専門家としての仕事をした。彼は，視聴覚資料に興味をもっていた。[10]

図 14.3　日本図書館学校の初年次の教員と学生。前列中央［左端 6 人目から順次右に：訳注］：ハンナ・ハント，バーサ・フリック，ロバート・ギトラー，フランシス・チェニイ，ジーン・テイラー（後にブーチャー），エドガー・ラーソン。

　日本人の非常勤訪問講師も採用していた。例えば，土井重義［東京大学，国文学者，ブリテッシュコロンビア大学客員教授：訳注］は，図書館学校では和漢書の分類と目録を教えていた。

　学校の開校前の初期のスタッフ会議で，ギトラーは，以下のことを力説した。「個々の日本人，および我々が接触するすべての人が，米国人の教員の態度を通じて，民主主義の原則とは何かを，彼らの背景と習慣に基づき，そして，私たちのすべての言動によって，判断しているという事実に常に注意を払っていてほしい」。[11]

　ギトラーと彼の同僚である米国人の教員たちは，彼らが日本での最善であると信じる方法で，司書職の発展を支援するという意識の下で使命の実現に取り組んだ。彼らは皆，司書職が民主主義の武器の一部ともいえるような社会的および政治的な力をもっていると感じていた。もっとも強力な動機は，日本をより近代的でより民主的な国にするための手助けをすることであった。したがって，彼らは，図書館学の技術的な難しさ以上に，日本に民主主義を定着させることが非常に価値のある重要なことと信じて，その仕事に携わっていた。さらに，彼らは将来の日本の図書館指導者を訓練するだけでなく，将来の図書館学の教員も訓練することになった。しかし，彼らは，いくつかの困難に直面した。

- 彼らは，日本語をほとんど，またはまったく解さなかった。そして彼らは日本の習慣や慣習をたくさん学ばなければならなかった。
- 彼らは，助言することを通じて，支援的な役割しか果たせなかった。
- 彼らは，教育の現場で，日本とは異なる米国での経験を利用しなければならなかった。
- 彼らは，ドン・ブラウン（Don Brown）や清岡教授，そして，彼らに割り当てられた翻訳者や通訳者からの助言に大きく依存をした。
- 米国陸軍から資金提供を受けたことで，彼らは占領軍と関連づけられた。[12]

　ギトラー自身は，彼の仕事の業務上，広報効果，渉外活動として，文部大臣と国立国会図書館長への早期の表敬訪問の必要性と，日本での図書館問題への支援を確保することの重要性を感じていた。彼が，慶應義塾大学当局の願いに反して，学校の名称を「日本図書館学校」としたことにも彼の考えが反映していた。彼は，その学校は本来，日本人のみで指導されるべきだと主張した。彼は，米国人の同僚に対して，絶対的に彼の考えを押しつけた。

　彼は，日本人の図書館員にもっとも必要であると感じたこと，それはサービス（奉仕）であると強調した。これは，彼がレファレンスサービスに関するワークショップの提供に非常に力を入れた理由であった。ギトラーは，粘り強く，好意的に努力を続け，6月末ダウンズに手紙を書いた。

　　私たちは，慶應義塾大学での日本図書館学校の仕事が終わっても，常に忙しく活動し，夜には，日本の図書館員や大学関係者といくつかの広報や社会活動にも従事した。先月，本当に準備期間が終わったと感じた。私たちは，私たちが接触するすべての人から日本図書館学校の開校がすばらしいことだとの高い評価を受け取っていることに気づいている。私は，実際にいくつかの点で整然とした SCAP/GHQ から，干渉も受け，一方で，暗く，乱雑な日本の役所からも，正式な援助を受けていたのです。私は，この声明を作成するために，少なくとも二つのタイプライターと二つの新しい扇風機が必要です。[13]

3．カリキュラムと資源

　ギトラーは，日本の図書館学校を創ることにしていた。それゆえ，学生は，
英語を知っている必要がないことが強調された。しかし，彼が採用した教員は
英語でしか教えることができなかった。そのため，米国人教員の授業はすべて
教室で通訳しなければならず，教材資料は必要に応じて日本語に翻訳したり編
集したりしていた。例えば，米国の図書館学校の目録作成に関する標準テキス
トであるエーカース（Akers）の *Simple Library Cataloging* が翻訳され，2 カ
国併用の図書館用語集が編集された。[14]

　しかし，それに加えて，より哲学的性質の図書も翻訳された。例えば，ピア
ス・バトラー（Pierce Butler）の *Introduction to library Science*（1933）は，
図書館の社会的影響について，図書館学をより科学的にすべきだと主張するマ
ニフェストとして翻訳された。[15] 振り返ってみると，バトラーの短編の図書
は，その分野の成果が説明されていないため，歴史的なものであり，内容があ
たかも無意味で空虚に見えた。それは，シカゴ大学で研究志向の大学院図書館
学校が目指す方向を支持する議論であり，出版後 30 年後にしてようやく高く
評価された。

　図書館員の重要な社会的役割に対して二つの感動的に残された言葉が翻訳さ
れていた。ホセ・オルテガ・ガセット（Jose Oretega y Gasset）の "The Mis-
sion the Librarian"（1935）と，アーチボルド・マクリーシュ（Archibald Ma-
cLeish）の "Of the Librarian's Profession" が 1940 年に *Atlantic Monthly* 誌
に掲載された。[16] その後，J・ペリアン・ダントン（J. Periam Danton.）が，
ブックレット *Education for Librarianship*（1946）を発表した。[17]

　日本図書館学校の開校時のカリキュラムを表 14.1 に示す。それには当時の
米国の図書館学校の典型的な講義科目が示されており，同時に和漢資料に関す
る専門コースが追加されていた。[18] ダウンズは，学校が目指す方向性を次のよ
うに説明した。

表 14.1　日本図書館学校コースリスト，1951-1952 年

コース No.	必・選	タイトル（科目名）	担当教授名	単位数
100	必 1	図書館，図書館員と社会	ギトラー	2
101	必 2	社会（成人）教育と図書館	ギトラー，ラーソン	2
102	必 2	図書館組織管理と図書館経営	ラーソン，チェニイ	2
110	必 1	図書館資料の目録と分類（図書館の技術プロセス）	フリック	3
111	必 1	日本語資料と中国語資料の分類と目録 1		1
112	必 2	図書館資料の高度な目録と分類	フリック	3
113	必 2	日本語資料及び中国語資料の分類と目録 2		1
120	必 1	情報と書誌情報源と方法	チェニイ	3
121	必 1	日本語及び中国語資料		1
122	必 2	情報，書誌情報源及び方法を含むレファレンスサービス	チェニイ	3
123	必 2	日本語及び中国語資料 2		2
130	選 1	選書と読書相談サービス	チェニイ，ラーソン	2
140	選 1	学校図書館とその経営	ハント	2
150	必 1	児童とヤングアダルトの図書館業務	ハント	2
151	選 2	児童図書とストーリーテリング	ハント	2
160	選 1	図書館サービスにおける視聴覚資料	ラーソン	2
170	選 2	地域と村の図書館サービス―地域図書館サービス	ハント	2
180	選 2	図書と図書館の歴史	フリック	2
190	選 2	司書職の教育：図書館学校とその学生	チェニイ，ギトラー，スタッフ	2
200	選 1	演習と観察	ギトラー，スタッフ	2

＊必：必須，選：選択，1：前期，2：後期

　　新しい図書館学校は，通常は軽視されている公共サービスや図書館の仕事の社会的側面を強調すべきであるとし，関係者総意として，通常は当然のこととして強調されないパブリックサービス（public service）や図書館業務の社会的意義に加えて，さらに児童や若者の利用者を担当する図書館員，読書相談や優れたレファレンス図書館員（科学や技術の知識がある）と外延・内延サービス担当（extension and regional）の図書館員を育成することにも育成することである。日本の図書館では効果的な図書館サービスの概念がほとんど知られていなかったのである。新しい学校で

　　もっとも役に立つ機能の一つは，方法を示し，この概念への熱心な気持ち
　　を植えつけることであった。[19]

　「図書館，図書館員と社会」と題された最初の基礎コースは，図書館の社会
的使命を力説していた。もう一つの同様な強い主張は「社会（成人）教育と図
書館」が続いた。コースのすべての開講予定科目は表に示されている。
　夏季休暇の間，CIE 情報センターの図書館員は，模範となる図書館サービス
としてのインターンシッププログラムを提供することにより，日本図書館学校
の学生にとってはとても貴重となる実習経験を提供した。
　慶應義塾図書館では，戦災復興からの整備が完了した場所が日本図書館学校
のために準備され，図書館学校の図書室のために所定の 1,000 冊の図書がすぐ
に注文されたが，実は，それ以上に注文されていた。優れた図書館学校のプロ
グラムでは，学生の演習のために排列された参考図書にアクセスする必要が
あった。慶應義塾図書館には多くの価値のある資料があることが判明し，1951
年 5 月に米国陸軍省は，日本図書館学校の追加資料として，米国の出版社が発
行した一般的な参考図書を購入するために 10,000 ドルを与えた。イリノイ大
学図書館でロバート・ダウンズのために働いていたポール・バーネット（Paul
Burnette）が資料購入に援助の手を差し伸べていたが，彼がイリノイ大学を
去った後は，シカゴのニューベリー図書館（Newbury Library）のベン・ボウ
マン（Ben Bowman）が，その役割を引き継いだ。

4．レファレンスワークショップ

　日本図書館学校は，全国規模で最新の図書館向けに，優れた図書館員を育成
することを目的としていたが，それ自体が，全国の図書館学の学習・研究セン
ターとみなされていた。このセンターの役割は，現職の図書館員に研究資料を
提供し，必要に応じて助言を提供するためのセミナーとワークショップを開催
することであった。[20]
　ギトラーは，彼の教員と一緒に 1951 年の夏の間に，文部省と協力してワー
クショップを 12 回開催し，そこには少なくとも 100 人の図書館員が出席し

た。他の二つの講座は 120 人の図書館職員に対して実施し，約 250 人が他の短期講座に出席した。アウトリーチに対するギトラーの熱意も持続した。同僚が後に，次のようにコメントしていた。「まわりの状況さえ許せば，いつでも彼は，様々な日本の図書館からの招待を喜んで受け入れ，アドバイスや講義を実施した」。[21] 清岡は，ギトラーと彼の同僚が 1 年目に実施した他所の講義やプレゼンテーションには，さらに 2,000 人の図書館職員が参加したと見積もっていた。

　1951 年 11 月，ギトラーは，フローラ・ベル・ルディントン（Flora Belle Ludington）への手紙の中で，日本人の図書館員について次のように書いていた。

　　我々は，日本人の特定の問題を理解し，独特な考えや段取りを可能な限り理解しようと試みています。そして，私たちがこれを実際に実施すればするほど，より新しい方法，手段，そして何よりも概念へのアプローチをしやすくするために力を貸すことができ，良いサービスが提供できます。私たちは我々自身の手を拡げすぎたのかもしれない。今，あなたが仕事をしている図書館の外に出て，日本の現場（図書館）に実際に足を踏み入れると，彼らの前途には途方もない仕事があることに気づくでしょう。あなたはまた，日本の教育社会における完全な否定的な要因として，米国人によって日本人の図書館員の排除が容易だと考えられていたと思うでしょうが，実はそうではない。実際，特定の人や場所に照らし合わせてみると，私は彼らの図書館の世界に驚嘆しています。

　　例えば，もし神戸の図書館長の志智［志智嘉久郎：訳注］のような鋭い洞察力をもった人と米国人が一緒であれば，うまくこなすことができたでしょう。また，京都府立図書館の西村精一のような活発で立派な人もそうでした。もちろん，彼らは例外ではあります。しかし，彼らのような人たちが存在するのです。夏のワークショップの終わりに，私たちはいくつかの短期研修にも出かけ，とても良い成果をあげることができました。そして，この 6 週間，私は長野，大阪，京都，神戸と，その周辺地域の図書館員との会合で，そのようなプログラムに伴うすべてのことについて意見交

換をしました。さらに，文部省とも密接に協力し，良い反応を示していることもわかりました。[22]

　志智嘉九郎（1909-1995）は，神戸市立図書館長であった。彼は日本図書館学校でのフランシス・チェニイのレファレンスの授業に触発された後，1950年代，日本の公共図書館のレファレンスサービスと，多くの日本の図書館員に読まれたレファレンスサービスに関する図書を出版し，その分野の指導者となった。西村精一（1906-1981）は，京都府立図書館長であり，当時の代表的な図書館改革者であり，またレファレンスサービスの提唱者でもあった。

5．危機とファーズ博士（Dr. Fahs）

　慶應義塾との契約書には，米国人スタッフ（ギトラー，米国人教員および図書館員）は，米国の資金で雇用され，日本人スタッフには慶應義塾が給与を支払い，そして日本人スタッフが米国人スタッフに逐次，取って代わるものであった。ギトラーは，学校が十分に確立され，維持できるためには，米国人教員が初めの計画にある資金提供期間よりも長く留まる必要があると考え，当然のことながらそのことを懸念していた。[23]

　その間，日本との平和条約交渉が進み，ワシントンの占領行政関連組織も，東京のSCAP/GHQも消滅し，学校にこれ以上の支援ができないことがますます明らかになってきた。陸軍省から業務を引き継いだ国務省は，日本独立後の継続的な資金源として期待されていた。1952年1月，ALA諮問委員会の委員長は，学校に対して，国務省から学校の予算も含めて支援を続けることの連絡を受けた。しかし，4月22日，予算が削減された国務省は，資金提供はできないことがわかった。したがって，1952年6月30日以降は，学期の半ばで，米国人スタッフに支払う資金がなくなることになった。

　4月23日，ギトラーは資金提供の停止を聞かされ，ダウンズに絶望的な気持ちで次のような手紙を書いた。「簡単に言えば，我々は「廃棄物同然の無価値なもの」である。将来に向けての米国人による支援が，この日に受け取った情報によれば取り消され，そして6月以降，学生を学校から引き離し，追い出

さなければならない。そんなことを我々はとても言えない」。[24]

　国立国会図書館の使命を提案したチャールズ・バートン・ファーズ（Charles Burton Fahs）は，1946 年に国務省を離れて，ロックフェラー財団で働いていた。1950 年まで，彼は同財団の人文科学部門のディレクターであった。[25] ジョン・ロックフェラー3 世（John D. Rockefeller Ⅲ）は，日米関係に深く関与しており，ロックフェラー財団は日本の大学に非常に幅広く財政支援を提供していたため，それは日本の大学にとって最大の非政府系の支援資源であった。[26] 残念ながら，財団は，当時図書館プロジェクトへの資金提供を中止する戦略的政策を採用していた。それにもかかわらず，1952 年 5 月に日本図書館協会は，財団に日本図書館学校を支援してほしいとの手紙を書いた。

　ファーズは，図書館に個人的な興味をもっていた。このロックフェラー財団の役員として，彼は人文学関連におけるすべての発展に造詣が深く，それが彼の仕事であった。彼は，彼の旅行日記には詳細に記録されていたように，頻繁に東アジアへ事実調査の訪問をしていた。彼は日本図書館学校を見守っていた。「私は日本図書館学校の誕生には関わっていないが，その成長と発展を身近に感じながら，その学校の歴史の 15 年のうち，14 年間には称賛を送った」と後に書いている。[27]

6．ロックフェラーの救援

　最終的には，ファーズは，ロックフェラー財団にその方針に例外をつくるように説得することができ，日本図書館学校は一連の助成金によって救われた。最初は 1952 年 12 月まで学校を支援する 5,500 ドルの緊急支援があり，次に慶應義塾の雇用によって日本人の交代要員が雇われることとなるため，毎年一人ずつ少なくなる米国人教員を雇うために，1956 年 6 月まで 142,800 ドルが支援された。最終的に，1956 年には外国人教員の訪問を支援するために，60,000 ドルの追加助成金が 1957 年 4 月から 5 年間交付されることになった。

　ギトラーは，ロックフェラー基金は彼が主任（director）として留まらない限り，授与されないと信じていた。残念なことに，ワシントン大学は，彼が 2 年を超えて休暇を延長することを望んでいなかったため，彼はワシントン大学

図 **14.4**　慶應義塾大学でのファーズ博士（Dr. Fahs），1953 年。
前列左から右へ：清岡（杉本）千代野，フロレンス・レイ
ニー，潮田江次塾長，チャールズ・ファーズ，ロバート・ギト
ラー。後列：未確認，清岡暎一，橋本孝。ロックフェラーアー
カイブセンターのご好意による。

の職を辞任し，それによって，重要な年金受給権を失うことになった。ファー
ズは後に，指導の継続性が重要な関心事ではあったが，財団はギトラーが主任
として留まることを求めてはいなかったと主張している。

　ファーズは，1954 年に再び日本図書館学校を維持するために介入し，アメ
リカ図書館協会の会長ディビッド・クリフ（David Clift）に手紙を書いた。
「福田直美女史は，ギトラー氏が直面した問題のいくつかについて私に話をし
てくれた。彼女の印象は，私と同じで，ギトラー氏は，とても良い仕事をして
いる。しかしながら，彼女が言うところによれば，アメリカ図書館協会は，日
本における図書館の世界に対して，慶應義塾大学の図書館学校での彼の仕事を
高く評価するというような，財政とは無関係の方法で彼に追加の精神的支援を
与えてほしいと感じているということだった」。[28]

　この結果，ギトラーの業績を称賛する強い言葉の手紙が，アメリカ図書館協
会長のクインシー・マムフォード（Quincy Clift Mumford）と秘書課長のクリ
フト（Clift）の二人の署名を介して潮田慶應義塾長に送られた。

　ギトラーは，すぐにクリフトにメモを送った。「それは，私自身が受けるに

足ると考えていた以上の賛辞であった。しかも，それが私の士気を鼓舞するのに役立ったし，今後も役立っていくだろう。そして，慶應義塾大学の現在までの貢献度と将来への責任に関しても，見事に表現されている」。

　また，ロックフェラー財団は，米国で日本図書館学校の教員が一年間勉強するための奨学金を提供した。最初は，1951年に日本の図書館学用語集を編集した中村初雄［慶應義塾大学文学部図書館学科助教授：訳注］が［1957年9月から：訳注］渡米した。

　慶應義塾大学が発行した小冊子のなかで，図書館学校は次のように紹介されていた。

　　　平和条約の締結時，米国陸軍の支援はなくなったが，米国人の教員は指
　　導を続けるために指導の継続が絶対に必要であると判断され，ロックフェ
　　ラー財団の援助が要請され，それが認められた。それ以来，指導は徐々に
　　日本人の教員へ移され，その間に卒業生は数百人に増加した。[29]

　日本図書館学校は，民間情報教育局の情報センターや人気のある教育指導者講習会（IFEL）の研修プログラムとともに，「日本の民主主義化」という目的のための，より大きなモザイクの一要素に過ぎなかった。また，ある意味では，日本図書館学校は例外であった。そのプログラムは，必須レベルよりも大幅に進化していたが，その成果は他のプログラムに比較すれば小さかった。しかし，日本図書館学校は，将来の図書館指導者の養成の基盤として重要だった。

注

1：本章も［訳注：前章に］続き［訳注：，次を典拠としている］。Robert L. Gitler［訳注：; edited by Michael Buckland］, *Robert Gitler and the Japan Library School:An Autobiographical Narrative* (Lanham, MD: Scarecrow Press, 1999). 以下をも見よ。ロバート・L・ギトラー，"日本図書館学事始め" in 今まど子・高山正也編著，現代日本の図書館構想：戦後改革とその展開（東京：勉誠出版，2013），169–95; and 今

まど子，"インタヴュー：日本図書館学校の思い出"，317-30，in 今まど子・髙山正也編著，現代日本の図書館構想：戦後改革とその展開（東京：勉誠出版，2013）.

2：Gitler to Downs, May 6, 1951, ALA.

3：[訳注：ギトラーの] 福澤からの引用は清岡の翻訳からである。Fukuzawa Yukichi [福澤諭吉].［訳注：原文には 1948. が続く］*Autobiography*［訳注：*of Fukuzawa Yukichi.* translated by Eiichi Kiyooka, with an introd. by Shinzo Koizumi]（Tokyo: Hokuseido Press, 1948), 225.

4：Gitler, *Robert Gitler*, 75-76.

5：Gitler to Downs, July 2, 1952, ALA.

6：Gitler to David Clift, July 24, 1952, ALA.

7：チェニイについては，次を見よ。Robin Dodge and John V. Richardson, "Cheney, Frances Neel (1906-1996)," 47-49, in *Dictionary of American Library Biography, Second Supplement*, edited by Donald G. Davis (Westport, CT: Libraries Unlimited, 2003).

8：フリックについては，次を見よ。Jane Stevens, "Frick, Bertha Margaret (1894-1975)," 191-92, in *Dictionary of American Library Biography*, edited by Bohdan S. Wynar (Littleton, CO: Libraries Unlimited, 1978).

9：ハントについては，以下を見よ。Margaret Kaltenbach and John A. Rowell, "Hunt, Hannah (1903-1973)" 256-57, in *Dictionary of American Library Biography*, edited by Bohdan S. Wynar (Littleton, CO: Libraries Unlimited, 1978); also, *ALA Bulletin*, 46 (November 1952): 332.

10：ラーソンについては，次を見よ。*Who's Who in Library Service*, 3rd ed. (New York: Grolier Society, 1955), 280.

11：スタッフミーティング [minutes], March 7, 1951.

12：米国人スタッフの回想，以下を含む。P. Jean Boucher, "A Time Long Ago in Tokyo (1951-1952): A Librarian Remembers," *SLA [Special Libraries Association] PNW Interface* (Winter 2003); Frances N. Cheney, "Grasshopper under a Helmet," *Wilson Library Bulletin* 28, no. 3 (November 1953): 275-79; Gitler, *Robert Gitler*; Everett Moore, "Some Californians in Tokyo," *California Librarian* 14, no. 3 (March 1953): 167-69; Everett Moore, "Teaching in the Japan Library School," *College & Research Libraries* 16, no. 3 (July 1955): 250-53; Everett Moore, "A Certain Condescension?," *Library Journal* 85, no. 8 (April 15, 1960): 1528-31; and Anne Marie Smith, "Japanese Impressions," *Canadian Library Association Bulletin*, 10 (December 1953): 133.

13：Gitler to Downs, June 30, 1951, ALA.

14：Susan Grey Akers, *Simple Library Cataloging*, 3rd ed. (Chicago: American Library Association, 1944).

15：Pierce Butler, *An Introduction to Library Science* (Chicago: University of Chicago Press, 1933). ［参照：ピアス・バトラー. 図書館学序説. 藤野幸雄訳. 東京，日本図書館協会，1978.］

16：José Ortega y Gasset, "The Mission of the Librarian," *Antioch Review*, 21, no. 2 (Summer 1961), 133–54, https://www.jstor.org/stable/4610323.

17：J. Periam Danton, *Education for Librarianship: Criticisms, Dilemmas, and Proposals* (New York: School of Library Service, Columbia University, 1946), http://catalog.hathitrust.org/Record/001344230.

18：Takahisa Sawamoto ［澤本孝久］, "Training and Education Programs for Librarians in Japan," 65–72, in *Library Education in Developing Countries*, edited by George S. Bonn (Honolulu: East-West Center Press, 1966).

19：*Oriental Collections, U.S.A. and Abroad. Report of the Third Group Meeting Held at the University of Pennsylvania, March 28, 1951*, sponsored by the Joint Committee of the Far Eastern Association and the American Library Association. (Ames: Office of the Chairman, Iowa State College Library, 1951).

20：Takashi Hashimoto ［橋本孝］, "Japan Library School: Yesterday, Today, Tomorrow," *Library Science* (1965), 6.

21：Hashimoto ［橋本］, "Japan Library School," 6.

22：Gitler to Ludington, November 17, 1951, ALA.

23：Gitler to Downs, November 16, 1951, ALA.

24：Gitler to Downs, April 23, 1952, ALA.

25：ファーズについては，次を見よ。 Rockefeller Archive Center, Charles Burton Fahs papers (FA099), *Collection Description*, 3, https://dimes.rockarch.org/xtf//media/pdf/ead/FA099/FA099.pdf.

26：Matuda Takeshi ［松田武］, *Soft Power and Its Perils: U.S. Cultural Policy in Early Postwar Japan and Permanent Dependency* (Washington, DC: Woodrow Wilson Center Press, 2007).

27：Charles B. Fahs, "Congratulations to the Japan Library School on the Occasion of its Fifteenth Anniversary," *Library Science* (MITA), 4 (1966): iii.

28：Fahs to David Clift, July 15, 1954, ALA.

29：Keio University, International Liaison Department, *Keio University. General Information.* (Tokyo: Keio University, 1958), 9.

第**15**章
後書き

日本図書館学校の米国人講師の努力は高く評価されている。——竹内
悊，1979 年[1]

連合国軍の日本占領は，1952 年 4 月にようやく終了した。前章までに述べ
た個人や組織はその後どうなったのだろうか。

1．カリフォルニア州

ジェームス・ギリス（James Gillis）の下で発展したカリフォルニア郡図書
館システムは，現在もほぼそのまま残っている。カリフォルニア州立図書館
は，カリフォルニア州の図書館が有する目的を達成するために，連邦政府から
受けた多額の資金を分配する新たな役割を担っている。1917 年にギリスが折
悪しく死去した後，次席のミルトン・ファーガソン（Milton Ferguson, 1879–
1954）が引き継いだが，彼はあまり人の気持ちがわかる人物ではなかった。
ファーガソンとスコットランドの司書セプティマス・ピット（Septimus Pitt,
1877–1937）による南アフリカの図書館サービスを対象とした広域調査は，同
国の図書館の発展に大きな影響を与えた。

ハリエット・エディ（Harriet Eddy）は，ギリスの死後，州立図書館に留ま
らなかった。彼女は，バークレーで長いキャリアを積み，カリフォルニア大学
が管理する農業普及プログラムで自らの組織力を発揮し，かつ，家庭経営の専
門家でもあった。その後，左翼の進歩的な政治運動に積極的に参加し，キー
ニーと同様，パスポートを没収されたこともあった。

冷戦時代，エディはソビエト連邦支配下の社会主義国に図書館計画について

助言しようとしたが，ほとんど成功しなかった。1942 年にエディがニューヨークとワシントンを訪問した時，ユーゴスラビアの当局者が，終戦後ユーゴスラビアで使えるように，統一された図書館サービスと家庭経営活動の計画を立てるよう彼女に依頼していた。エディはブルガリアの図書館計画も依頼され，終戦後すぐにソフィア（Sofia）に招かれた。ソフィア行きは計画されていたが，姉の病気のため中止となった。姉の死を知ったブルガリア公使館（Bulgarian Legation）は，招待状を更新した。

　エディは，連邦捜査局の注目を避けるために，入念な対策を講じた。例えば，彼女は公然とストックホルム（Stockholm）を旅行し，その後，こっそりと列車に乗って本当の目的地に向かった。カリフォルニア州の親しい友人たちに宛てた手紙にこの旅行について言及されていなかったが，始めに注意事項が書かれていた。例えば，1948 年の欧州旅行を報告する手紙は，「Dear Nearly Everybody」（親愛なるほぼすべての人へ）という宛名で，返送先の住所は c/o American Express Co, 11 rue Scribe, Paris, France となっており，「極秘」「他言無用」と書かれていた。その中でエディは「私は今，ベオグラード（Belgrade）とソフィアに向かっている。文化関係の仕事で招待されていて，彼らの図書館サービスを視察し，統一された図書館システムをどのように適応できるか議論する。何が起こるか予測できないので，私はこの旅行が話題にならないようにしたいと思っている」と説明している。1956 年，彼女はカリフォルニア州の司書であるカーラ・ジンマーマン（Carla Zimmerman）に，ソビエト連邦，スペイン，メキシコ，ユーゴスラビア，チェコスロバキアにおけるカリフォルニア州の図書館システムの「影響の拡大」について手紙を書いた。彼女のユーゴスラビアに関するアイデアは，1959 年に当地を訪問した際に修正された。

　エディは，カリフォルニア州の司書の間で伝説的な人物であり続けた。フィリップ・キーニー（Philip Keeney）は，カリフォルニア州立図書館システムの導入に対する彼女の功績を知っていただろうし，二人は個人的に知り合いであったに違いない。二人ともバークレーに住んでいて，左翼進歩派の政治的見解を共有していた。エディは長生きし，1967 年に 90 歳で亡くなった。[2]

　アメリカ図書館協会は，海外における図書館学の普及を目指し，ロックフェ

ラー財団の支援を受けて，国際関係局長の職を創設した。日本図書館学校の成
功に後押しされ，アメリカ図書館協会はフォード財団（Ford Foundation）の
支援を得て，1954 年にアンカラ大学にトルコの図書館学校を新設するという
同様の事業に参加した。しかし，ここでも十分な学術的資格をもつ教員の確保
が問題となり，このプロジェクトは失敗に終わった。[3]

2．情報センター

　民間情報教育局の CIE 情報センター（以下，情報センターと略記）は国務
省に移管され，新しい米国情報局（U.S. Information Agency: USIA，米国国
外では U.S. Information Service: USIS として知られている）に配属された。
USIA は戦争情報局の後継機関であり，「国益を拡大するために，諸外国を理
解し，情報を提供し，影響を与えるとともに，米国人と米国の諸機関，および
海外の同等の組織との対話を広げること」を目的として設立された。
　日本国内では 19 カ所の情報センターが維持され，アメリカ文化センターに
指定された。これらのセンターの所蔵［，すなわち情報源：訳注］には，387,168
冊の書籍，20,000 点の政府文書，6,900 点のフィルム，9,294 点の映写スライ
ド，2,520,000 冊の雑誌（12,660 タイトル），110,000 点の小冊子，72,000 点の
ニュース写真，41,000 点のレコード，9,100 点のボイス・オブ・アメリカのテー
プを含んでいた。1951 年 10 月からの 12 カ月間には 1,300 万人の来館者があ
り，年間 70,000 冊の図書が貸し出された。また，各県の視聴覚図書館には，
プロジェクター，フィルム，視聴覚機材が設置された。その他の情報センター
は，日本が出資する共同事業に転換され，USIS は訓練を受けた現地スタッフ
を派遣し，資料や設備の長期貸出を行った。これらのセンターは，日米文化活
動の重要な焦点となった。USIA の活動は冷戦時に世界中に拡大し，その後，
段階的に廃止された。
　それぞれの情報センターの所長の多くが，米国で図書館のキャリアを再開し
た。ポール・バーネット（Paul Burnette, 1908-1992）は陸軍図書館の館長を
長年務めた。

3. フィリップ・キーニー（Philip Keeney）

キーニーは 1947 年 6 月 9 日にサンフランシスコのフォートメイソン（Fort Mason）で，突然除隊となった。そのため，冷戦時代の反共産主義的「赤の恐怖」によって反政府主義者とみなされ，事実上の失業者となった。彼は，社会的勢力としての図書館について学術的に研究するため，欧州での仕事を再開することを決意した。また，統一された国立図書館サービスの発展に関するアドバイザーとしての役割も再開しようとした。彼は少なくとも 15 カ国に趣意書を送った。彼の趣意書は，エディのそれと非常によく似ていた。やはり，キーニーとエディは，連絡を取り合っていたようである。エディは，キーニーの住所を自分の住所録に記載しており，彼女の書類の中には，キーニーの妻メアリー・ジェーン（Mary Jane, 1898-1969）からの日付のない手紙が含まれている。

キーニーは，パスポートの返却が遅れたため，なかなか欧州へ行くことができなかった。弁護士は，法律上，出国にパスポートは必要なく，身分証明書があれば十分だと助言した。そこで彼は，チェコスロバキアからの顧問の誘いに応じることにし，バルト港（Baltic port）のダンツィヒ（Danzig）からバトリー号（Batory）に乗り込んだ。しかし，FBI が介入し，バトリー号の船長に，キーニーが乗っている限り，船の出港は許可しないと伝えたため，キーニーは下船を余儀なくされた。彼とメアリー・ジェーンは，議会の下院反米活動委員会への出席を余儀なくされ，全国的に悪名高い存在となった。キーニーは憲法修正第 5 条を適用して，共産党に関する質問に答えることを拒否し，バトリー号事件について攻撃的な尋問を受けた。彼と妻は「司書のスパイ」として知られるようになり，モンタナ州で反政府活動を行っていたという不当な主張にさらされた。

キーニーの左寄りで進歩的な見解は，1920 年代から 1930 年代に培ったもので，第二次世界大戦後の赤狩りからは共産主義的に見えただろう。スパイ活動の証拠は公表されておらず，スパイという呼び方は，彼のそれまでの経歴にそぐわず，単純すぎるようにみえる。キーニー夫妻は間違いなく左翼的な考えを

もっていたし，同世代の多くの学者や知識人のように，ロシア革命の野望と，より平等で新しい社会をつくるという夢に共感しただろう。バークレーに住んでいた時，二人は近くのマリン郡で開かれた共産主義者の集会に参加していたという証拠があり，ワシントンでは，有名なソビエト連邦工作員から，実在の，あるいは潜在的な資産とみなされていた。一方，誰かを外国のスパイに指定することは，非国民的な行動を意味する。しかし，キーニーは告訴されておらず，スパイ行為の証拠は公表されていない。

　メアリー・ジェーンはソビエト連邦のスパイとされる男に小包を渡すところを目撃された。彼女は公の場でおおっぴらにそうしていたが，それについて当たり障りのない説明をした。彼女は，彼のために欧州から出版物を持ち帰っていたのだ。もしキーニー夫妻が本当にスパイ活動をしていたとしたら，もっと秘密主義的な行動をとっていたのではないだろうか。キーニー夫妻の共著である伝記では，彼らがスパイであったことを受け入れ，「司書のスパイ」と題されている。彼らはソビエト連邦の野望に賛同的であり，エディがコンサルティングの仕事を通して行ったように，支援を望んだのかもしれない。起訴はされず，証拠も公表されなかったが，非常に公然と非難され，陸軍からの名誉除隊の資格が与えられなかったため，キーニーが有罪であろうとなかろうと，周囲の忖度により雇用されることはなかった。彼は 1962 年に死亡した。

4．日本のその後

　国立国会図書館は力強く発展し，2002 年には関西館という立派な分館が加わった。

　1950 年に成立した図書館法は，2008 年に大きく改正されるまでは，ごく小さな改正をされただけで存続したが，その恩恵は様々であった。専門的な資格要件は図書館法の重要な成果であったが，その基準は非常に低く設定されたため，司書の地位は制度的に低く規定されてしまった。ほとんど訓練を必要としないような職務はあまり尊敬されないだろうし，異なる部署を転々と異動させる地方自治体の人事慣行は，司書の職業的アイデンティティの形成を阻害していた。それにもかかわらず，司書資格認定プログラムは非常に人気があり，広

く履修されるようになり，毎年数千人の学生がそのプログラムを修了していた。2015年には，158の四年制大学と58の短期大学で司書資格認定プログラム［司書講習科目：訳注］が提供されていた。毎年1万人近くの学生が司書の資格を取得しているが，その資格を必要と要求する就職先はほとんどない。

1953年に制定された学校図書館法は，最低限の司書教諭の資格取得プログラムを定めた結果，司書教諭と学校司書を並行させる結果となった。日本独自の展開として，近所の子どもたちのための非常に小さな，［家庭文庫，民間文庫等と呼ばれる：訳注］民間の図書館が爆発的に増えた。子ども文庫として知られているボランティア活動は，図書館の利用と認知度が上がるとして学校司書によって奨励された。[4]

1947(昭和22)年に復活した上野の図書館員講習所は，幾多の変遷をとげた。図書館短期大学となり，1999年には筑波研究学園都市に移転して図書館情報大学となり，2004年には筑波大学の一部となった。

ロックフェラー財団の資金調達により，日本図書館学校は着実に発展した。計画どおり，毎年，米国人の客員教授が一人ずつ減り，代わりに日本人教授が一人ずつ増えた。1956年にはロバート・ギトラー（Robert Gitler, 1908-2004）が退任し，橋本孝が主任に就いた。ロックフェラー財団は1957年にプログラムを強化するための追加の補助金を出し，1962年に学校は新校舎に移転した。また，1967年には新たに修士課程が開始された。1968年に日本図書館学校という名称は廃止され，慶應義塾大学の文学部の一学科として，当初の構想どおりの名称となった。すなわち，文学部図書館・情報学科である［正しくは，文学部図書館学科からの改称である：訳注］。同校は，1975年に博士課程を創設した。[5]竹内は，日本における図書館学教育の歴史に関する本で，その影響について次のように述べている。「これは，日本の図書館学教育の発展における重要な一歩であり，この3段階のプログラムによって，図書館学が学問としての認められたことを意味している」。[6]

慶應義塾大学と筑波大学は，現在日本で図書館学を教えている多くの学校の中で，最も権威ある2校とされている。しかし1950年の図書館法が要求している資格要件が低かったため，慶應義塾大学のプログラムは十分機能しなかった。その先進的なプログラムは，必要以上の内容だったのである。

清岡暎一（1902-1997）は慶應義塾で奉仕と研究を続け，妻の千代野を残して 1997 年に死去した［著者の誤認。事実は暎一の没年は正しいが，千代野の没年は1984 年である：訳注］。

バイカルチュラル・バイリンガルの福田直美（1907-2007）は，大きな影響力をもち続けた。フリーランスの翻訳家として活躍した後，東京にある国際文化会館の図書館を創設し，館長を務めた。日本初の参考図書の書誌『日本の参考図書』をはじめ，多くの著作を編纂した。福田は，東アジア研究プログラムを支援する米国の図書館に日本人の若手司書を紹介し，指導者としての役割を果たした。彼女は「忙しいと言ってはいけない。それはあなたに能力がないという意味になります」とアドバイスしていた。福田はアジア図書館日本語資料主任としてミシガン大学に戻り，ハワイに隠棲し，2007 年に 100 歳間近で亡くなった。1984 年にはウィスタリア勲章（The Order of the Precious Crown, Wistaria）を授与された。[7]

5．その他の米国人

ヴァーナー・クラップ（Verner Clapp）は，1956 年に米国議会図書館を退任し，そのイニシアチブとエネルギー，幅広い経験をユニークで新しい役割に結びつけた。彼は，フォード財団によって設立された慈善財団である図書館情報振興財団の初代会長に就任した。財団は，研究，実証プロジェクト，普及を通じて，図書館と研究図書館の課題解決を支援する目的で設立された。クラップは，1956 年から 1967 年までの理事長在任中に 1,300 万ドルを支出し，1972 年に死去した。チャールズ・ハーヴェイ・ブラウン（Charles Harvey Brown）は，国会図書館使節団にクラップとともに加わった時すでに引退しており，1960 年に死去している。

1956 年まで慶應義塾大学に在籍していたギトラーは，帰国後も図書館教育に携わった。まず 1960 年までアメリカ図書館協会教育委員会の事務局長と，認定委員会の事務局長を務めた。1961 年夏には客員教授として慶應義塾に戻り，一連の現地セミナーを開催した。[8] 1962 年には，ニューヨーク州立大学

ジェネシオ校（Geneseo）の図書館学科主任に就任し，その後，テネシー州ナッシュビルのジョージ・ピーボディ教員養成大学の図書館学校学科主任に就任した。4つの異なる図書館学校の学科主任を務めたのは，おそらく彼だけであろう。1967年，母親の世話をしなければならないと感じた彼は，サンフランシスコに戻り，サンフランシスコ大学の図書館長として最後の職に就いた。1975年に定年退職したが，その後も活動を続けた。日本図書館学校を退任してからは，上智大学（東京）の顧問を長く務めるなど，図書館教育や図書館行政のコンサルタントとして活躍した。

　ドン・ブラウン（Don Brown）とドナルド・ニュージェント（Donald Nugent）は共に占領期の最後まで日本に滞在した。SCAP/GHQ が解散すると，ニュージェントは極東司令部の情報将校として軍に残った。ブラウンは占領後も日本に残り，文化活動に従事した。彼は日本の文学作品の英訳書誌を編纂し，ニューズレター *Japan Queries & Answers* を発行した。また，*Transactions of the Asiatic Society of Japan* の編集者を30年間務めた。1980年に死去した後，彼の本や論文は横浜市歴史公文書館［横浜開港資料館のこと：訳注］のドン・ブラウン・コレクションとなり，蔵書目録と，図版付きの優れた伝記が出版された。[9]

　チャールズ・バートン・ファーズ（Charles Burton Fahs）は1961年にロックフェラー財団を退職した。在日米国大使館の顧問を務めた後，オハイオ州シンシナティ近郊のマイアミ大学（Miami University）で国際学部主任に就任した。

6．評価

　米国の司書の努力が認められ，表彰されてきた。1956年，慶應義塾はギトラーに，創立以来34人しか授与されていない名誉博士号を与えた。ワシントン大学の年金受給権を失ったギトラーに補償するため，同窓生が特別退職基金を創設し，大学運営側もこれを支援した。彼が自費で始めた奨学金は，彼の名前を冠して，永続している。天皇からは，クラップ（1968年）とロバート・B・ダウンズ（Robert B. Downs）（1983年）に瑞宝章が，ギトラーに旭日章

(1990 年）［正しくは 1961 年：訳注］が授与された。

　キーニーは日本図書館協会から功労が称えられ，今でも日本の司書の間では尊敬されている。しかし，米国では，共産主義の反政府分子であるとされて職を得ることができず，1962 年に無名のまま死去した。日本の図書館サービスを改善しようとした彼の努力は，英語の文献ではほとんど知られていない。彼の名前が出てくるのは，通常，彼と彼の妻がソビエト連邦のスパイだったという有名な疑惑に関連したものである。さらに，ソビエト連邦の主要な図書館学雑誌 *Bibliothekar* は，反動的資本主義の無知な道具として彼を名指しで非難している。[10]

注

1 ： Takeuchi Satoru ［竹内悊］, "Education for Librarianship in Japan: A Comparative Study of the Pre-1945 and Post-1945 Periods," (PhD diss., University of Pittsburgh, 1979), 158.

2 ： Eddy Papers, California State Library, Sacramento, box 2517, folder 8.

3 ： Robert B. Downs, "ALA Sponsorship of Library Schools Abroad: How to Start a Library School," *ALA Bulletin* 52 (June 1958): 388-400.

4 ： Ann M. Hotta, "Children, Books, and Children's Bunko: A Study of an Art World in the Japanese Context," (PhD diss., University of California, Berkeley, 1995).

5 ： 1971 年までの詳細な歴史については，次を見よ。Sawamoto Takahisa ［澤本孝久］, "Keio University School of Library and Information Science: Its Past, Present and Future," *Library and Information Science*, 9 (1971): 11-23; and Satoru ［竹内悊］, "Education for Librarianship in Japan," 158.

6 ： Takeuchi Satoru ［竹内悊］, "Education for Librarianship in Japan," 182.

7 ： 福田の伝記と書誌詳細，福田への賛辞は，以下の文献に詳しい。"In Memoriam—Naomi Fukuda (1907-2007)," special issue, *Journal of East Asian Libraries* 145 (2008), https://scholarsarchive.byu.edu/jeal/vol2008/iss145/; also Koide Izumi ［小出いずみ］, "Catalyst for the Professionalization of Librarianship in Postwar Japan: Naomi Fukuda and the United States Field Seminar of 1959," *Asian Cultural Studies* ［国際基督教大学学報 3-A, アジア文化研究］ 39 (March 2013): 65-78; 小出いずみ，"福田直美とアメリカ図書館研究調査団", 213-48, in 今まど子・髙山正也編著，現代日本の図書館構想：戦後改革とその展開（東京：勉誠出版, 2013); Kon Ma-

doko［今まど子］, ［Eulogy of Fukuda］, *International House of Japan Bulletin* 27, no. 2（2007）: 46-48.

8 ：*Report of the Field Seminars on Education for Librarianship, July 17 - August 13, 1961*（Tokyo: Keio University, Japan Library School, 1961）. ［参照：慶應義塾大学文学部図書館学科. フィールド・セミナー報告：図書館学教育. 慶應義塾大学文学部図書館学科, 1961, 164p.］

9 ：GHQ 情報課長ドン・ブラウンとその時代：昭和の日本とアメリカ, 横浜国際関係史研究会, 横浜開港資料館編（東京：日本経済評論社, 2009）; and 横浜開港資料館, 図説ドン・ブラウンと昭和の日本：コレクションで見る戦時・占領政策, 横浜国際関係史研究会, 横浜開港資料館編（横浜：有隣堂）.

10：B. Kozlovskii, "О японских библиотеках и их американскик попечителях"［About Japanese Libraries and Their American Patrons］, *Bibliothekar* 50, no. 11（November 1948）: 31-36.

第**16**章

要約と再考

　図書館は真実を求めて探索したり，自由に問題を解決したりする我々に
とっての聖地である。……あらゆる健全な民主主義は時とともに緩やかに
変容する過程の中にこの聖地を見つけださねばならない。──ウイルヘル
ム・ムンテ（Wilhelm Munthe），1939年

　他人に読んでもらう本を創ることは簡単なことであるが，その読者の多様な
読書動機や出版社の目的，さらには読書結果や効果が読者の理念や感情に与え
る影響を考え始めた途端にどのように本を書くかということは難しいことにな
る。出版部数や読者数が大きくなればいっそう複雑になる。読書の目的を4種
に分けると──ファクトチェッキング，歴史的調査・研究，教養・娯楽目的読
書，カレントアウェアネス──それぞれが図書館サービスの種類になる。すな
わち，伝統的な図書館の館種，専門，大学・研究，学校，公共の各館種につな
がる。
　個人の蔵書を別とすれば，図書館はごく少数の例外を除き，共用のサービス
である。図書館は誰かが他人の利用のために設立する。図書館サービスは商業
的，有料読書事業というよりも政治的，行政的である。その結果として図書館
の資金は設置者の政治的な意図により決定され，商業的には説明不能になる。
読者はお金ではなく，時間を消費する。結果として，読者［利用者：訳注］の
期待と設置者の目的の間に緊張と妥協が生じる。設置者と読者の区別は同一人
が両方の立場に立つことがあるので，単純ではない。図書館経営上の意思決定
も拡散する。図書館業務は労働集約的であり，場所的にも何カ所かに分散して
いる階層構造的な組織構造をもつためにそうならざるをえない。
　結局，読書とは解釈と創造とから成る行為である。我々は目にするもの［読

書内容：訳注］の意味を求めるし，この意味を求めることは我々の理性と同様に我々の感性に影響を与える美的な経験である。図書館利用の結果は，それゆえに，一般に確かめることは難しく，利用とは切り離されて単独で評価せざるをえない。

1．歴史的事例

　本書ではロバート・ギトラー（Robert Gitler）の日本で図書館学校を創る仕事を紹介した。そこでは彼の任務の実現にどのような人たちや要素が関与したかという話が述べられていた。ここで，もう一度，日本での図書館発展の状況の複雑さ，そして特にカリフォルニア州農村部の公共図書館サービスの発展と，外交政策の手段としての海外での図書館の利用など，他の場所での関連する発展の役割について思い返しておきたい。

　本書で述べられた出来事，人物，影響したものすべてはより深く検討する必要がある。記述することは分析することよりも容易である。とはいえ，記述はすべてではなく，部分に過ぎない。その部分の一つはいかに密接に米国の関係者が関与したかである。それらの関与者の多くは彼らの日本との関与に先立ち，日米双方について知っていた。

　これらの事例は，色々なレベルでの力が働いたことを示している。その一つが先導者（leadership）である。例えば，マーチン・シュレッティンガー（Martin Schrettinger），ジェームズ・ギリス（James Gillis），ハリエット・エディ（Harriet Eddy），そしてロバート・ギトラーの名をあげることができる。先導者がうまく出現しないことはよくあるが，そのことはほとんど認知されない。しかし，時には1950年に制定された図書館法における文部省の役割のように，間違った方向に向かうことがすぐにわかり修正される場合もある。

　幸か不幸かと思われるような出来事もある。カリフォルニア州の読者層は，ジェームズ・ギリスを命取りともなりかねない労働争議に巻き込まれそうな鉄道経営から引き離し，州立図書館長としたことで今も，大きな利益を得ている。ドン・ブラウン（Don Brown）の場合は余剰となっていた占領軍の軍事予算に目を付け，日本図書館学校計画を提案したことで先駆者的役割を果たし

た。フィリップ・キーニー（Philip Keeney）は当局者が彼の思想上のリスクを考慮して，図書館担当官の役割を突然はく奪したが，もしキーニーが図書館担当官の地位に居続けたなら，図書館法の規定はより強力なものとなり，日本の公共図書館や図書館学教育のその後は相当に異なったものとなっていたであろう。我々は長期的な展望に立てば，すべての場合に同様の発展が生じることを見て取ることはできる。例えば，郡図書館はギリスがいなかったとしても，カリフォルニア州では発展したであろうが，そうなるにはもっと時間がかかったであろうし，たぶん，今のようにうまくはいかなかったであろう。ギトラーがいなくとも，実質的に大学学部レベルの図書館員養成は日本でも出現したであろうが，その実現にはもっと時間がかかり，何か別の形であったかもしれない。

　関与する個人の話は興味深いものがあるが，その人たちを取り巻く環境により様々で，一概に一般化できない。公共図書館に関する法令は関与する人々に高度に影響する要因となる。関係法令整備の遅れがカリフォルニア州におけるギリスの努力を遅らせ，フランスの硬直した中央集権体制が図書館の発展を阻害し，1950 年の図書館法の視野の狭さが日本における公共図書館や図書館学教育のあるべき発展を数十年にわたり阻害した。

　どこの国でも制度的で，社会基盤的な環境は，それ自体が社会の伝統的，文化的な要因に深く根差した産物であり，このことはハッセンフォルダー（Hassenforder）のフランスの公共図書館と英・米両国のそれとの比較分析に見て取れる。個人主義，自己修養，成人教育，自由民主主義は米国型公共図書館の発展に結びつく。公的な学校中心の教育，児童・生徒の自己発見よりも教師の指導中心による学習，そして全体主義的な政治体制は異なった図書館の発展につながるのである。

2．日本における図書館の回顧

　日本は地理学的にはカリフォルニア州に似ているが，より多くの人口を抱えている。図書館については，日本はいくつかの点でフランスに似ている。両国とも，強力な中央政府をもち，地方自治体は相対的に弱いし，公的な学校教育

や入学試験が重視され，図書館の伝統としてはサービスや館外活動よりも保守的な蔵書管理が重視されてきた。占領期以前の日本では，仏典や貴重書を蓄積・保存する［文庫や経蔵の：訳注］長い強固な伝統があったが，公共図書館の蔵書は一般に小規模で，閉架やそれに近いものであった。レファレンスサービス（参考業務）は都会の少数の図書館を除けば行われていなかった。日本の図書館は趣味の収集文献のコレクションか，読書技術の開発源として評価されていたし，大学の図書館は［代替可能な：訳注］一つの学術情報源としてのみ機能していた。それらの図書館は大部分，個別に存在し，活動するだけであった。効果的な図書館相互協力のための社会的な基盤はなかった。

　図書館の仕事を行うための訓練は雇用の要件にはならなかったし，その訓練もきわめて限られたもので，もっぱら収書，目録作成，分類の基本的な館内手続きに関する研修であった。訓練・研修ではほとんど基本以上のことは教えられなかった。図書館業務は専門職務とは認識されていなかった。自治体の人事は専門の業務に熟練した専門職よりも多様な業務担当分野を異動させられるジェネラリスト（総合職）を好み，重用した。利用者の娯楽のために蔵書の貸出を重視したことは専門職能としての知見の範疇と必要性を著しく狭め，低めた。図書館の教育的な，また社会的な使命を遂行するには書誌・目録類の整備，ノンフィクション系図書類の選定，読書相談，参考業務などのサービス提供が必要で，これを実現するにはより高度な専門職として，また主題専門性についての専門知識が求められる。これらについて日本の図書館は米国とはまったく異なっている。

　このような状況は図書館の司書や職員によってつくられたものと考えるべきではない。日本の指導的な図書館関係者が米国，英国をはじめ諸外国の図書館の業務に精通していることを見れば明らかである。何人かの図書館関係者は米国で学ぶことがあった。日本以外の欧米諸国の図書館学校で学んだ人もいた。外国の図書館学の日本語訳の著作もあれば，ほとんどの図書館職の人たちは英語の図書館文献を読むことができた。彼らは米国の図書館がどのようであるかを知っていたし，概して，日本の図書館を米国のそれに近づけたいとしていた。

　同様に，日米の違いは図書館利用者のせいにすることもできない。CIE 情報

センターは日本語資料を提供していなかったにもかかわらず人気があったのだ
から，利用者が日本型の図書館を好んでいるわけではない証拠ともなる。広範
囲の古書店での古書の売買や新刊書店での風習からもそのことはいえる。図書
館が趣味で集めたお宝の収蔵庫であり，保存のための場所であり，保存を完璧
に行うためにも，またその蔵書を所有することの優越感を誇るために図書館が
あるにしても，その蔵書の専門主題や歴史的な書誌・目録編纂に関わる学術的
に専門的な知見も必要となる。図書館が読書の手段程度にしかみなされないな
ら，大きく，複雑で，最新の目録の必要はなく，せいぜい最小限の目録作成ぐ
らいで十分である。

　教師が教え，その教えは絶対的に正しいとされ，受験生が殺到する教育体制
では明記された教育課程，教科ごとの指導要領があり，教科書と講義ノートが
中心の教育となる。このような状況下では図書館は教師の権威を損ない，児
童・生徒の注意を散漫にする組織・施設とみなされる。探検好きで，児童・生
徒本位の学習は不利となるのである。

　技術分野の教育ではマニュアルが必要とされ，技術者は「標準」(stan-
dards) を必要とするが，図書館の観点からはこの両方［マニュアルも標準も：
訳注］とも限定的な必要性に過ぎない。19世紀の学術研究者たち，すなわち出
版物の爆発的増加が生じる前の研究者たちは，必然的に世界的規模で生じる書
誌的な索引作成や抄録作成サービスを彼らの読書，引用，抜き刷りの交換，個
人的意見交換やその他の非公式手段での交流を行うためにも，自分の研究に必
要などんな文献があるかを知るためにも，必要としていた。日本の大学はドイ
ツの大学図書館を見習った。そこには中央図書館と，学部ごとに小さな孤立し
たたくさんの図書館があり，それらは独裁的な立場にある教授の下で孤立し，
守られていた。

　無料でアクセスできる報道やよく整備された図書館のような最新情報技術に
裏づけられ，今日的な最新の情報サービスは自由民主主義に不可欠と考えられ
ている。だが，これらの条件は独裁主義や強度に順応主義的社会への前兆とも
なる。政治権力の中央への集中，効果的に自立した自治体の欠如，および有効
な民主主義の欠落は，地域の図書館の必要性に対する意識を低下させる。20
世紀前半の日本の統治は民主主義的とはいえなかったし，自由主義的でもなく

なっていた。敗戦前の日本の国会は［議員が：訳注］法案を提出できなかっ
た*。国会は内閣提出の法案を承認するだけであった。1947 年に新憲法ができ
るまで，［日本では国政にとって：訳注］図書館サービスはほとんど必要なかった
ともいえるが，突然，新憲法とともに国立国会図書館が国家の権威の源となっ
た。

　図書館の不振は，実際，資金がなかったからではない。日本は大きな軍事力
をもち，大きな植民地帝国となるだけの経済力をもっていた。資金をどこに配
分するかは図書館員がどうするか，読者が何を好むかにかかわらず，体制側の
意向で決まる。日本では，他国の図書館が発展している間にますます独裁・権
威主義が強まっていった。1945 年に存続していた図書館のサービスの在り方
は，中央政府の予算配分方針に沿ったものとなっていた。

　ギトラーの使命に関しては，いくつかの幸運な同時発生的な要因があった。
その中にはあまり都合が良いとはいえないものもあった。主唱することと先導
することは違う。ドン・ブラウンの先導とギトラーの条件選択とは重要であっ
た。ギトラーの厳しい献身，熱意の継続，および明らかな善意は何人も抗えな
かったし，彼が注意深く選んで日本へ招いた教授陣にはギトラーの姿勢が必要
であった。この使命達成に関しても他の人ならば同じようには，関係者を巻き
込めなかったであろう。慶應義塾大学の西欧流の考えに対する前向きな伝統は
創立者である福澤からの伝統であり，自由主義的な思想をもった福澤の孫の清
岡により図書館学校を例外的に受け入れることとなった。チャールズ・ファー
ズ（Charles Fars）の学科の存続への不屈の熱意は，その存続を決定的なもの
とした。これらのそれぞれの役割に関わった人たちは，たぶんそこそこの満足
な結果を得ることとなった。

　ギトラーはその胸には大きな望みをもっていた。彼はキーニー同様に，日本
における図書館や図書館学を，特に公共図書館を創り替えようと望んでいた。
この大きな望みをもっていたが，ギトラーは大きな影響を与えられなかった。
彼はこのことが残りの人生での失望になるとわかっていた。にもかかわらず，
日本図書館学校や上野公園の図書館職員養成所は，その初期には良い学生を集
めた。その学生たちはギトラーの考えに影響され，司書という専門職のリー
ダーになった。こうしてギトラーの創った学校は司書という専門職に長期にわ

たり影響力をもったし，このことで，ギトラーは尊敬される人物になっている。

　日本での図書館の発達は，フランス同様，中央政府の社会政策や政策順位に依存している。両国とも先導的な図書館員たちはその望ましい在り方を知っているが，それを実施に移す力に欠けている。ジョン・ネルソン（John Nelson）の感情を害した利用者と蔵書を分ける公共図書館での金網の使用は，米国流に倣うやり方での遅れとみられてしまう。国立国会図書館の短時間での創設が次のことを物語っている。外見上は，その図書館は，あたかも米国の使節がワシントン DC で議会図書館をまねて創ったように見えるが，その使節であったヴァーナー・クラップ（Verner Clapp），チャールズ・ブラウン（Charles Harvey Brown）そして，後にはロバート・ダウンズ（Robert Downs）もが断固として，そうではないと述べている。彼らが外交辞令を用いることがあるにしても，その言葉を疑う余地はない。

　国立国会図書館のめざましい発展と 1950 年の図書館法の下での公共図書館の弱々しい発展との間にみられる対比は，調査・研究図書館と教養・娯楽用読書間との差異や国会のもつ運営上の力と文部省の熱意の無さとの差異を写しだしている。

3．米国の先導

　図書館の仕事の仕方とか技術はその性質上，本質的に国や民族固有のものではない。それゆえ，「米国流の図書館論」の意味するものはどのようなものかという問いが成り立つし，仮に，米国が英国，インド，ロシアなどの図書館サービスと異なっているなら，どのように異なるかを検討することができる。図書館サービスには進歩的均質性や国際的な標準化が存在するが，20 世紀半ばには大きな多様性もあった。米国の図書館実務の場では言葉で示された主題件名標目を伴うことで，書名や著者名記入だけでは不十分な，主題領域をまたぐ辞書体目録が好まれた。欧州の図書館実務はより多様であった。著者名目録と主題目録の分離が好まれ，主題目録は標目にしばしば分類記号を用いる。英語圏や北欧諸国では自治体設置の無料公開公共図書館が好まれる。図書館利用

や蔵書の貸出が有料であるのは日本では一般的であった。開架方式は米国や英国では日本やドイツよりもずっと一般的であった。米国やソビエト連邦で特に強調されたことは参考質問をどう扱うかだけでなく，利用者を最適な本に導くための十分に高度な読者相談サービスのできる司書の養成であった。

　異なった仕事の実践の場で異なる仕事ができれば異なった結果が生まれる。それゆえ社会的価値観は技術の選択に関係している。バークレーの図書館学校学科長としてシドニー・ミッチェル（Sydney Mitchell）の後任となったレイナード・スワンク（Raynard C. Swank）は，1959 年から 1961 年に ALA の国際関係局長として働いた。外国の図書館の直接的な経験をもった敏感で鋭敏な観察者であったスワンクは，1962 年に「米国図書館論の国際的な価値」[1]を見いだそうとした。そして，彼が外国に紹介する価値があると考えた米国図書館論の 6 項目にわたる特徴を，以下のようにまとめた。

・図書館を蔵書の組織体として理解すること：「組織体」は単に「蔵書」よりも多くの意味をもっている。
・図書館専門職の進化：図書館サービスの実施には，専門職任務の使命感をもった専門職として教育された司書が求められる。
・図書館サービスの姿勢：図書館は主権者に奉仕する。
・図書館は教育的な学校として機能すべきである：図書館は教育的使命を有する。
・図書館員は知的な自由を進歩させるという特別な役割をもっている。
・公共の財産であり，責任として情報を組織化するという構想は公共の財産形成を意味する。[図書館のあるべき蔵書の構築は国益，公共の利益に結びつく。：訳注]

　これらの特徴は西欧の自由主義的な価値観に基づき表明されている。スワンクの考えは多かれ少なかれファシズム，軍国主義，全体主義のような体制下での図書館発展とは相容れない。レーニン（Lenin）は米国公共図書館の崇拝者であったが，もちろん，彼は西欧の自由民主主義ではない社会をつくる計画に価値のある道具として米国の公共図書館を見ていたに過ぎない。

　フローラ・ベル・ルディントン（Flora Belle Ludington）は最初にインドの
OWI 図書館で働き，1948 年に東京の CIE で数カ月間働いたが，その時にロ
バート・ギトラーの使命を応援した。彼女はまた外国での図書館発展に対する
米国の貢献にも関与した。米国司書の国際的な貢献について彼女は，「すべて
の人のための図書館という米国流の考え方」と「すべての人が教育を受けるこ
とができ，図書館蔵書を自由に利用できることは，その人の生涯教育にとって
貢献することになる」ことを強調している。彼女はまた開架方式，図書館の無
料化，蔵書の貸出，読書相談，参考業務，基金づくり，専門職司書養成も強調
した。[2]

4．図書館と自由民主主義（Liberal Democracy）

　スワンクとルディントンはともに，技術的な助言以上のことを述べている。
彼らはまたしっかりとした理念上の立場を築いていた。彼らの図書館，特に公
共図書館についての見解と，自由主義的な民主主義への関与は米国では深く受
け入れられていたし，今も受け入れられている見解である。これは米国では疑
問の余地のない見解であって，それに疑問を感じることは普通ではないと思わ
れる。
　図書館学の手法と技術は国が変わると簡単に変化するし，我々はまだ異なる
文化に起因して図書館サービスがどのように変わるかを検討する必要がある。
そこで図書館論（学）の純粋，一般論の形式がありうるかどうかを問題にした
い。我々の結論は，図書館側と利用者側の両サイドで図書館サービスには社会
的政治的なつながりは固有だから一般論はありえないということである。
　読書は学習を促し，新たな考え方を刺激・誘発するので，図書館は目立たな
くなり，意識から漏れ落ち，それてしまう。この意味で，図書館に多様に集め
られた本は本質的に自由主義で民主的な傾向にあるといえる。ノルウエーの司
書ウイルヘルム・ムンテの注目すべき言葉がある。米国外の国々で図書館サー
ビスの発展の指導・助言をした経験のある著名な米国司書が行った多くの調査
に基づき，カーネギー財団は様々な方法で米国の図書館サービスを論評しよう
として，ムンテにその役割を委ねようとした。ムンテは公共図書館をもっぱら

婦人向けの大衆小説の提供ばかりを行っているとみていたので，公共図書館についてはむしろ悲観的な見方をしていた。しかし，彼は明確な意識を有する社会に在って，図書館，特に公共図書館の役割に注目すべき賛辞を送った。それは民主主義の主張を支持するものであった。

　　人類進歩の一要因：図書館は自由な問題意識と真理の探索のための聖地として我々に提供されている。……すべての健全な民主主義は主権者の心のうちにある価値観の平和的な再調整の結果として，少しずつであっても絶えざる改革の過程にあることを自覚しなければならない。……この仕事が静かに，辛さや反目無しで続けることができるなら，それは天の恵みというべきである。……図書館の重要性は館種の違いを超えての共通の仕事の中にみられるし，学術図書館と力を合わせ，目的を共有するという高度な水準にまで高まる。学術図書館の仕事は人類の知識の境界を絶えることなく広げるための仕事に従事する学術研究者たちを支援することであり，公共図書館の仕事はこのように研究者が広げてくれた新たな領域を活用することで，主権者の力となることである。[3]

　この言葉はたいへん勇気づけられる。だが，なぜに公共図書館の協会は西欧の自由民主主義と共にあるのだろうか。米国人は図書館がそのように初めから設計されていることを知っている。公共図書館は個人が自らの発見を通じて学ぶことを意図して創られている。注意深く選定され排列された図書は開架で，目録や書誌や利用者がさらに多くの図書を見つけられるように，司書の支援の下で，提供されている。その構想の中心的な概念は均整のとれた蔵書で表わされており，さらにその公共図書館サービスは政治的には自由民主主義との関係の下に創られている事実がある。書架上で利用者の目に触れるように排架されているあまり人気のない図書でも，人気のある図書が貸出されてしまうと利用されるようになる。

　欧州の啓蒙主義の時代には多様な思想があったが，厳密に考えても，18世紀を中心に知識人によって提唱された様々な思想がある。より拡大してみれば，ルネサンス期の人文主義の伝統にもつながり，個人主義，科学的合理主

義，証拠への関心，寛容，果ては市民の自由，そして自由民主主義にたどりつく。米国型の公共図書館は米国（独立）革命に根差し，この自由民主主義イデオロギーに根差している。米国型公共図書館サービスは自由民主主義社会以外の公衆の文献利用と比較するとよくわかる。すなわち北朝鮮のような全体主義国家の図書館サービスと比較すれば，である。図書館のように無料で公衆への文献提供サービスをすることは，ソーシャルメディア（social media platform）の存在を考えれば，何も難しく考えることはない。

　ユーチューブ（YouTube）が良い例である。アルゴリズムにより設計され，商業主義目的で運営されている。提供される文献は提供者によって選定されることはない。利用者は文献の探索はできるが，どれを選ぶかは利用者の責任である。システム上の文献と，それまでに先行した文献利用記録との類似性に基づき，複雑なアルゴリズムを用いて，あたかも現実の書架上で，利用者が行うように文献選択も実行可能である。顕著で有益なサービスも出現している。例えば，営利事業として広告収入から文献提供者の収益を配分しようとする試みもある。この経済的，技術的な試みは魅力的な文献［をシステム上で提供すること：訳注］が多大な利益を著者，広告主，システム［platform，ソフトウェアの技術基盤：訳注］に生みだすということである。こうなると，おもしろい個人攻撃，驚くようなフェークニュース，劇的に対立する論争が好まれるが，一般にはこれらは耐え難い情報提供となる。経済的，技術的な新しい試みはこのような試みを拡大する一方で，そのような興味本位を和らげよう［興味本位の情報提供をやめる：訳注］との誘因はほとんど働かないし，また興味をかきたてようとしないシステムの経営管理者は見捨てられる。[4]

　単純なオンラインサービスの提供は決定要因とはならない。例えば，ウィキペディア（Wikipedia）は公共図書館のような啓蒙主義的な伝統的制度と同じである。ウィキペディアに出される論調は人間の編集者によって注意深く選別されるし，その方針は様々な視点，個別の証拠，同僚たちの見解の排除，正確さの永続性などを考慮している。

　公共図書館もユーチューブも情報サービスである。しかし，そのサービスを提供する考えは異なっている。異なった社会経済的な現実性と思想に導かれて，公共図書館とユーチューブのようなプラットフォーム（platform）では，

そのサービス提供に用いる技術の選択が異なっている。

　国立国会図書館の副館長であった中井正一は，他のフランクフルト学派の人たち同様に啓蒙主義運動はしなければならないと考えた。特に，彼は新メディア技術により合理的で寛容な個人が証拠に注意深く向き合う啓蒙主義の理念が，我々の意識内に圧倒的になったと論じている。知識や信念は，ますますマスメディアを通じて集団的に構築されることが多くなった。個人の主観性はますます集団の主観性と一体化した。現代におけるソーシャルメディア［インターネットを利用して個人間のコミュニケーションをサポートするサービス：訳注］の影響を中井が知ったとしても，彼はたいして驚きはしないだろう。[5]

　自由主義的な民主主義社会での公共図書館は，歴史的に，公的な財源という政治的な環境と開架書架上の紙の本という特別な技術とに依存してきた。今後ともこの二つとの密接な関係が維持できるかといえば，政治的な情勢の変化と技術分野での大きな変化でそれは不確かになっている。

　我々は紙ベースの図書館の終焉にあたる 1950 年のロバート・ギトラーから話を始めた。1960 年代になると，図書館の技術的な関心の中心は同じ紙ベースの図書館を対象にしていても，その図書館サービスをより良くするためのデジタル技術に移った。これは新技術採用にあたって，普通にみられる通例（第一フェーズ）である。別のことをより良く実現するために新技術を利用するという第二フェーズは始めるのが難しい。この課題は技術的問題解決を超越している。その課題の解決には，イデオロギーと図書館のより深い理解が求められているのである。

注

1：Raynard C. Swank, "International Values in American Librarianship," 115–29, in Cornell University, Libraries, *The Cornell Library Conference: Pages Read at the Dedication of the Central Libraries, October, 1962* (Ithaca, NY: Cornell University Library, 1964).

2：Flora B. Ludington, "The American Contribution to Foreign Library Establishment and Rehabilitation," *Library Quarterly*, 24 (April 1954): 192–204.

3：Wilhelm Munthe, *American Librarianship from a European Angle: An Attempt at an Evaluation of Policies and Activities* (Chicago: American Library Association, 1939), 53–55.

4：文献提供におけるイデオロギー的変化の，より広範な分析については，以下を見よ。Ronald E. Day, *Indexing It All: The Subject in the Age of Documentation, Information, and Data* (Cambridge, MA: MIT Press, 2014).

5：Philip Kaffen, "Nakai Masakazu and the Cinematic Imperative," *Positions Asia Critique* 26, no. 3 (2018)：483–515, https://doi.org/10.1215/10679847-6868253.

＊［訳注］大日本帝国憲法下では，国会の議決を経なければ法律は成立しないものの，「帝国議会は天皇の立法権行使に対する協賛機関」という位置づけであったという。しかし，実態は絶対王制のように，国会の議決に対する拒否権は天皇や内閣にはなく（天皇みずからが法案を作成することもない），事実上の近代的立憲民主国家であった。

付録

キーニー・プラン

　本付録資料はカリフォルニア大学のバンクロフト図書館［カリフォルニア大学の大学アーカイブズ：訳注］に保存されているキーニー（Keeney）文書群にあるタイプ打ち原稿の複写資料である。本資料と，裏田武夫・小川剛編，図書館法成立史資料（東京：日本図書館協会，1968），433-38 に収録されたキーニー文書に相当する英文との間には言葉遣い，句読点，表現等に些細ではあるが若干の相違がみられる［同書 p.108-111 には「日本に対する統一ある図書館組織」として文部省社会教育局による日本語訳も記載されている：訳注］。

1．伝送スリップに記された本プランの意図

ファー（E. H. Farr）中佐宛の覚書（1946 年 4 月 8 日）

　本覚書は，日本における統一された図書館サービスの調査・検討のために，米国教育使節団の一員としてカーノフスキー（Carnovsky）氏が東京に居た時に数次にわたる，彼との意見交換や数人の日本の図書館関係者との非公式な意見交換の結果，まとめたものである。その基本原則は，米国における他の多くの州や海外のいくつかの国で部分的に使用されているカリフォルニア郡図書館システムに似ている。

　今次大戦中に日本では多量の図書類が滅失したために，日本の多くの図書館を短時間で元のように復興させることは不可能と思われる。しかし，もしこの覚書に記す計画が実施されるなら，全体として，もしくはある程度において，日本の図書館復興への開始となりうる。

　無料の公共図書館設置運動は民主主義理念を増進させるために重要な要因である。それゆえに，日本には今までなかった，少なくとも米国の標準的な無料

の図書館サービスを提供する図書館を振興するためのプロジェクトが今や決定的に重要であると思われる。

　それゆえ，私はあなたのご参考に供すべく本検討結果をここにご報告できることを喜ばしく思うものである。

フィリップ・キーニー

2．計画本文

日本における統一された図書館サービス（1946 年 4 月 8 日）

　日々の生活のために日本の戦後復興では，日本人が生活し，働いている各地域，市町村での住民が，彼らの様々な仕事に対し科学的，技術的なすべての知識を使えるように情報や指導を受けられるような成人教育が求められている。今まで教育を受ける機会がもてなかった人々は，今までの不利を克服できる機会が与えられる必要がある。公式に教育を受けていた人々も，その人たちの職業に関係する科学や技術分野の彼らの知識を最新のものに更新する必要があるであろう。統一された図書館システムとはもっとも身近な共同体組織にまで，そのような知識をもたらす筋道となるものである。

目的

　このような統一された図書館サービスの目的は，一つのまとまった組織を通じて，各市町村間の図書の交流を実現することである。その結果，すべての人がその図書館システムの下にある一つの蔵書群を共有できることになる。このために本計画のねらいは，次のような図書館システムを創ることにある。(1) 統一された一つのシステムである，(2) 経済的で，すべての市町村が平等に利用でき，その利用は完全なサービスとして完結している［『図書館法成立史資料』では，日・英両語で，(3) として，「完全であること（complete）」が入っている：訳注］，(3) 学校教育と対等で，全体的な教育システムの不可欠な一部として組織される，(4) 成人の教室外での生涯学習にも活用できる。

サービスの単位

　これらの目的を実現するためには，そのサービスの単位は通常のサービスを適切に，効果的に実施でき，また有資格の司書を雇用するのに十分な規模であることが必要である。日本の行政の組織構成単位は県，もしくは地方［関東地方，近畿地方等の意：訳注］と呼ばれる県の集合体であり，一方で県内の地方共同体［市町村を指している：訳注］である地域は，そこを通してサービスが住民に届けられる地方（行政）の単位である。

3．組織と行政

　そのような統一された図書館サービスの行政的な指令本部は，その課題を担当する責任を負った司書のいる県内の中核都市に置かれるべきである。もしそのような適切な候補館が見つからないなら，そのままに放置せずに，図書館学校が［サービス・ポイントとしての：訳注］候補館をただちに推薦できるようにさせるべきである。分館はすべての住民にサービスを行き渡らせるために，必要とされる市町村のどこにでも創ることができる。市や町の公共図書館は，その地方での中核の図書館であるか，または県立図書館の分館となる。図書館の存在しない地域共同体では必要に応じて読書室が設けられる。分館はその地域住民が図書館サービスを利用できる所ならどこでも，例えば，学校，集会所，公民館，商店，郵便局等に開設できる。選ばれた場所は年間を通じて開かれており，読者にとって有効な支援を提供できるよう毎日多くの時間にわたり開かれていることが好ましい。

　県立図書館または地方中核図書館の司書は，対象としている地域社会を訪問し，地域の分館管理人を雇い，図書や資料類を調達し，地域共同体の情報ニーズや目的に基づいて分館を機能させ，有益と思われる雑誌類の購読手配をする等の仕事をする。図書やその他の読書資料類がもはや閲覧利用されなくなると，それらは全部または部分的に，分館から地域の中央館に戻されたり，他館の蔵書の補充に送られるようにする。その資料類は他の地域分館で，また利用される。図書や他の資料類は必要とされ，それが地域の蔵書には無いなら，そ

の時，分館管理者は地方・県の中央館を通じてその資料を調達する。

　県や地方の中核的組織は今度は「国立図書館」（NATIONAL LIBRARY）と連携し，国立図書館には日本にある全図書の総合目録が作られている。都道府県や地方内で調達できない本を求められた県や地方の指令本部は，その本を国立図書館から確認し，入手する。すべてのサービスは，配送コストを送り手の図書館が負担するので，借り手の図書館にとっては無料である。

　国民はどこに住んでいようとも，日本国内ですべての図書館サービスを「平等」（EQUAL）に受けることができる。すべての図書館資料は可能な限り，そのサービスを「経済的」（ECONOMICAL）に利用に供される。資料要求を満たすためのすべての可能性がサービスを「完全」（COMPLETE）に行うために求められる。そして，すべてのサービス提供担当組織——すでに確立した公共図書館も，学校図書館も，県立図書館や国立図書館も——完全に「統一」（UNIFIED）された一つのシステムとなる。

4．総合目録

　この計画の求心力は特殊な要求にも対応し，不必要な重複を避けることにも必要な総合目録によって発揮される。その意味からも総合目録は絶対に必要である。県立や地方ごとの中央図書館の統括本部によって保持される蔵書に加えて，新たに購入される図書や図書館資料を各地でいくつもの総合目録を作成する。ある県立や地方の図書館の統括本部は，所有したり購入したりした図書ごとに著者名標目の下に作成されたカードをファイルする。さらに，他館から提供される資料ごとに，すなわち地図，地球儀，絵画，標本，音楽レコード，フィルム等の各資料についても資料ごとに，件名カードも加えられる。これらのカードは県立図書館，地方中央図書館の全所蔵資料類のカードを一緒にして総合目録を構成する。この総合目録は，県立や地方中央図書館の司書が特定の資料要求を受けた時に使うという目的のために作られる。

　各カードは最小限2枚のコピーカードが，県立もしくは地方中央館のためと，国立図書館のために作成される。県立もしくは地方中央館は，すべての新規受入資料類に対し同数のカードを作る。こうして，国立図書館は日本国中の

すべての図書館の所蔵資料の総合目録を保持する。国立図書館は，今度は，外国と目録カードの交換を行う。国立図書館における実際のカード枚数は，その図書を所有しているすべての図書館名を職員が1冊ごとに記入する代わりに，マスターカードを1枚もつことにより減少される。それはまた，県立や地方の中央図書館が通常の資料類を保有するのと同様にめずらしい地図，地球儀等だけの全国総合目録を作ることになるかもしれない。

5．本計画の実施手順案

ここで，概略を述べ，提案された，この計画は実験するための提案ではなく，米国内の様々な地方や，メキシコ，カナダに加え，いくつかの欧州の国でも完成度の差はあれ，すでに実行に移されている。その計画はいつでもどこの国でも適応可能であるが，特に図書館やその他の教育手段が破壊されている時には適している。この計画による図書館サービスの提供や協力を広範囲にわたり確保するために，文部大臣がまず全国の司書の大会を開くこと，そして，その後に，学校教員，農民や農協の代表，労働組合，専門職団体，婦人会，さらに文部大臣によって選ばれたその他の協会や団体の代表者等から成るより大きな会合が開催される。そのような会合では次のような議事次第で会議が進行されるであろう。

1．全出席者に本計画の写しを配布し，本計画が最後まで，声高に朗読される等により，周知徹底する。
2．文部大臣による本計画の作成理由の説明に加え，他国での成功事例や戦争直後の時期にこの計画を実施することの必要性に加えて，図書館サービスのあらゆる形式が，それを実施することで，ただちに復興につながり，その結果，図書館は教育やレクリエーション向上をより身近なものにするためにたいへん貢献するということを文部大臣から指摘する。「利用されない図書館資料は死んでいるも同然」と言ってよいかもしれない。図書館蔵書の有効性は蔵書の利用に比例して顕われる。統一された図書館サービスのスローガンは「すべては個のため，個はすべてのため」である。

3．会議出席者による本計画についての一般討議

4．本計画の採用か，もしくは本計画信任ための投票

5．文部大臣による本計画関連の立法案作成，ならびに必要な任務検討委員会メンバーの指名

6．各都道府県における計画遂行を検討するために，いくつかの県グループに会議を区分［『図書館法成立史資料』ではここに，「会議後の処置細目」の小見出しがつけられている：訳注］する。

この会議に引き続き，ただちにいくつかの関連する任務遂行が必要になる。例えば，(1) 統一された図書館計画を組織化し機能させるのに，熟練した司書を動員・配置するための全国的な熟練司書についての調査，(2) 適切な図書館学校設立の迅速な用意，(3) 県域や地方の図書館サービスの組織単位に必要とされるものが何かについての研究，(4) 日本には46都道府県がある［当時，沖縄県は米国軍統治下にあり，間接占領統治下の日本政府の行政対象ではなかった：訳注］。その多くは統一図書館サービスの組織単位として十分な大きさである。非常に小さな，もしくは人口が少ない県は地方として，他県とグループ化してもよい。組織単位は主に，地理的な状況により決まる。日本全土がいくつかの県や地域にまとめられる。その結果，完全な図書館サービスの提供という本計画の本質が実現できる。図書館サービスの組織単位は，たぶん，適確な委員会の助力を得た熟練した司書により行われる，(5) 統一された図書館サービスは，おのずから館種別に公共図書館，学校図書館，可能ならば専門図書館等を別々に組織化することをせずに一体化する。大学・研究図書館はその大学組織の中にとどまるであろう。だが，その蔵書類は全国総合目録に含まれ，必要に応じて，県域のまた地方の総合目録に収載され，こうして，日本中の書物は研究やレクリエーション用に必要とする国民すべてに利用可能となるのである。

参考文献

情報源

American Library Association Archives, University Library, University of Illinois at Urbana-Champaign, IL. Esp. box 23: International Relations Office and Japan Library School.
Harriet G. Eddy Papers, California State Library, Sacramento, CA.
Philip O. Keeney Papers, Bancroft Library, University of California, Berkeley, CA.
Rockefeller Foundation Archives, Rockefeller Archive Center, Tarrytown, NY.

書籍等出版物

Akers, Susan G. *Simple Library Cataloging*, 3rd ed. Chicago: American Library Association, 1944.
American Assembly. *Cultural Affairs and Foreign Relations*. Englewood Cliffs, NJ: Prentice-Hall, 1963.
American Library Association. *Conclusions and Recommendations of the International Relations Board*. Memorandum, [26] March 1947.
Anderson, Ronald S. *Japan: Three Epochs of Modern Education*. Washington, DC: U.S. Department of Health, Education, and Welfare, Office of Education, 1959.
"Armed Services Editions." *Wikipedia*, https://en.wikipedia.org/wiki/Armed_Services_Editions.
Bess, Demaree. "Tokyo's Captive Yankee Newspaper." *Saturday Evening Post* 215, no. 32 (February 6, 1943): 22 and 66.
Borer, Arline. "Japanese Marvel at Osaka Library Exhibit." *Wilson Library Bulletin* 23, no. 4 (December 1948): 310–11.
Bostwick, Arthur E. *The American Public Library*, 3rd ed. New York: Appleton, 1928.
Boucher, P. Jean. "A Time Long Ago in Tokyo (1951–1952): A Librarian Remembers." *SLA [Special Libraries Association] PNW Interface* (Winter 2003).
Bowen, Roger. *Innocence Is Not Enough: The Life and Death of Herbert Norman*. Armonk, NY: M. E. Sharpe, 1986.
Brewitt, Theodora R. "James L. Gillis 1857–1917," 74–84, in *Pioneering Leaders in Librarianship*, edited by Emily M. Danton. Chicago: American Library Association, 1953.
Brewster, Beverly J. *American Overseas Library Technical Assistance, 1940–1970*. Metuchen, NJ: Scarecrow Press, 1976.
Brown, Charles H. *Scientific Serials*. Chicago: Association of College and Reference Libraries, 1956.
Brown, Don. *Beginning of the School* [unedited transcript of talk given 28 November 1976].
Brundin, Robert. "Sydney Bancroft Mitchell and the Establishment of the Graduate School of Librarianship." *Libraries & Culture* 29, no. 2 (1994): 166–85.

Buckland, Michael K. *Library Services in Theory and Context*, 2nd ed. Oxford: Pergamon, 1988; also http://sunsite.berkeley.edu/Literature/Library/Services/.

————. "Library Technology in the Next Twenty Years." *Library Hi Tech* 35, no. 1 (2017): 5–10; also http://escholarship.org/uc/item/9gs9p655.

————. "On Types of Search and the Allocation of Library Resources." *Journal of the American Society for Information Science* 30, no. 3 (May 1979): 143–47.

————. "The Relationship between Human Librarians and Library Systems: Catalogs and Collections," 91–105. In *Estudios de la información: teoría, metodología y práctica*, cood. Georgina Araceli Torres Vargas. Mexico City: UNAM, Instituto de Investigaciones Bibliotecológicas y de la Información, 2018, http://ru.iibi.unam.mx/jspui/handle/IIBI_UNAM/L158.

Butler, Pierce. *An Introduction to Library Science*. Chicago: University of Chicago Press, 1933.

California State Library. *News Notes of California Libraries* (1906–1979). Sacramento: California State Library, 1–74.

California State Library, and James L. Gillis. *Descriptive List of the Libraries of California*. Sacramento: W. W. Shannon, superintendent of state printing, 1904.

Casey, Marion. *Charles McCarthy: Librarianship and Reform*. Chicago: American Library Association, 1981.

Cheney, Frances N. "Grasshopper under a Helmet." *Wilson Library Bulletin* 28, no. 3 (November 1953): 275–79.

Clapp, Verner W. "Mission to Japan." *Information Bulletin (Library of Congress)* (February 24–March 1, 1948): 7–8, https://catalog.hathitrust.org/Record/000639207.

————. "R. B. Downs Reports on the National Diet Library of Japan." *Library of Congress Information Bulletin* (September 21, 1948): 17, https://catalog.hathitrust.org/Record/000639207.

Cohen, Theodore. *Remaking Japan: The American Occupation as New Deal*. New York: Free Press, 1987.

Collet, Joan. "American Libraries Abroad: United States Information Agency Activities." *Library Trends* 20, no. 3 (January 1972): 538–47.

Correia, Kathleen, and John Gonzales. "Biographies of State Librarians from 1850 to the Present." *California State Library Foundation Bulletin*, 68 (Spring/Summer 2000): 1–18.

Creel, George. *How We Advertised America*. New York: Harper, 1920, https://catalog.hathitrust.org/Record/000005455.

Cull, Nicholas. *The Cold War and the U.S. Information Agency: American Propaganda and Public Diplomacy, 1945–1989*. Cambridge, UK: Cambridge University Press, 2008.

Danton, Emily Miller. *Pioneering Leaders in Librarianship: First Series*. Chicago: American Library Association, 1953.

Danton, J. Periam. "Corrigendum and Addendum to a Footnote on Library Education History," 73–78, in *Essays and Studies in Librarianship Presented to Curt David Wormann on His Seventy-Fifth Birthday*, edited by M. Nadav and J. Rothschild. Jerusalem: Magnes Press, Hebrew University, 1975.

————. *Education for Librarianship: Criticisms, Dilemmas, and Proposals*. New York: School of Library Service, Columbia University, 1946, http://catalog.hathitrust.org/Record/001344230.

Day, Ronald E. *Indexing It All: The Subject in the Age of Documentation, Information, and Data*. Cambridge, MA: MIT Press, 2014.

Dictionary of American Library Biography, Supplement, edited by Donald G. Davis, 1990. *Second supplement*, edited by Donald G. Davis, 2003.

Ditzion, Sidney Herbert. *Arsenals of a Democratic Culture: A Social History of the American*

Public Library Movement in New England and the Middle States from 1850 to 1900. Chicago: American Library Association, 1947.

Dodge, Georgina. "Laughter of the Samurai: Humor in the Autobiography of Etsu Sugimoto." *MELUS* 21, no. 4 (Winter 1996): 57–69.

Dodge, Robin, and John V. Richardson. "Cheney, Frances Neel (1906–1996)," 47–49, in *Dictionary of American Library Biography, Second Supplement*, edited by Donald G. Davis. Westport, CT: Libraries Unlimited, 2003.

Domier, Sharon. "From Reading Guidance to Thought Control: Wartime Japanese Libraries." *Library Trends* 55, no. 3 (Winter 2007): 551–69.

Donaldson, Scott. *Archibald MacLeish: An American Life*. Boston: Houghton Mifflin, 1992.

Dormont, Marcelline. "The French Connection: Remembering the American Librarians of Post-WWI France." *American Libraries* (February 16, 2017), https://americanlibrariesmagazine.org/2017/02/16/french-connection-librarians-wwi-france/.

Dower, John W. *Embracing Defeat: Japan in the Wake of World War II*. New York: Norton, 1999.

Downs, Robert B. "ALA Sponsorship of Library Schools Abroad: How to Start a Library School." *ALA Bulletin*, 52 (June 1958): 388–400.

———. *National Diet Library. Report on Technical Processes, Bibliographical Services and General Organization*. Tokyo: National Diet Library, 1948.

———. *Perspectives on the Past: An Autobiography*. Metuchen, NJ: Scarecrow Press, 1984.

Du Mont, Rosemary R. *Reform and Reaction: The Big City Public Library in American Life*. Westport, CT: Greenwood, 1977.

Eddy, Harriet G. [Comments on James Gillis]. *News Notes of California Libraries* 52, no. 4 (October 1957): 712–13.

———. *County Free Library Organizing in California, 1909–1918*. Sacramento: California Library Association, 1955.

Edmonds, Anne C. "Ludington, Flora Belle (1898–1967)," 322–24, in *Dictionary of American Library Biography*, edited by Bohdan S. Wynar. Littleton, CO: Libraries Unlimited, 1978.

Elder, Robert E. *The Information Machine: The United States Information Agency and American Foreign Policy*. Syracuse, NY: Syracuse University Press, 1968.

Espinosa, J. Manuel. *Inter-American Beginnings of U.S. Cultural Diplomacy: 1936–1948*. Washington, DC: Government Printing Office, 1976.

Fahs, Charles B. "Congratulations to the Japan Library School on the Occasion of Its Fifteenth Anniversary," *Library Science* (MITA) 4 (1966): iii–iv.

———. *Government in Japan; Recent Trends in Its Scope and Operation*. New York: International Secretariat, Institute of Pacific Relations, 1940.

Fainsod, Merle. "Military Government and the Occupation of Japan," 287–304, in Douglas C. Haring, *Japan's Prospect*. Cambridge, MA: Harvard University Press, 1946.

Fayet-Scribe, Sylvie. "Women Professionals in France during the 1930s." *Libraries and the Cultural Record* 44, no. 2 (2009): 201–19.

Ferguson, Milton J. *Memorandum: Libraries in the Union of South Africa, Rhodesia and Kenya Colony*. New York: Carnegie Corp., 1929, http://catalog.hathitrust.org/Record/001165635.

Fukuzawa, Yukichi [福澤諭吉]. *Autobiography* [訳注：*of Fukuzawa Yukichi*. translated by Eiichi Kiyooka, with an introd. by Shinzo Koizumi]. Tokyo: Hokuseido Press, 1948.

"Fukuzawa Yukichi [福澤諭吉]." *Wikipedia*, https://en.wikipedia.org/wiki/Fukuzawa_Yukichi.

Gaddis, John W. *Public Information in Japan under American Occupation: A Study of Democratization Efforts through Agencies of Public Expression*. Geneva: Imprimeries Populaires, 1950.

Garrett, Jeffrey. "Redefining Order in the German Library, 1775–1825." *Eighteenth-Century Studies* 33, no. 1 (Fall 1999): 103–23, http://www.jstor.org/stable/30053317.
Garrison, Dee. *Apostles of Culture: The Public Librarian and American Society, 1876–1920.* New York: Free Press, 1979.
GHQ 情報課長ドン・ブラウンとその時代：昭和の日本とアメリカ．横浜国際関係史研究会，横浜開港資料館編．東京：日本経済評論社，2009.
Gillis, James L. "Relation of State Libraries to Other Educational Institutions." National Association of State Libraries. *Proceedings and Addresses. Eleventh Convention.* (1908): 29–30.
———. "Shall the State Library be Head of All Library Activities in the State?" National Association of State Libraries. *Proceedings and Addresses. Fourteenth Convention.* (1911): 12–13.
Gitler, Robert L. "Japan." *Library Trends* 12, no. 2 (October 1963): 273–94.
———. "日本図書館学事始め", 169–95, in 今まど子・高山正也編著，現代日本の図書館構想：戦後改革とその展開．東京：勉誠出版，2013.
———[訳注：; edited by Michael Buckland]. *Robert Gitler and the Japan Library School: An Autobiographical Narrative.* Lanham, MD: Scarecrow Press, 1999.
Gurin, Ruth M., and H. M. Baumgartner. "U.S. Information Libraries Prove Their Worth," Library *Journal* 71, no. 3 (February 1, 1946): 137–41.
Haber, Samuel. *Efficiency and Uplift: Scientific Management in the Progressive Era, 1890–1920.* Chicago: University of Chicago Press, 1964.
Hadley, Eleanor M. *Memoir of a Trustbuster: A Lifelong Adventure with Japan.* Honolulu: University of Hawaii Press, 2003.
["Hannah Hunt"] *ALA Bulletin,* 46 (November 1952): 332.
Hansen, Debra G. "Depoliticizing the California State Library: The Political and Professional Transformation of James Gillis, 1890–1917." *Information and Culture* 48, no. 1 (2013): 68–90.
原覚天．現代アジア研究成立史論：満鉄調査部・東亜研究所・IPR の研究．東京：勁草書房，1984, 426–74.
Haring, Douglas G., ed. *Japan's Prospect.* Cambridge MA: Harvard University Press, 1946.
Harris, Michael. "The Purpose of the American Public Library: A Revisionist Interpretation of History." *Library Journal,* 98 (September 15, 1973): 2509–14.
Harsaghy, Fred J. "The Administration of American Cultural Projects Abroad." PhD diss., New York University, 1985.
———. "Seventy Million Japanese Say 'Yes.'" *Wilson Library Bulletin* 27, no. 4 (December 1952): 309–13 and 320; also letter, *Wilson Library Bulletin* 27, no. 6 (February 1953): 419.
Hart, Justin. *Empire of Ideas: The Origins of Public Diplomacy and the Transformation of U.S. Foreign Policy.* Oxford: Oxford University Press, 2013.
春山明哲．"金森徳次郎と草創期の国立国会図書館：戦後日本におけるある「ライブラリアンシップ」の誕生", 39–85. In 今まど子・高山正也編著，現代日本の図書館構想：戦後改革とその展開．東京：勉誠出版，2013.
Hasenfeld, Yeheskel. *Human Service Organizations.* Englewood Cliffs, NJ: Prentice-Hall, 1983.
Hashimoto, Takashi. "Japan Library School: Yesterday, Today, Tomorrow." *Library Science* (1965): 6–11.
Hassenforder, Jean. "Comparative Studies and the Development of Libraries." *UNESCO Bulletin for Libraries* 22, no. 1 (1968): 13–19.
———. *Développement comparé des bibliothèques publíques en France, en Grande-Bretagne et aux États-Unis dans la seconde moitié du XIXe siècle (1850–1914).* Paris: Cercle de la librairie, 1967, http://barthes.enssib.fr/travaux/Caraco-Hassenforder-dvpt-compare-bib-publiques. pdf.
Hausrath, Donald C. "United States International Communication Agency." *Encyclopedia of*

Library and Information Science, vol. 32 (1981): 70–112.

Heindel, Richard H. "U.S. Libraries Overseas," *Survey Graphic*, 35 (May 1946): 162–65.

Held, Ray E. "Gillis, James Louis (1957–1917)," 197–200, in *Dictionary of American Library Biography*, edited by Bohdan S. Wynar. Littleton, CO: Libraries Unlimited, 1978.

———. *The Rise of the Public Library in California*. Chicago: American Library Association, 1973.

Henderson, John W. *The United States Information Agency*. New York: Praeger, 1969.

Henshall, May D. "California County Free Library." *Library Journal* 54, no. 14 (August 1929): 643–46.

Heygood, William C. "Leon Carnovsky: A Sketch." *Library Quarterly*, 38 (October 1968): 422–28.

Hirakawa, Setsuko [平川節子]. "Etsu I. Sugimoto's 'A Daughter of the Samurai' in America." *Comparative Literature Studies* 30, no. 4 (1993): 397–407.

Hirschman, Albert O. *Exit, Voice, and Loyalty: Responses to Decline in Firms, Organizations, and States*. Cambridge, MA: Harvard University Press, 1970.

Histoire des bibliothèques françaises, edited by André Vernet and others. 4 vols. Paris: Promodis-Editions du Cercle du librairie, 1988–1992.

Holborn, Hajo. *American Military Government: Its Organization and Policies*. Washington, DC: Infantry Journal Press, 1947.

Holley, Edward G. "Charles Harvey Brown," 10–48, in *Leaders in American Academic Librarianship, 1925–1975*, edited by Wayne A. Wiegand. Pittsburgh, PA: Beta Phi Mu; and Chicago: American Library Association, 1983.

———. "Mr. ACRL: Charles Harvey Brown (1875–1960)." *Journal of Academic Librarianship* 7, no. 5 (November 1981): 271–78.

Hotta, Ann M. "Children, Books, and Children's Bunko: A Study of an Art World in the Japanese Context." PhD diss., University of California, Berkeley, 1995.

"In Memoriam: Naomi Fukuda (1907–2007)," special issue, *Journal of East Asian Libraries*, 145 (2008), https://scholarsarchive.byu.edu/jeal/vol2008/iss145/.

James, Henry. "The Role of the Information Library in the United States International Information Program." *Library Quarterly* 23, no. 2 (April 1953): 75–114.

"James Gillis." Special issue. *News Notes of California Libraries* 52, no. 4 (October 1957): 633–714.

"Japanese Library School." *ALA Bulletin*, 44 (December 1950): 458.

"Japan's 'Library of Congress.'" *Library of Congress Information Bulletin* (July 27–August 2, 1948): 11–13, https://catalog.hathitrust.org/Record/000639207.

Jevons, Stanley. "The Rationale of Free Public Libraries." *Contemporary Review* 16, no. 3 (March 1881): 385–402. Reprinted in David Gerard, ed. *Libraries in Society: A Reader*. London: Bingley, 1978, 16–20.

Jochum, Uwe. *Bibliotheken und Bibliothekare 1800–1900*. Würzburg: Konigshausen und Neumann, 1991.

Joeckel, Carleton B. *The Government of the American Public Library*. Chicago: University of Chicago Press, 1935.

Johnson, Alvin S. *The Public Library: A People's University*. New York: American Association for Adult Education, 1938.

Kaffen, Philip. "Nakai Masakazu and the Cinematic Imperative." *Positions Asia Critique* 26, no. 3 (2018): 483–515, https://doi.org/10.1215/10679847-6868253.

Kaltenbach, Margaret, and John A. Rowell. "Hunt, Hannah (1903–1973)," 256–57, in *Dictionary of American Library Biography*, edited by Bohdan S. Wynar. Littleton, CO: Libraries Unlimited, 1978.

Kantor, Ken. "Japanese Libraries, American Style." *Wilson Library Bulletin*, 29 (September

1949): 54-55.

Keeney, Philip O. "Against Autocratic Library Management." *Library Journal* 59, no. 11 (April 1, 1934): 312-13.

———. "Democratic Aids to Staff Responsibility." *Library Journal* 59, no. 12 (April 15, 1934): 361.

———. "Japanese Librarians Are War-Damaged." *Library Journal* 73 (May 1, 1948): 681-84.

———. "Meet the Japanese Librarians." *Library Journal* 73 (May 15, 1948): 768-72.

———. "The Public Library: A People's University?" *Wilson Library Bulletin* 13, no. 6 (February 1939): 369-77 and 387.

———. "Reorganization of the Japanese Library System." *Far Eastern Survey* 17 (January 28, 1948): 19-22; and (February 11, 1948): 32-35. 次に転載されている。裏田武夫・小川剛編, 図書館法成立史資料. 東京：日本図書館協会, 1968, 419-33.

———. "The Responsibility of Being Head Librarian." *Library Journal* 59, no. 6 (March 15, 1934): 271-72.

Keio University. International Liaison Department. *Keio University. General Information.* Tokyo: Keio University, 1958.

Kendrick, Douglas M. "Don Brown," *Transactions of the Asiatic Society of Japan.* Third series, 15 (1980): 1-2.

Kiyooka, Chiyono [清岡千代野]. *But the Ships are Sailing—Sailing—.* Tokyo: Hokuseido Press, 1959.

Koide, Izumi [小出いずみ]. "Catalyst for the Professionalization of Librarianship in Postwar Japan: Naomi Fukuda and the United States Field Seminar of 1959." *Asian Cultural Studies*, 39 (March 2013): 65-78.

小出いずみ. "福田直美とアメリカ図書館研究調査団", 213-48, in 今まど子・高山正也編著, 現代日本の図書館構想：戦後改革とその展開. 東京：勉誠出版, 2013.

今まど子. "CIEインフォメーション・センターの活動", 87-154. In 今まど子・高山正也編著, 現代日本の図書館構想：戦後改革とその展開. 東京：勉誠出版, 2013.

———. [Eulogy of Fukuda.] *International House of Japan Bulletin* 27, no. 2 (2007): 46-48.

今まど子. "インタヴュー：日本図書館学校の思い出", 317-30. In 今まど子・高山正也編著, 現代日本の図書館構想：戦後改革とその展開. 東京：勉誠出版, 2013.

今まど子・高山正也編著. 現代日本の図書館構想：戦後改革とその展開. 東京：勉誠出版, 2013.

Kozlovskii, B. "О японских библиотеках и их американскик попечителях" [About Japanese Libraries and Their American Patrons]. *Bibliothekar* 50, no. 11 (November 1948): 31-36.

Kraske, Gary E. *Missionaries of the Book: The American Library Profession and the Origins of United States Cultural Diplomacy.* Westport, CT: Greenwood, 1985.

Kraus, Joe W. "The Progressive Librarians Council." *Library Journal,* 97 (July 1972): 2351-54.

Krummel, D. W. "Downs, Robert Bingham (1903-1991)," 79-82, in *Dictionary of American Library Biography: Second Supplement,* edited by Donald G. Davis. Westport, CT: Libraries Unlimited, 2003.

Larson, Cedric. "Books across the Sea: Libraries of the OWI." *Wilson Library Bulletin* 25, no. 2 (February 1951): 433-36.

Learned, William S. *The American Public Library and the Diffusion of Knowledge.* New York: Harcourt, Brace, 1924.

Lee, Robert Ellis. *Continuing Education for Adults through the American Public Library, 1833-1964.* Chicago: American Library Association, 1966.

Lucken, Michael. *Nakai Masakazu: Naissance de la théorie critique au Japon.* Dijon: Les presses du reel, 2016.

Ludington, Flora B. "The American Contribution to Foreign Library Establishment and Rehabilitation." *Library Quarterly*, 24 (April 1954): 192–204.

MacLeish, Archibald. "The Strategy of Truth," 19–31, in *A Time to Act: Selected Addresses*, edited by Archibald MacLeish. Boston: Houghton Mifflin, 1943.

Maptalk. n.p.: United States. Army. Forces, Far East, Information and Education Section, 1–5 (1944–1946) and *Supplements* 1–5 (1945).

Martin, Lowell. *Enlightenment: A History of the Public Library in the United States in the Twentieth Century*. Lanham, MD: Scarecrow, 1998.

Masakazu, Nakai [中井正一]. *Wikipedia*, https://en.wikipedia.org/wiki/Masakazu_Nakai.

Matsuda, Takeshi [松田武]. *Soft Power and Its Perils: U.S. Cultural Policy in Early Postwar Japan and Permanent Dependency*. Washington, DC: Woodrow Wilson Center Press, 2007.

Matsumoto, Kiichi [松本喜一], "Libraries and Library Work in Japan," *ALA Bulletin* 20, no. 10 (October 1926): 243–44.

McClurkin, John B. "People and Books in Japan." *Alabama Librarian* 4 (July 1953): 18–19.

McMurry, Ruth E., and Muna Lee. *The Cultural Approach: Another Way in International Relations*. Chapel Hill: University of North Carolina Press, 1947.

McNelly, Theodore. *Origins of Japan's Democratic Constitution*. Lanham, MD: University Press of America, 2000.

McReynolds, Rosalee. "Trouble in Big Sky's Ivory Tower: The Montana Tenure Dispute of 1937–1939." *Libraries and Culture* 32 (Spring 1997): 163–90.

McReynolds, Rosalee, and Louise S. Robbins. *The Librarian Spies: Philip and Mary Jane Keeney and Cold War Espionage*. Westport, CT: Praeger, 2009.

Miksa, Francis. "The Interpretation of American Public Library History," 73–92, in *Public Librarianship: A Reader*, edited by Jane Robbins Carter. Littleton, CO: Libraries Unlimited, 1982.

Minear, Richard H. "Cross-Cultural Perception and World War II: American Japanists of the 1940s and Their Images of Japan." *International Studies Quarterly* 24, no. 4 (December 1980): 555–80.

Mitchell, Sydney B. *Mitchell of California: Memoirs of Sydney B. Mitchell Librarian, Teacher, Gardener*. Berkeley: California Library Association, 1960.

———. "The Public Library in the Defense of Democracy." *Library Journal* 64, no. 6 (March 15, 1939): 209–12.

三浦太郎．"ドン・ブラウンと再教育メディアとしての図書館"，197–212．In 今まど子・髙山正也編著，現代日本の図書館構想：戦後改革とその展開．東京：勉誠出版，2013．

———．"占領下日本における図書館法制定過程"，249–70．In 今まど子・髙山正也編著，現代日本の図書館構想：戦後改革とその展開．東京：勉誠出版，2013．

Mohrhardt, Foster. "Clapp, Verner Warren (1901–1972)," 77–81, in *Dictionary of American Library Biography*, edited by Bohdan S. Wynar. Littleton, CO: Libraries Unlimited, 1978.

文部省．日本における教育改革の進展．東京：文部省，1950．

Moore, Everett. "A Certain Condescension." *Library Journal* 85, no. 8 (April 15, 1960): 1528–31.

———. "Some Californians in Tokyo." *California Librarian* 14, no. 3 (March 1953): 167–69.

———. "Teaching in the Japan Library School." *College & Research Libraries* 16, no. 3 (July 1955): 250–53.

Morel, Eugène. *Bibliothèques, essai sur le développement des bibliothèques publiques et de la librairie dans les deux mondes*. 2e ed. Paris: Mercure de France, 1908, http://catalog.hathitrust.org/Record/001164300.

Mulhauser, Roland A. "Information Libraries Flourish in Japan." *Library Journal*, 73 (February 1, 1948): 160–63.

Mumm, Beulah. "California State Library School." *News Notes of California Libraries* 52, no. 4

(October 1957): 679–82.

Munro, Dorothea B. "Japanese Buzz Session." *Wilson Library Bulletin* 26, no. 4 (December 1951): 326 and 330.

Munthe, Wilhelm. *American Librarianship from a European Angle: An Attempt at an Evaluation of Policies and Activities.* Chicago: American Library Association, 1939.

Nelson, John M. "The Adult-Education Program in Occupied Japan 1946–1950." PhD diss., Department of Education, University of Kansas, 1954. 日本語訳として，占領期日本の社会教育改革．東京：大空社，1990.

Ninkovich, Frank A. *The Diplomacy of Ideas: U.S. Foreign Policy and Cultural Relations, 1938–1950.* New York: Cambridge University Press, 1981.

Nugent, Donald R., ed. *The Pacific Area and Its Problems: A Study Guide.* New York: American Council, Institute of Pacific Relations, 1936.

Ochi, Hiromi [越智博美]. "Democratic Bookshelf: American Libraries in Occupied Japan," 89–111, in Greg Barnhisel and Catherine Turner. *Pressing the Fight: Print, Propaganda, and the Cold War.* Amherst: University of Massachusetts Press, 2012.

O'Connor, Peter. *The English-Language Press Networks of East Asia, 1918–1945.* Folkestone, UK: Global Oriental, 2010.

Ohsa, Miyogo [大佐三四五]. "On the Libraries in Japan." *ALA Bulletin* 20, no. 10 (October 1926): 244–51.

Oriental Collections, U.S.A. and Abroad. Report of the Third Group Meeting Held at the University of Pennsylvania, March 28, 1951. Sponsored by the Joint Committee of the Far Eastern Association and the American Library Association. Ames: Office of the Chairman, Iowa State College Library, 1951.

Orne, Jerrold, ed. *Research Librarianship: Essays in Honor of Robert B. Downs.* New York: Bowker, 1971.

Ortega y Gasset, José. "The Mission of the Librarian." *Antioch Review* 21, no. 2 (Summer 1961): 133–54, https://www.jstor.org/stable/4610323.

"Paul J. Burnette." *Library Quarterly* 27, no. 1 (January 1957): 48.

Pellisson, Maurice. *Les bibliothèques populairs à l'étranger et en France.* Paris: Imprimerie Nationale, 1906, https://catalog.hathitrust.org/Record/000961498.

Pincus, Leslie. "Revolution in the Archives of Memory: The Founding of the National Diet Library in Occupied Japan," 382–92, in *Archives, Documentation, and Institutions of Social Memory: Essays from the Sawyer Seminar,* edited by Francis X. Blouin Jr. and William G. Rosenberg. Ann Arbor: University of Michigan Press, 2006.

Price, Paxton, ed. *International Book and Library Activities: The History of a U.S. Foreign Policy.* Metuchen, NJ: Scarecrow Press, 1982.

Raber, Douglas. *Librarianship and Legitimacy: The Ideology of the Public Library.* Westport, CT: Greenwood, 1997.

Report of the Field Seminars on Education for Librarianship, July 17–August 13, 1961. Tokyo: Keio University, Japan Library School, 1961.

Richards, Pamela Spence. "Information for the Allies: Office of War Information Libraries in Australia, New Zealand, and South Africa. *Library Quarterly* 52, no. 4 (October 1982): 325–47.

Richardson, John V. "Harriet G. Eddy (1876–1966): California's First County Library Organizer and Her Influence on USSR Libraries." *California State Library Foundation Bulletin,* 94 (2009): 2–13, http://www.cslfdn.org/pdf/Issue94.pdf.

Roedel, Matilda A. "'Arigato,' say Japanese." *Library Journal,* 74 (December 1, 1949): 1792–95 and 1806.

Ruoff, Jeffrey K. "Forty Days across America: Kiyooka Eiichi's 1927 Travelogues." *Film History* 4 (1990): 237–56.

Ruoff, Kenneth J. "The Making of a Moderate in Prewar Japan: Kiyooka Eiichi." Undergraduate thesis, Department of East Asian Studies, Harvard University, 1989.

Sano, Tomosaburo [佐野友三郎]. "The Public Library in Japan." *Public Libraries* 14, no. 6 (June 1909): 214.

Sawamoto, Takahisa [澤本孝久]. "Keio University School of Library and Information Science: Its Past, Present and Future." *Library and Information Science*, 9 (1971): 11–23.

――――. "Training and Education Programs for Librarians in Japan," 65–72, in *Library Education in Developing Countries*, edited by George S. Bonn. Honolulu: East-West Center Press, 1966.

Schlipf, Frederick A. "Leon Carnovsky: A Bibliography." *Library Quarterly* 38, no. 4 (October 1968): 429–41.

Schneider, Douglas. "America's Answer to Communist Propaganda Abroad." *Department of State Bulletin*, 19 (December 19, 1948): 772–76.

Schrettinger, Martin. *Versuch eines vollständigen Lehrbuches der Bibliothek-Wissenschaft* (Munich: Author, 1808), 11, http://archive.org/details/bub_gb_x2qePg9yKNkCSchrettinger.

Schwantes, Robert S. *Japanese and Americans: A Century of Cultural Relations*. New York: Harper, 1955.

Shera, Jesse H. *Foundations of the Public Library: The Origins of the Public Library Movement in New England, 1629–1855*. Chicago: University of Chicago Press, 1944.

Smith, Anne Marie. "Japanese Impressions." *Canadian Library Association Bulletin*, 10 (December 1953): 133.

Stanionis, Arthur. "Illini and the War." *Daily Illini* (March 15, 1944): 2, col. 6, http://idnc.library.illinois.edu/cgi-bin/illinois?a=d&d=DIL19440315.2.27#.

Stephens, Oren. *Facts to a Candid World: America's Overseas Information Program*. Stanford, CA: Stanford University Press, 1955.

Stevens, Jane. "Frick, Bertha Margaret (1894–1975)," 191–92, in *Dictionary of American Library Biography*, edited by Bohdan S. Wynar, Littleton, CO: Libraries Unlimited, 1978.

Stielow, Frederick J. "Librarian Warriors and Rapprochement: Carl Milam, Archibald MacLeish and World War II." *Libraries and Culture* 25, no. 4 (Fall 1990): 513–33.

――――. "MacLeish, Archibald (1892–1982)," 59–63, in *Dictionary of American Library Biography: Supplement*, edited by Wayne A. Wiegand. Englewood, CO: Libraries Unlimited,1990.

Suggett, Laura S. *The Beginning and the End of the Best Library Service in the World*. San Francisco: San Francisco Publishing Co., 1924.

Sugimoto, Etsu [杉本鉞子]. *A Daughter of the Samurai: How a Daughter of Feudal Japan, Living Hundreds of Years in One Generation, Became a Modern American*. New York: Doubleday, Page, 1925.

Sulllivan, Peggy. "Cory, John Mackenzie (1914–1988)," 55–58, in *Dictionary of American Library Biography: Second Supplement*, edited by Donald G. Davis. Westport, CT: Libraries Unlimited, 2003.

Supreme Commander for the Allied Powers. *History of the Non-Military Activities of the Occupation of Japan*. 55 vols. Tokyo, 1950–1952.

――――. Civil Information and Education Section. Education Division. *Education in the New Japan*. Tokyo: General Headquarters, Supreme Commander for the Allied Powers, Civil Information and Education Section, Education Division, 1948.

――――. Civil Information and Education Section. Education Division. *Post-war Developments in Japanese Education*. Tokyo, General Headquarters, Supreme Commander for the Allied Powers, Civil Information and Education Section, Education Division, 1952.

Suzuki, Yukihisa [鈴木幸久]. "American Influence on the Development of Library Services in Japan 1860–1948." PhD diss., University of Michigan, 1974.

Swank, Raynard C. "International Values in American Librarianship," 115–29, in Cornell University Libraries. *The Cornell Library Conference: Pages Read at the Dedication of the Central Libraries, October, 1962.* Ithaca, NY: Cornell University Library, 1964.

高山正也. 歴史に見る日本の図書館：知的精華の受容と伝承. 東京：勁草書房, 2016.

Takebayashi, Kumahiko [竹林熊彦]. "Modern Japan and Library Movement." *Contemporary Japan,* 14 (April–December 1945): 224–43.

Takemae, Eiji [竹前栄治]. *Inside GHQ: The Allied Occupation of Japan and Its Legacy.* New York: Continuum, 2002.

Takeuchi, Satoru [竹内悊]. "Education for Librarianship in Japan: A Comparative Study of the Pre-1945 and Post-1945 Periods." PhD diss., University of Pittsburgh, 1979.

———. "Japan, Education for Library and Information Science," 239–71, in *Encyclopedia of Library and Information Science,* vol. 36. New York: Marcel Dekker, 1983.

Tauber, Maurice F., and Eugene H. Wilson. *Report of a Survey of the Library of Montana State University for Montana State University, January–May 1951.* Chicago: American Library Association, http://hdl.handle.net/2027/mdp.39015034609811.

Thompson, Lawrence S. "Brown, Charles Harvey (1875–1960)," 63–65, in *Dictionary of American Library Biography,* edited by Bohdan S. Wynar. Littleton, CO: Libraries Unlimited, 1978.

Thomson, Charles A., and Walter H. C. Laves. *Cultural Relations and U.S. Foreign Policy.* Bloomington: Indiana University Press, 1963.

Thomson, Charles A. H. *Overseas Information Service of the United States Government.* Washington, DC: Brookings Institution, 1948.

図書館情報学教育の戦後史：資料が語る専門職養成制度の展開. 根本彰監修. 京都：ミネルヴァ書房, 2015.

Truman, Harry S. "Termination of O.W.I. and Disposition of Certain Functions of O.I.A.A. Aug 31, 1945." *Department of State Bulletin* 13, no. 323 (September 2, 1945); 306–7.

Tung, Louise W. "Library Development in Japan." *Library Quarterly* 26, no. 2 (April 1956): 79–104; and no. 3 (July 1956): 196–223.

United States. Committee on Public Information. *Complete Report of the Chairman of the Committee on Public Information: 1917, 1918, 1919.* Washington, DC: Government Printing Office, 1920, https://catalog.hathitrust.org/Record/009600453.

———. Education Mission to Japan. *Report of the United States Education Mission to Japan. Submitted to the Supreme Commander for the Allied Powers, Tokyo, March 30, 1946,* 45. Washington, DC: Government Printing Office, 1946, https://catalog.hathitrust.org/Record/011325745.

———. Library Mission, and Supreme Commander for the Allied Powers. Civil Information and Education Section. 1948. *Report of the United States Library Mission to Advise on the Establishment of the National Diet Library of Japan.* Washington, DC: Government Printing Office, 1948, http://catalog.hathitrust.org/Record/009161030.

"United States Information Libraries Abroad." *Department of State Bulletin* 9, no. 223 (October 2, 1943): 228–29, http://catalog.hathitrust.org/Record/000598610.

裏田武夫・小川剛編. 図書館法成立史資料. 東京：日本図書館協会, 1968.

"U.S. Initial Surrender Policy for Japan." *Department of State Bulletin* 13, no. 326 (September 23, 1945): 423–27, https://catalog.hathitrust.org/Record/000598610.

Verner Warren Clapp, 1901–1972: A Memorial Tribute. Washington, DC: Library of Congress, 1973.

Vincent, J. C., J. H. Hilldring, and R. L. Dennison. "Our Occupation Policy for Japan." *Department of State Bulletin* 13, no. 328 (October 7, 1945): 538–45, https://catalog.hathitrust.org/Record/000598610.

Wachtel, Marion S. "Harriet G. Eddy." *California Librarian,* 28 (January 1967): 54–55.

Ward, Robert E., and Frank J. Shulman, eds. *The Allied Occupation of Japan, 1945-1952:*

An Annotated Bibliography of Western-Language Materials. Chicago: American Library Association, 1974.

Welch, Theodore F. *Libraries and Librarianship in Japan*. Westport, CT: Greenwood, 1997.

———. *Toshokan: Libraries in Japanese Society*. London: Bingley, 1976.

Who's Who in Library Service. New York: H. W. Wilson, 4 eds., 1933–1966.

Wiegand, Wayne A. *Part of our Lives: A People's History of the American Public Library*. New York: Oxford University Press, 2015.

Willey, Malcolm M. "The College Training Programs of the Armed Services." *Annals of the American Academy of Political and Social Science*, 231 (January 1944): 14–28.

Williams, Edwin E. *International Library Relations: A General Survey of Possible Postwar Library Development*. Chicago: American Library Association, 1943.

Williams, Justin. "From Charlottesville to Tokyo: Military Government Training and Democratic Reforms in Occupied Japan." *Pacific Historical Review*, 51 (1982): 407–22.

———. *Japan's Political Revolution under MacArthur*. Athens: University of Georgia Press, 1979.

Williams, Patrick. *The American Public Library and the Problem of Purpose*. New York: Greenwood, 1988.

Williams, Robert V. "The Public Library as the Dependent Variable: Historically Oriented Theories and Hypotheses of Public Library Development." *Journal of Library History* 16, no. 2 (Spring 1981): 329–41; also, www.jstor.org/stable/25541199.

Winger, Howard. "Carnovsky, Leon (1903–1975)," 73–74, in *Dictionary of American Library Biography*, edited by Bohdan S. Wynar. Littleton, CO: Libraries Unlimited, 1978.

Winkler, Allan M. *The Politics of Propaganda: The Office of War Information, 1942–1945*. New Haven, CT: Yale University Press, 1978.

Witt, S. W. "Merchants of Light: The Paris Library School, Internationalism, and the Globalization of a Profession." *Library Quarterly* 83, no. 2 (2013): 1–21.

横浜開港資料館．ドン・ブラウンと昭和の日本：コレクションで見る戦時・占領政策．横浜国際関係史研究会，横浜開港資料館編．横浜：有隣堂，2005.

インタビュー[1]

本書を読むための予備的知見：監訳者 高山正也氏に聞く

村上　バックランド博士（Dr. Michael K. Buckland）の著作は，高山先生が翻訳された『図書館・情報サービスの理論』（勁草書房，1990），高山先生と桂啓壮先生が翻訳された『図書館サービスの再構築：電子メディア時代へ向けての提言』（勁草書房，1994），近年では田畑暁生先生が翻訳された『新・情報学入門：ビッグデータ時代に必須の技法』（日本評論社，2020）が日本では広く知られています。

　高山先生は，バックランド博士とは親しい間柄と伺っておりますが，最初に，出会いを教えていただけますか。

高山　当時，フルブライト奨学金事業の多くのプログラムの中に，若手の大学教員を米国に招聘して米国の社会を理解してもらうというプログラムがありました。私はそれに手を挙げ，1982(昭和57)年にフルブライト奨学生として米国へ渡りました。

　私の留学受入先であるカリフォルニア大学バークレー校のファカルティ・アソシエート，日本流にいえば受入指導教授ですが，それがバックランド博士でありました。

　日本の大学の学年暦は4月に始まって3月に終わりますが，米国は9月に始まって6月に終わるのが一般的です。通常の留学生であれば，8月末か9月初めに米国に渡ればいいのですが，フルブライトでは米国での大学生活に言語や

1：本インタビューは「今，なぜ，75年も前の日本占領期の米軍による日本占領政策の一環としての図書館政策を読む必要があるか」について，監訳者に，逸村裕・村上篤太郎両名が2021(令和3)年1月8日にCOVID-19による感染症下でZoomによるテレビ会議方式で行ったインタビューの記録である。

生活面でなじむためのオリエンテーションプログラムがあり，2カ月前，7月の末に米国に渡ることになりました。

　同じプログラムで行く日本人留学生10人（専攻分野は全員異なっていました）が集められ1チームをつくり，ニューヨーク州の北の方のイサカ（Ithaca）という町にあるアイビーリーグのコーネル大学で，オリエンテーションプログラムを2カ月間受けることになりました。ここは今回の翻訳の中に出てくる清岡暎一先生が学ばれた大学です。

　イサカは大学があるだけの町です。教職員が住んでいるだけと言っても過言でない町です。東京からニューヨークのラガーディア空港へ飛んで，ローカル線の飛行機に乗り換えて，イサカの空港に降り立つわけです。

　しかし，私は9月から住むところを決めておかなければいけない。そのため，まず，カリフォルニア州バークレーに寄りました。キャンパスへ行って，9月から籍を置く当時のSchool of Library and Information Managementに挨拶し，「指導教授のバックランド博士はいらっしゃるか」と聞いたわけです。

　米国の学年暦は9月から6月なので，大学教員の給与は年棒として10カ月分が支払われます。残りの2カ月は夏休みで，どこで何をするかは自由です。

　夏休み期間中に，教員がキャンパスに出ている保証はなかったのですが，受付で聞いてみると，「いや，いますよ」ということで，「じゃあ，ちょっと挨拶させてくれ」，「どうぞ」と。当時彼は主任（dean）をしていましたので，大きな部屋をあてがわれていて，そこへ挨拶に行きました。こちらは，初対面だし，英語はできないし，緊張しているわけです。「高山です」と言うと，「やあやあ，座りたまえ」という話になりました。

　最初の質問は何かと身構えていると，「バースデーはいつか？」と聞いてきたのです。初対面で誕生日を聞くのも変な話だと思って2，3回聞き直したと思いますが，何回聞いても「バースデー」と聴こえる。「1941年11月23日だ」と言うと，「何時に生まれたのだ？」と聞いてくる。自分の生まれた時間など記憶にあるはずもないので，「たぶん朝の6時過ぎだと思う」と話すと，「コングラチュレーション！　お前が兄貴だ」と。何かと思ったら，「自分も同年同月同日の生まれだが，英国のグリニッジ標準時1941年11月23日の生まれで，お前は日本の1941年11月23日の，しかも朝だ。お前の方が早くこの

地上に出てきているのだから，お前が兄貴だ」という話になりました。

　彼は私にとってのファカルティ・アソシエート，彼にとって私は普通の留学生ではなく仲間となる教員に近いという立場です。私は一般の留学生とは違って，米国の社会の勉強，要するに米国の世の中をよく見てこいという主旨のプログラムで送り出されていますから，彼としても，日本から同僚がやってきたという形で受け入れてくれた。そのような形で彼との関係が始まりました。

　「私としては，米国の社会，特に米国の大学の，しかもライブラリースクールでどういう教育をしているかを見ること，体験することが主な目的なのだから，それを体験させてくれ」と言うと，「ああ，いいよ。俺の授業をずっと側で聴いていろ」ということになり，それと同時に「米国の色々なライブラリースクールを見て回れ」と紹介状を書いてくれ，私はいくつかのライブラリースクールを見て回ることができました。

　バックランド博士の授業を聴いていると，授業そのものの進め方はよく理解できますが，図書館情報学の理論体系がどうなっているかがよくわからない。それを彼に言うと，自分の図書館学への考え方を今まとめている最中で，それが本になるので，完成したら，お前に第一に見せてやるという話になって，先ほど村上君が紹介してくれた，日本語に訳した『図書館・情報サービスの理論』ができあがったわけです。

村上　誕生日が一緒だというのには驚きました。

高山　今のエピソードは最初の留学のときです。それから，90年代にもう一度，慶應からサバティカルをもらって3カ月，やはりバークレーへ行きました。当時，ロバート・ギトラー（Robert Gitler）さんがバークレー出身とわかって，ギトラーさんから色々な話を聞けたことが大きな収穫でした。ギトラーさんはすでに現役を退いて，バークレーの隣町であるオークランドの高齢者用のアパートメントに引きこもって，その中でも歩行器を使わないと歩けない状態になっておられました。

　そういう状況の中で，ギトラーさんの自伝（回想録）を——これはギトラーさんがもちかけたのか，バックランド博士がもちかけたのか知りませんが——二人でつくろうということで，その作業が始まっていました。「正也，いいところへ来た。ジャパン・ライブラリースクール（日本図書館学校）のことだか

ら，手伝ってくれ」と言われて，バックランド博士のヒアリングに，毎回立ち
会いました。

　立ち会っていると，ギトラーさんから色々と日本の話が出てくるわけです。
例えば，清岡暎一がこうであったとか，あるいは澤本孝久がよくやってくれた
とか，藤川正信はたいへんクレバーな男であったとか，そういう話がどんどん
出てくるのですが，バックランド博士はそういう人物のことがわからないの
で，「正也，これは何だ，誰だ，どういう人なんだ」と何もかも私に尋ねてく
るわけです。

　私も知っている限りのことはその場で答えましたが，すべてわかっているわ
けではないので，日本へ帰ってから調べて送ったり，日本へ手紙を送って（ま
だ，携帯電話も電子メールも実用化される以前でしたので）その返事をバック
ランド博士に教えたりしました。そうしてまとまったのが，——慶應の図書
館・情報学専攻が創立75周年記念で訳すといいと思っているのですが——
Robert Gitler and the Japan Library School です。これが2番目のエピソード
です。

村上　それでは，今回の翻訳に関わる話に入っていきたいと思います。
私も翻訳の一部に携わったことで，戦後のSCAP/GHQによって日本が占領さ
れている時期に図書館政策がどのようになされたのかについて，さらに色々な
知識を増やすことができました。

　米国の文化外交政策として，図書館をつくることに対して，CIE図書館など
の形で出てきますが，読んでいると，ドン・ブラウン（Don Brown）が日本
で図書館を配備する計画をしていたとか，あるいは余った予算を何に使おうか
という話があった時に図書館行政に使おうと言い，結局それが日本図書館学校
の予算に結びついたとか，ドン・ブラウンがかなりキーマンだったのではと感
じました。

　一方，図書館法も，無料の原則，あるいは司書の専門職という方向づけはい
ただけましたが，当時の図書館職員も司書資格取得への移行期でした。それが
原因なのか，想定したレベルには程遠いような状況で，今も何となくそれが続
いているようで，専門職とのギャップを改めて認識したわけです。

高山　そうですね。ドン・ブラウンについては，もっと調べる必要があるでしょう。しかし，資料があるかどうか……。

逸村　まずは，この膨大な資料に基づいて書かれたバックランド博士の意気込みのようなものを，高山先生がどうお聞きになっているかをお話しいただければと思います。

高山　なぜバックランド博士がこういうものをまとめたのかについては，本書の「序文」にもありますが，バックランド博士がギトラーさんの自伝をつくる時に，ジャパン・ライブラリースクール，さらにはその背景に日本の当時の図書館政策を占領軍が手掛けたという事実を知って，これは少し深く勉強した方がいい。しかも，どうしても歴史学を専門にしていた自分がやらなければならないと思った，とみています。

　どうしてかと言えば，日本の占領下での図書館政策に関わったフィリップ・キーニー（Philip Keeney）とポール・バーネット（Paul Burnette），そしてロバート・ギトラーという，この三人のキーパーソンは皆カリフォルニア大学バークレー校の図書館学校の出身者です。ただし，日本の図書館政策に携わった時期は違っています。キーニーは占領初期，バーネットは占領当初から中期まで，ギトラーは占領末期のぎりぎりのところでやってきて，日本が独立した後も日本にとどまった。さらには，バークレーで勉強した時期も重なっているわけではない。

　バークレーのライブラリースクールの基盤を固めたシドニー・ミッチェル（Sydney Mitchell）という人がいます。シドニー・ミッチェルの図書館学に対する考え方を，その三人は共有しているはずであると，バックランド博士は強く思っている。今日から見て，それが，占領軍が日本で展開した図書館政策の基本方針に作用したことになる。

　それはどういうことかというと，図書館はリベラルなデモクラシーの基盤であるということです。バックランド博士が『図書館・情報サービスの理論』の中で強調していますが，図書館はユーザーに情報を提供する。これは 20 世紀後半の図書館情報学の中で強調されている考え方です。それに着目していた彼は，利用者指向（user oriented）というけれど，誰もがユーザーになれるわけではなく，あくまでもある一定の教養をもっている Informed Citizen（民主主

義社会を支える主権者にふさわしい教養を有する人々)である必要があると言っている。Informed Citizen が図書館によって養成され，情報を与えられることではじめて，リベラルデモクラシーという社会が構成できるのだと。

　これは，私が今回この翻訳を手掛けようとした 2020(令和 2)年 2, 3月の時点では表面化していませんでしたが，今日 2021(令和 3)年 1 月 8 日だから言えること，昨日 2021 年 1 月 7 日[2] に，米国で何が起こったかを考えてください。リベラルなデモクラシーが危機に瀕しています。デモ隊が議事堂の中に流れ込んで銃撃戦が行われているわけです。これは，明らかに米国のリベラルデモクラシーの崩壊の危機です。

　日本人は戦後 75 年間ずっと，デモクラシーの見本，あるいはモデルとして米国社会を考えてきた。それが崩壊しつつあって，一部の人が言っているように，今や世界でデモクラシーの模範になるのは，ことによると米国でも欧州でもなく，日本かもしれない。特に隣国，中国の北京政権が，急速に独裁体制・全体主義の傾向を強めている現状では，日本の健全な国民が自由な民主主義体制を守る覚悟を固めなければならない事態になっているのではないでしょうか。

　図書館に関わる人間として，そういう状況で図書館がいかにあるべきかということを，今，声を大にして言わなければいけない時期かもしれないのです。

　それで，私はあなた方お二人に，この本を読んで何を感じたか問いかけたはずです。何をどう感じてくれましたか。

村上　SCAP/GHQ が施行した日本に対する図書館政策は中途半端な形で，実際図書館法は実がないものでしたが，制定したことにはとりあえず意義があった。日本人は，本当はその図書館法に予算のことなどを盛り込みたかったのですが，事情が許さず，それは法の制定後に改正に向けてやればいいという話に

2：連邦議会議事堂へ乱入した暴徒鎮圧のためと称して，保守派論客等の Google や Facebook 等の SNS アカウントが削除・凍結され，一種の言論統制，デジタル時代の検閲に等しい情報統制が始まった日を指している。この日の暴動をトランプ前大統領支持者の一部は，民主党過激派による一種のクーデターであると非難しており，米国社会分断化を象徴する事件ともなっている。

なり，しかし，今になっても状況は変わらずです。また，専門職としての司書を米国のようには養成することもできず，これも今に至っています。

高山　端的に言って，米国の日本における図書館に関する占領政策は，結局のところほぼ失敗した，ともいえるのではないか。なぜかといえば，要するに日本にそれを受け入れる土壌がなかったから失敗した，目的が達成できなかった，ということです。なぜ受け入れる土壌がなかったのか。日本に図書館がなかったならば，米国の言うことをそっくりそのまま受け入れればいい。しかし，日本には，実は米国よりも長い図書館の歴史があるわけです。平安時代，あるいは奈良朝の時代から。

　その長い歴史の中に，米国型の図書館をもってこられた時に，日本は違う，こういうやり方でやっていると断るか，もしくは我々の今までのものよりずっと良いからと受け入れるか，どちらかにすればよかったのですが，結論から言えば，どちらもやらなかったし，できなかった。米国型に従うふりをしながら，拒絶した。

　なぜだということになると，今回，我々が翻訳をした 1945（昭和 20）年から 1952（昭和 27）年までの占領下における占領軍——具体的に言えば，占領軍の CIE と一部民生局が加わっていますが——による図書館政策。これは 5 本の柱にまとめられると思います。1 番目が国立国会図書館の創設，2 番目がキーニー・プラン，3 番目は図書館法，4 番目が CIE 情報センター（図書館），5 番目がジャパン・ライブラリースクール，この 5 つです。結局はこの 5 つとも当初の目標を完全には実現しえていない。

　なぜ駄目だったのかを考えなければならない。当初の目標が実現できなかったということで，失敗したと言ったのです。失敗の直接的な理由は二つあると思います。一つは政策の実行目標が日本政府と SCAP/GHQ に分かれ，二元化していたこと。もう一つはその政策目標を受ける日本の図書館界がどれだけ積極的にその政策を受け入れ，改革しようとしたかということです。時間の関係もありますから一つだけ，私がある程度，関わったこともあるジャパン・ライブラリースクールについて述べましょう。バックランド博士が第 1 章で述べている「ギトラーの創ったその学校（The Japan Library School）は 70 年経った現在，東京にある名門慶應義塾大学の評価の高い文学部図書館・情報学系図

書館・情報学専攻となっている」という文言は素直に賛辞として受け取れるか
ということです。何のために，ギトラーは日本独立後，米国人教授陣が引き上
げた後も永続できる図書館学校を受け入れる大学を探し求めたのか。図書館学
校には，日本全国から様々な階層の学生を入学させるべく学士入学者枠を設け
ることにこだわったのか，ということです。日本の現状では図書館情報学の高
度な学術的な理論構成には貢献できても，リベラルなデモクラシーを日本で発
展させるという我々の生活空間である社会的課題の解決に貢献できているかと
いう問題が手つかずのままになっているのではないかということを考えてくだ
さい。この占領軍の図書館政策に最初に目を付けたのは小川剛さんです。東京
大学の裏田武夫先生と小川さんの共編『図書館法成立史資料』（日本図書館協
会，1968）を受けて，根本彰さんたちが，占領軍の資料を色々と紹介はしてい
る。

　1945年から1952年の間の占領軍の資料を読み解くだけではなく，1945年以
前，石上宅嗣からずっととまでは言いませんが，最低限，近代の日本の図書館
の流れと連続させて（させられるならば）見る必要があると思う。私は出発点
を福澤諭吉の『西洋事情』に置きたいと思いますが，福澤はなぜ「西洋諸国の
都府には文庫あり」で切らなかったのか。その後に，カギかっこ付きで「「ビ
ブリオテーキ」と云う」という一文を付け加えているわけです。文庫とビブリ
オテーキは違うということですね。

　あの福澤にして，まだ図書館という言葉はつくれなかった。だから，ビブリ
オテーキという言葉を使っている。その後，日本はそのビブリオテーキなるも
のを国の施設として造らなければいけなくなり，1872(明治5)年に，町田久成
は結果として図書館的なものを創り，それに「書籍館」という言葉を使って
います。

　だが，「書籍館」もしっくりこないと，図書館関係者は考えたのでしょう。
1892(明治25)年に，世界で3番目のライブラリーアソシエーションを日本が
つくった時に，あいかわらず「日本文庫協会」という名前でスタートさせまし
た。その日本文庫協会がスタートしたころから，やはりこれは文庫ではない，
ビブリオテーキだ。では，ビブリオテーキは，カタカナではなく漢字で何と表
そうかと。そうして，徐々に図書館という言葉が広まり，確立してゆき，日本

文庫協会も 1908（明治 41）年に，日本図書館協会と名前を変えるわけです。

　その流れがあって，大正デモクラシーがあります。日本の場合は，大正デモクラシーで目指したのは立憲民主主義です。しかし，これはシドニー・ミッチェルが目指したパブリックライブラリーのベースになるリベラルデモクラシーとは違うのです。

逸村　この本の感想を私から述べます。やはり歴史には色々な側面があるなと強く感じました。そういう意味で，バックランド博士の本は，やはりきちんと訳して，きちんと読んでもらいたいと思いますし，きちんと世に出すべきだと思います。

高山　そのことをバックランド博士は，書名『イデオロギーと図書館』で表したのだと思います。

逸村　私は大学院生や教員を育てようとしていますが，最初にお話しいただいた，フルブライト奨学金をきっかけとした高山先生とバックランド博士との出会いは，今の若い人からすると驚愕です。今は電子メールやインターネットの道具が様々ありますから，海外の人と会っていなくても，普通にコミュニケーションをとったうえで海外に出る。あるいは向こうから来る。

　バックランド博士のところにアソシエートとして行くことについては，当然お手紙を出されたわけですよね。

高山　それについては一つ言い落としていました。私は最初からバークレーを希望したわけではなく，フルブライト委員会から，留学先として希望する大学の候補を三つあげることを許されました。その中からどこにするか，最終的な決定権はフルブライト委員会がもっているわけです。私があげたのはコロンビア大学，シカゴ大学，カリフォルニア大学バークレー校の3校です。

逸村　その話も，今の若い人にはとてもおもしろいと思います。高山先生の時代のフルブライト委員会の動き，またそういう接点があってこの本が生まれたことは，ぜひ記録しておきたい。それも重要な歴史です。

高山　もう一つ，当時のフルブライトの若手教員派遣プログラムで大事だったことは，世の中を見てこい，米国の社会を見てこいということです。フルブライト・プログラムそのものが，米国のソフト・パワーの非常に有力な一つの手

法になっていたということがあります。

　若い世代に，米国の社会はこういうものだというのをわからせる，知米派を
つくる役割を担うことが一つあった。

　そのために，もう一つ我々に課せられていた条件は，米国で学位を取っては
いけないということでした。私の現役の後半は，慶應の中のアカデミックアド
ミニストレーションに追いまくられていて，まったく暇がなかった。当時，文
学部長から「高山君，どうも文学研究科から学位請求論文が出るのが少ないか
ら，学位論文を書いてくれ」と言われました。私が「それなら学部のアドミニ
ストレーションから解放して，時間をください」と言うと，「じゃあ書かなく
ていい」と言われたのですが……。フルブライト留学生として学位を取ろうと
してはいけない。それは絶対にするなということでした。書きたいことがいっ
ぱいあったので，今も残念に思っています。

　このことをバックランド博士に言いました。そうすると，「そうか，じゃあ
書かないでおけよ」と。「あなたはそう言うけれど，やはり書かないと大学の
教員としてはまずいのではないか」と言うと，彼に「書いてどれだけのメリッ
トがあるか，あるいは効果があるか」と言い返された。「お前はすでに助教授
でテニュアをもっているだろう。それならば，学位論文を書くエネルギーを
もっと別のことに使った方が，お前のキャリア，あるいは人生のためにずっと
プラスになるのではないか」と。要するに，アングロサクソンの社会では，学
位論文は就職のための一手段にすぎない。これが米国のプロフェショナルス
クールなのです。

　今，日本の若手の大学院生を見ていると，学位論文を書くことにきゅうきゅ
うとしています。学位をもっているかどうかを判定基準にして若手教員を採用
するやり方は，将来問題がでてくるのではないかと心配しています。

逸村　たいへん興味深いお話でした。バックランド博士の今のお話も，まだ米
国にはそう考える人もいるということが興味深いですし，そのあたりがこの本
に反映していると思いました。

高山　あわせて，バックランド博士の図書館に対する考え方も一つ伝えておい
た方がいいと思います。これは『図書館・情報サービスの理論』と，『図書館
サービスの再構築』の２冊を読んでもらえばわかるのですが，バックランド博

士の図書館に対する考え方そのものは，非常にシステム的な捉え方をしています。

　話は変わって，私が，留学先にコロンビアとシカゴとバークレーを選んだ理由ですが，コロンビア大学はライブラリースクールとして最も長い歴史をもっているからで，シカゴ大学は理論的な図書館情報学を展開していたからでした。しかし，あと一つをどこにするべきかがわからなかった。折しも，ギトラーさんが上智大学の図書館のことか何かで日本に来ておられたので，ギトラーさんに相談しました。

逸村　ギトラーさんが上智の関係で来日していたのは，1977（昭和52）年から1982年ぐらいです。

高山　私がバークレーに行ったのが，1982年から1983（昭和58）年ですから。

逸村　ぴったり合いますね。

高山　私にバックランド博士を推薦してくれたのは，実はギトラーさんです。ギトラーさんが「バークレーにバックランド博士がいるから，彼のところがいいよ。バークレーなら自分の母校でもあるから」とおっしゃった。

逸村　それは大事な情報じゃないですか。

高山　それで，私は3番目の志望校をカリフォルニア大学のバークレー校とし，バックランド博士の名前を指導希望教授にあげたということです。

　『図書館・情報サービスの理論』を読んで言えることは，社会の中の一構成要素として，図書館を捉えているということです。しかも図書館には様々な業務があり，様々な人材がいて，それらをシステム的に，総合的に捉えている。図書館学の教科書に書いてあるように，図書館員がいて，コレクションがあり，施設があり，それらがシステム化されて，図書館サービスができあがって，ユーザー，先ほど話にでた Informed Citizen に提供する。

　Informed Citizen に提供されるのは，システムからアウトプットとして提供されるところだけを見ていてはいけない。アウトプットとして図書館サービスがあって，その図書館サービスがどういうアウトカムを生みだすかを理解することが必要なのだと。だから，アウトカムを見なければいけないということです。要するに，公共図書館のアウトカムとはリベラル民主主義社会の成熟なのです。

　そのシステムをさらにイノベーティブに進化させていくためには，既存の紙ベースの伝統的な図書館からオートメーティッドな図書館になり，さらに現在で言うならば，DX（デジタルトランスフォーメーション）を経験したようなデジタル社会でのイノベーションを体現するデジタルライブラリーになっていかなければいけない。そういうイノベーションが図書館の世界で必要だという考え方を，基本的にもっている人です。

村上　先ほど高山先生から，占領期の SCAP/GHQ の図書館政策として，国立国会図書館の創設，キーニー・プラン，図書館法，CIE 情報センター（図書館），日本図書館学校の5つのポイントがあって，結果的には，5つともうまくいかなかったのではないかというお話がありました。ここが日米の差の原因だと考えてもよろしいでしょうか。

高山　そこが難しい。そのようにまとめてくださっていいですし，おおむね合っていると思いますが，私が今回言いたかったのは，日本文化の歴史の流れの中で，今回の占領期の占領軍の図書館政策というものを捉えてくださいということです。歴史の流れの中で捉えることによって，実学的に見た時に，占領軍の政策の功罪としてどういうことがでてくるのかが言えるだろうと。

村上　歴史の流れ中でということになると，高山先生は，本書によって，今の時代の図書館関係者に改めて占領期について勉強した方がいいのではないか，さらに言うと勉強する必要があるのではないかということを訴えられたいのだと推察するのですが，それはなぜでしょう。

高山　今，日本の図書館界は曲がり角にあると思います。将来にわたって，図書館は日本の社会にとって必要だと思うし，ともかく 1200 年，1300 年の文庫としての伝統もあるので，それがそう簡単に消え去ることは考えられない。

　あるべき図書館に発展させていくために，今，我々が考えなければならないのは——なぜ 70 年，75 年経って占領軍の文献を読まなければならないのかというと——今の日本の図書館がなぜこうなっているかを一つひとつ考えてください ということです。なぜ我々が日ごろ使っている街の公共図書館のカウンターの壁の向こう側に，国立国会図書館の姿が浮かんでこないのかを考えてもらいたい。もし，それが浮かんで見えたら，キーニー・プランを今の時代に合わせて提唱するにはどうすればよいかを考えることになる。そのうえで，これ

からのデジタル環境下での図書館のあるべきイメージを描いてほしいのです。

　また，図書館は無料で使えますが，公費でまかなわれているものに蔵書があります。それを無料で一定期間，私人である個人が公共財たる蔵書を占有することが「貸出サービス」として許されるのはなぜなのか。それが日本の歴史と伝統の中で受け入れられるのか。そういう様々な問題が，図書館にはあるわけです。なぜそうなっているのか，なぜなのかをずっと問い返していくと，占領政策に行きつく。だから，75 年前のことは古いと言わずに，それをもう一遍読み返してくれと言いたいわけです。

村上　最後の質問になりますが，今後の日本の図書館はどうあるべきだとお考えでしょうか。

高山　一つは，Informed Citizen というものを，いかに図書館がつくりあげていけるか。それは図書館がつくるのか，学校教育がつくるのか，あるいはジャーナリズムがつくるのか。これは，まともに議論されたことはないと思います。また，福澤諭吉に戻りますが，彼は先ほどの『西洋事情』に代表されるように，維新期の典型的な啓蒙主義者ですよね。しかし，その啓蒙主義者である福澤が，図書館についてどれだけ先進的な主張をしたのかというと，『西洋事情』で紹介した後は，あまりこれということはやっていない。彼が主に力を入れたのは，学校教育です。

　日本の Informed Citizen は学校教育によって養成されるというのが日本における文教政策の基本で，1872 年の学制の改革から現在に至るまで，変わらず続いてきている。日本の国民全員が，それを当たり前のこととして受け止めている。でも，それで良いのか。学校教育であるならば，高等教育であるところの大学まで含めて，大学院がまだありますが，学部教育に限定して考えると，22 歳までの教育期間ではないか。

　人生は 75 年あって，あるいはこれからもっと延びるかもしれない。85 年，あるいは 90 年，100 年かもしれない。そうすると，22 歳から 100 歳までの間はいわゆる社会教育になるが，それをどこで担うのか。図書館でしょう。それをメディアに委ねた結果，日本でも米国でも，若年層をはじめ，多くの人たちがオールドメディアとしてのマスメディア離れを起こして，分断社会となって

いる。社会人の啓蒙はいつの時代にも必要です。そこで図書館は，いったい何をすべきなのかを考えてもらいたい。それができる図書館になっていかなければいけない。

　しかも，まさにテレワークのシステムで，今日私は家にいながらお二人と話ができている状況ですが，情報環境が変わってくるわけです。そうすると，コレクションの考え方が変わります。私たちの現役時代にも盛んにいわれていましたが，紙の図書館の時代は，紙に印刷されている文字として情報が伝えられた。それに音響や映像が載るようになった。しかも，紙ではなくて，データ通信でどんどんグローバルにつながるようになった。

　先ほどの留学の話にもつながるけれど，昔は海を越えて行かなければ新しい知識に接触できなかったから留学が必要だったが，今やグローバルに知識が流通するのだから，留学などもう古いという考え方が一部にはあるかもしれません。私は絶対そうではないと思う。やはり行ってみなければわからないことがたくさんあります。行って，わかって，友達になって。しかし，いつまでも夫婦のようにべったりと側にいるわけにはいかず，皆それぞれのポジションに戻ってくるわけです。そうした時に，必要に応じてパッとその友人と情報交換できる状況のなかで，図書館はどうあるべきなのかということです。

　今やメールやSNSと，情報のチャンネルが様々あり，そこで流れるデータは玉石混交です。エンドユーザーである具体的なリサーチャー（調査・研究者）が，それをいちいち選別しているような能力も時間も余力もない。それを代わって行えるのが，司書かもしれない。

　あるいは紙の時代の出版物が，一定のスクリーニングやクオリティーコントロールされた情報がクオリティーの保証されたメディアに掲載されるものであるとするならば，そのメディアの編集機能をもっている人たちが，自分たちが評価したものをある一定のデータベースにまとめて，そのデータベースをきちんと利用できる体制をつくっておく。それが新しい図書館になっていくのかもしれない。

　一方で，本書の第2章に書かれているように，教養娯楽的なものの対局に歴史的調査・研究（historical research）というのがあります。その歴史的調査・研究と教養娯楽用図書館との間に，様々な形の情報サービスがあり，それぞれ

に特化したサービスを提供できる図書館がありうるのではないか。もちろん，ただ一つではなく，一つの図書館が複数のサービスを提供してもいい。

　これからの図書館関係者は，色々な技術的な可能性をベースに置いて，こういうサービスができる，ああいうサービスができるという形で提案する。そして日本の社会の中で何が有効かを既存の様々なメディアと競合しながら，図書館の生存を図っていくことが必要になると思います。だから，今までのような社会的な一つのプラットフォームとして確立した図書館で，その中で保証された司書という地位に安住するのではなく，もっと外へ出て，色々なところと競争する司書が展開するところの図書館，そのような図書館が生みだす図書館サービスになっていく必要があるのだろうと思います。

村上　アウトリーチのような感じですね。

高山　アウトリーチも必要でしょう。アウトリーチではなくて，逆に一つの施設の中に泊まり込んで，それこそ巣ごもりをして集中することも必要になるかもしれない。臨機に変えなければ駄目です。ダイナミックな動きが必要で，そうして社会のプラットフォームになってゆくことが必要だと思います。

村上　ありがとうございました。

監訳者あとがき

　本書は，米国カリフォルニア大学バークレー校の情報学校（School of Information）の名誉教授であるマイケル・K・バックランド博士（Dr. Michael K. Buckland）の近著 *Ideology and Libraries: California, Diplomacy, and Occupied Japan, 1945-1952* の全訳である。この「情報学校」（School of Information）とは大学院課程に属するプロフェッショナルスクール，図書館学校（School of Librarianship）に起源をもつ，大学院の研究科専攻が図書館情報学の発展とともに，その名称も幾度か変わり，現在に至るが，広義の情報管理の理論および技術の研究と教育に関する世界の指導的立場を維持している高等研究・教育機関である。

　2019 年の秋に，ここの旧知のバックランド博士から連絡があり，「今度，占領下の日本の図書館についての書物をまとめたいと思うので，協力を頼みたい。ついては共著で書かないか」とのお誘いを受けた。折から，偶然かもしれないが自らの研究活動の総まとめとして，日本の図書館についての執筆活動を模索していた時期とも重なり，たいへんに魅力あるお誘いであると感じた。しかし，熟慮した結果，「協力は喜んで行うが，共著はご遠慮させていただく。理由はもはや，私には加齢により，新たな史実を掘り起こし，そして新たな学術成果を得るために図書館やアーカイブズ，その他コレクションを発掘・調査するだけの「フットワーク」の能力が失われているからだ」と返事をした。この返事をすることの基礎には，もう一つの思いもあった。

　それはバックランド博士が，現代の高度な知識人として，英米国人の一般人や，さらには多くの国際的に主流を構成する歴史観をもって，第二次大戦後の連合国軍の日本占領とそこでの図書館政策を論じることとなるはずである。一方の監訳者である本稿の筆者は，特定の政治思想を支持するものではないものの，いわば一介の，老日本国民として，連合国軍の占領についての実体験記憶が，幼かったとはいえ，一敗戦国民の意識として今も鮮明である。また，今や国際的な常識となっているともいわれる 1945 年の日本の敗戦や，その後の占領から現在に至る東京裁判史観に依拠する歴史観に，健全な日本人なら誰もが

抱く複雑な思いや違和感を覚えている。日本の国内的には最近急速に高まって
きた自虐史観の見直しの風潮，そのような歴史観を煽ってきたオピニオンリー
ダーたちの権威失墜，歴史学的にはマルクス主義唯物史観の崩壊，若い世代を
中心とする近現代日本の歴史観や，日本とアジア諸国との関わりの見直しにも
相応に理解を感じていたからでもあった。このような思いが，はたしてバック
ランド博士の歴史観と整合性のとれた形で調和しうるか，共著者となれば，著
作物をまとめる妨げになるのではないかと恐れたからでもあった。

　バックランド博士の経歴は 1941 年に英国に生まれ，オックスフォード大学
で歴史学を学び，シェフィールド大学で図書館専門職資格と博士学位を取得
し，母校オックスフォード大学のボードリアン図書館やランカスター大学図書
館での実務経験を積んで，1972 年に米国に移り，パーデュー大学図書館での
副館長経験の後に，カリフォルニア大学バークレー校の図書館情報学科
（School of Library and Information Studies）教授に招かれ，1970 年代後半か
ら 1980 年代前半にかけて同学科のディーン（dean）を務めたほか，ディーン
在職中の 1983 年から 4 年間にわたり，同大学，バークレー校やロスアンジェ
ルス校等の合計 9 校から成るカリフォルニア大学を統括する副総長補佐を兼務
している。20 世紀後期から 21 世紀にかけて米国を中心に活躍した図書館情報
サービスにおける世界の理論的なリーダーの一人であり，現在はカリフォルニ
ア大学バークレー校の名誉教授である。

　日本との関わりの一端は，同博士がバークレー図書館学校のディーン在職経
験から，バークレー図書館学校の卒業・修了者に，占領期日本の図書館政策に
かかわった人物が複数いることに気づいたことにあるという。その人物たちと
は，フィリップ・キーニー（Philip Keeney），ポール・バーネット（Paul
Burnette），およびロバート・ギトラー（Robert Gitler）等である。ここに名
前を出した三人は単にバークレー図書館学校の同窓生というだけではなく，と
いって三人が一緒になって，日本での占領軍の図書館政策に関わったわけでも
ない。キーニーは占領の初期に日本の図書館の全国計画を提唱し，バーネット
は占領中期以降に，CIE 情報センターの全国展開に関わり，ギトラーは占領末
期に，日本図書館学校の開設とその実行・運営に関わった。働いた時期も，そ
の仕事の内容も異なるが，三人ともに，バークレー図書館学校の実質的な創設

者ともいうべき，シドニー・ミッチェル（Sydney Mitchell）の図書館理念に
強い影響を受けていたのである。このことは今日まで，あまり論じられること
はなかったが，バックランド博士の指摘を受けて，なるほどと感じたものであ
る。ミッチェルへの言及は，バックランド博士がバークレー図書館学校の
ディーン職に長期にわたって貢献されたこととも無関係ではないと思われる。
また，同じバークレーのディーン職の先輩にあたるスワンク博士（Dr. Ray-
nard Coe Swank, 1913-1995）の影響もあったかもしれない。スワンク博士は
国際的な図書館問題に関心が深く，訪日経験もあり，1950-70 年代の日本の図
書館学界の指導者たちとの交流ももっていた。

　三人の中でも，特に，ギトラーについては，1999 年に *Robert Gitler and
the Japan Library School* を最晩年のギトラーの口述記録[1]をもとに出版したこ
とが，日本の，特に占領期の図書館の在り方に関心を寄せる大きな動機につな
がったことは本書のバックランド博士の「序文」でも明らかにされている。ま
た，ギトラー，その人の事績については第 13・14 章に詳しい。

　バックランド博士は日本語を解さない。筆者に共同研究をもちかけた一因も
そこにあったと思われる。しかし，できあがった本書には若干の日本語文献の
適切な利用も示されている。博士の本書にみる研究の方法は，歴史学研究の王
道かもしれないが，もっぱら，歴史記録としてアーカイブズに保存されている
日本占領に関する記録と，日本占領政策の一環である図書館政策に関する先行
研究文献に依拠している。こうして米国内にある史資料をベースにして研究
し，その成果をまとめた結果，ある面で戦後日本の図書館史の空白部分を埋め
るに足るおおいなる研究成果とすることができたことは，博士のもつ深い学識
が基礎となっていることは言うまでもないが，それを助けて，可能にした米国
の図書館やアーカイブズ（文書館）のコレクションと，そこに働くスタッフの
優秀さに負うところも大きいと思われる。そのような米国の図書館サービスを
目指して出発したはずの日本の図書館界が，現在ではなぜこのように日米で差
がついているのかを本書を読むことで，読者各位には考えていただきたく，そ
のためにはぜひ本書を翻訳し，一人でも多くの図書館に関心をもつ人に読んで
ほしいと考えたのが本書翻訳の発端である。本書が現代日本の衰微したかに見
える図書館の再興の一助になればと願っている。

　しかし，もはや翻訳のような細かな作業を行うにはいささか高齢になりすぎていた監訳者の危惧の念を身近な友人に漏らしたところ，自発的に翻訳作業を買って出てくれたり，知り合いの若手の有能な研究者を紹介していただいたりした。そこで翻訳グループとしての「現代図書館史研究会」が組織され，本書の翻訳が順調に進められた。研究会に参加していただいた各位のご努力と翻訳作業とに，深く敬意と謝意を表したい。その研究会を取りまとめ，年表や索引作成などの基礎的で，図書館情報学の素養を必要とする地味な部分をご担当いただいた東京農業大学の村上篤太郎教授には特にその名をあげて謝意を表したい。また筑波大学の逸村裕教授，慶應義塾大学の岸田和明教授からは有益な助言や研究会メンバーのご推挙をいただいた。そして（株）樹村房の各位にはお世話になり，COVID-19 による感染症下で本書の出版が可能になったが，特に一年余にわたる期間，細やかなご配慮と作業とに献身していただいた安田愛氏のご努力には研究会一同に成り代わり，厚くお礼申し上げたい。

　本書はこのように多くの方々のお力を結集しての翻訳書である。それぞれの方が担当業務に真剣に，熱心に取り組んでくださったことに重ねてお礼を申し上げ，監訳者として敬意と謝意を表したい。しかし，出版物の常ともいうべく，細部には思わぬ瑕疵や能力不足からくる誤りが残っているかもしれない。これらの責任はすべて監訳者にあるので，もし気づかれたら，どうか率直で建設的なご指摘を賜りたい。本書が読者各位にとり，また日本の図書館再興に向けて何らかのお役に立ち，参考となることを願っている。

　　令和 3（2021）年 5 月

　　　　　　　　　　　　　　　　　　　　　監訳者　　高山　正也

注

1 ：Robert L. Gitler［訳注：; edited by Michael Buckland］. Robert Gitler and the Japan Library School. Scarecrow Press, 1999, 173p.

占領時代日本図書館史略年表（主として 1945 – 1952 年）

年月	主な事項
1868	福澤諭吉，慶應義塾を創設
1900	文部省，司書に関する手引書を発行
1903	日本図書館協会，司書への 2 週間の講座を開設
1904	日露戦争（– 05 年）
1908	文部省，司書への講習を主催
	ベンジャミン・フライシャー，*the Japan Advertiser* を買収
1914	カールトン・B・ジョッケル，バークレー市立図書館長（– 27 年）
1915	フィリップ・キーニー，体調不良で MIT での化学の学位取得を断念
1918	和田萬吉，東京帝国大学で図書館学講座を開講（– 22 年）
1921	文部省図書館員教習所開設（1925 年に文部省図書館講習所と改称）（– 45 年）
1924	金森徳次郎，内閣法制局長官に就任
	ALA，パリでの図書館学校の立ち上げ支援（– 29 年）
1925	キーニー，カリフォルニア大学バークレー校で歴史の学士号取得し，バークレー校の図書館学校に入学
	清岡暎一の義母杉本鉞子，自伝的な小説 *A Daughter of the Samurai: How a Daughter of Feudal Japan, Living Hundreds of Years in One Generation, Became a Modern American* を出版
1926	帝国図書館長の松本喜一，ALA の年次総会で日本の図書館発展について講演
1927	キーニー，司書資格を取得
	日本の図書館数，約 4,300 館
	清岡暎一，コーネル大学を卒業
1928	ヴァーナー・クラップ，米国議会図書館で連邦議会議員への情報サービス提供する新設部門の責任者に昇格
1930	ドン・ブラウン，中国旅行でウィルフレッド・フライシャーとの出会い
1930. 5	ロバート・ギトラー，カリフォルニア大学バークレー校で歴史学と政治学の学士号を取得し，学部課程を卒業
1932	レオン・カーノフスキー，シカゴ大学大学院図書館学部教員（– 71 年）
	清岡暎一，米国で生まれ，教育を受けた杉本千代野と結婚
1934	清岡暎一，『福翁自伝』英語版を出版
1936	チャールズ・バートン・ファーズ，カリフォルニア州のパモナ・カレッジで東洋学を教授（– 40 年）
1938	キーニーの論文 "The Public Library: A People's University?" が *Wilson Library Bulletin* に掲載
	全国図書館大会にて，戦時下の図書館振興策として，文部省教育審議会に

年月	主な事項
	全国に公共図書館設置を義務づけるよう陳情
	米国・下院に反米活動委員会（Un-American Activities Committee）開設
1939	アーチボルド・マクリーシュ，米国議会図書館長に就任
1940	ベンジャミン・フライシャー，*the Japan Advertiser* を *the Japan Times* に売却
	ファーズ，連邦政府機関の情報コーディネーターオフィスに転職（-42年）
1941	ポール・ジーン・バーネット，バークレー図書館学校に入学
1941.12	日本，真珠湾攻撃（8日）
1942	フランクリン・ルーズベルト米国大統領，OWI を設立
	バーネット，陸軍航空軍に入隊，ミシガン大学の民政訓練学校極東プログラムで日本における民政の準備に着手
	ファーズ，米国戦略諜報局に転職（-45年）
	連邦捜査局長の J・エドガー・フーバー，米国議会図書館のマクリーシュにキーニーを破壊活動家として解任を要求
	ALA，国際関係委員会を設立
	清岡暎一，日本語を学ぶ英語を母語とする学生のために *Japanese in Thirty Hours: First Course in Japanese Language* を出版
	ハリエット・エディ，ニューヨーク，ワシントン訪問時に，終戦後に統一された図書館サービスをユーゴスラビアで使えるようにとのユーゴスラビアの当局者からの依頼
1943	OWI，メルボルン，シドニー，ウェリントン，ケープタウン，ヨハネスブルグ，ボンベイ，カイロに情報図書館を設立
	ロバート・ダウンズ，イリノイ大学図書館長に昇格
	ALA，海外での図書館発展のためロックフェラー財団の助成を受理
	エドウィン・E・ウィリアムズ，ALA 国際関係委員会に向け，戦後の図書館発展の必要性と機会について著述
1943.9	イタリア，無条件降伏（8日）
1944	ファーズ，米国戦略諜報局極東部門の主任（-45年）
	フローラ・ベル・ルディントン，ボンベイにある米国情報図書館の設立責任者に就任（-46年）
1945	ファーズ，国務省極東調査部門の主任代理（-46年）
1945.2	ヤルタ協定（11日）
1945.4	ルーズベルト米国大統領，死去。後継はトルーマン（12日）
1945.5	ドイツ，無条件降伏（7日）
1945.7	「ポツダム宣言」（26日）
1945.8	広島に原爆投下（6日）
	ソビエト連邦，対日宣戦（8日）
	長崎に原爆投下（9日）
	御前会議（10日）（国体維持を条件に「ポツダム宣言」受諾を決定）

年月	主な事項
	日本，「ポツダム宣言」受諾通告（14 日）
	日本，無条件降伏。天皇による戦争終結の詔書，放送（玉音放送）（15 日）
	鈴木貫太郎内閣総辞職。ダグラス・マッカーサーを SCAP に任命（15 日）
	東久邇宮稔彦内閣成立（17 日）
	米国艦隊，相模湾入泊（27 日）
	米国第 8 軍先遣隊，厚木飛行場に到着（28 日）
	マッカーサー，厚木に到着（30 日）
1945. 9	米国戦艦ミズーリ号上において「降伏文書」に調印（2 日）
	SCAP/GHQ，「プレス・コードに関する覚書」（19 日）
	SCAP/GHQ，CIE が発足，「ラジオ・コードに関する覚書」（22 日）
	「初期方針」全文公表（22 日）
	天皇，マッカーサーを訪問（27 日）
	天皇とマッカーサーの写真，新聞発表（29 日）
1945. 10	SCAP/GHQ，「郵便検閲に関する覚書」（1 日）
	東久邇宮内閣総辞職（5 日）
	幣原喜重郎内閣成立（9 日）
	SCAP/GHQ，東京 5 紙（朝日・毎日・読売・東京・日本産業）に新聞事前検閲を開始（9 日）
1945. 11	ワシントン D.C. から「対日基本的指令」（1 日）（マッカーサーに，日本の戦争遂行能力の除去・戦時賠償・経済民主化などの実施を指令）
	最初の CIE 図書館，東京千代田区内幸町の旧放送会館 108 号室に開館（15 日）（46 年，日比谷に移転）
	第 89 回（臨時）帝国議会召集（26 日）
1945. 12	キーニー，陸軍省に異動（28 日付）（民政局（GS）を支援するための「民政化使節団」の一員として年内に来日したと推定）
1946	ジョン・ネルソン，CIE 教育部の成人教育担当官（－50 年）
	ファーズ，国務省を離れ，ロックフェラー財団に着任
1946. 2	ドナルド・ニュージェント，CIE 教育課に着任
	キーニー，CIE の教育課に異動
	「憲法改正要綱」（松本試案）を SCAP/GHQ に提出（8 日）（SCAP/GHQ，松本試案を拒否，SCAP/GHQ 草案を日本政府に手交（13 日））
	閣議，SCAP/GHQ 草案の受入決定（22 日）
	SCAP/GHQ 草案を機軸とする「新憲法草案」起草を決定（26 日）
1946. 3	「改正憲法草案」作成（2 日）
	「新憲法草案」を SCAP/GHQ に提出（4 日）
	米国対日教育使節団 17 名，2 組に分かれて来日（5，6 日）
	日本政府，「改正憲法草案要綱」発表（6 日）
	CIE 情報センター（図書館）1 号，日比谷にあった日東紅茶の喫茶室を改装して移転（16 日）

年月	主な事項
1946. 4	米国教育使節団，報告書を提出（30 日） 「米国対日教育使節団報告書」公表（7 日） キーニー，上司エドワード・H・ファーへ「日本における統一された図書館サービス（キーニー・プラン）」を提出（8 日） 第 22 回衆議院議員総選挙（10 日） 幣原内閣総辞職（22 日）（以後，約 1 カ月にわたり政権の空白） ネルソン，成人教育担当官に着任（29 日）
1946. 5	極東国際軍事裁判所開廷（3 日） 第一次吉田茂内閣成立（22 日）
1946. 6	ニュージェント，CIE 局長に就任 中田邦造ら，文部省から依頼された「図書館法草案」を作成・提出 キーニー，帝国大学附属図書館協議会に参加（13 - 15 日） 金森徳次郎，憲法問題専任の国務相に就任（19 日） 憲法改正案を第 90 回（臨時）帝国議会に提出（20 日）
1946. 7	キーニー，私立大学司書会議に参加（12 - 13 日） キーニー，CIE 図書館担当官に任命（28 日） マーク・T・オアー，ファーの後任で CIE 教育部部長に就任
1946. 8	キーニー，帝国図書館における文部省主催の図書館制度改革委員会に参加（15 - 17 日）
1946. 11	「日本国憲法」公布（3 日） ユネスコ創設（16 日）
1946. 10	同志社大学図書館学講習所，開講（- 51 年。以後，同志社司書課程へ）
1946. 12	文部省社会教育局，「公共図書館制度刷新要綱案」公表
1947	クラップ，米国議会図書館主席副館長に昇任
1947. 3	「教育基本法」公布・施行（31 日） 「学校教育法」公布（31 日）（翌 4 月 1 日施行） 米国で「官吏忠誠令」施行（共産主義団体に対する支援を含む疑わしい職員の解雇が決定）
1947. 4	「地方自治法」公布（17 日） 軍属部，キーニーに解雇通告（22 日）（ネルソン，キーニーの職務を継承） 「国会法」「国立国会図書館法」公布（30 日）
1947. 5	「日本国憲法」「地方自治法」施行（3 日） 帝国図書館附属図書館職員養成所，開所（15 日） キーニー，米国本土に送還（19 日） 吉田内閣総辞職（20 日）
1947. 6	片山哲内閣成立（1 日） キーニー，サンフランシスコのフォートメイソンで職務を解かれ，解雇・除隊（9 日）
1947. 7	衆議院と参議院の両院議長，マッカーサーに国立国会図書館設立支援のた

年月	主な事項
	めに専門家の来日を要望
1947. 8	SCAP/GHQ，日本政府に京都と名古屋に CIE 図書館設置を指示
1947. 10	バーネット，CIE 図書館担当官に就任（－49 年 3 月）
1947. 12	米国議会図書館副館長のクラップと ALA 東洋部長のチャールズ・ハーヴェイ・ブラウン，米国図書館使節として来日（14 日）
	SCAP/GHQ，日本政府に福岡，仙台，札幌，高松，広島，大阪，横浜，神戸，新潟，金沢，熊本，函館，静岡，長崎への CIE 図書館設置を指示（14 日）
	日本図書館協会，社団法人として再発足（45 年に一時的に財団法人に改組）
	占領期教育指導者講習会（IFEL）開始
	ルディントン，日本の CIE 客員専門員に就任
1948. 2	国立国会図書館長への金森徳次郎の就任を公表（7 日）
	クラップとブラウン，公式報告書「日本の国立国会図書館設置助言についての米国図書館使節の報告書」提出（8 日）
	「国立国会図書館法」公布（9 日）
	片山内閣総辞職（10 日）
	金森徳次郎，初代の国立国会図書館長に就任（25 日）（－59 年 5 月）
1948. 3	芦田均内閣成立（10 日）
1948. 6	国立国会図書館開館（5 日）
	全国図書館大会，戦後初の東京大会開催（13－17 日）
1948. 7	イリノイ大学のダウンズ，来日（7 日）（国立国会図書館のサービスに関する助言のため）
1948. 9	ダウンズ報告書（「国立国会図書館における図書整理・文献参考サービス並びに全般的組織に関する報告」）を占領軍に提出（11 日）
	ダウンズ，米国に戻る（15 日）
1948. 10	広島 CIE 図書館開設（47 年 12 月に日本政府が SCAP/GHQ に指示された CIE 図書館の設置完了）（30 日）
	第二次吉田内閣成立（19 日）
1949	ジェーン・フェアウェザー（米国陸軍司書），図書館員向けの IFEL 講習を担当
	ロックフェラー財団，東京大学の図書館学関係の資料購入のためにアメリカ図書館協会に 7,000 ドルを助成
1949. 3	文部省社会教育局の調査，公共図書館数 1,549 館，平均蔵書冊数を和書約 5,300 冊，洋書約 400 冊と報告
1949. 4	フェアウェザー，CIE 図書館担当官に就任（－9 月）
	文部省図書館職員養成所開校
1949. 6	「社会教育法」公布（10 日）
1949. 10	湯川秀樹，ノーベル物理学賞受賞（日本人初のノーベル賞受賞者）
1950	ニュージェント CIE 局長，ドン・ブラウン CIE 情報課長，ヴァン・ワゴ

年月	主な事項
	ナーの話し合い
	スーザン・グレイ・エイカーズ（ノースカロライナ大学図書館学校学科主任），図書館員向けの IFEL 講習を担当（-51 年）
1950. 4	「図書館法」公布・施行（30 日）
1950. 6	朝鮮戦争勃発（25 日）
	SCAP/GHQ 顧問ダウンズ，日本図書館学校プロジェクト調査のために再来日（30 日）
1950. 7	ダウンズ，ALA 国際関係委員会に報告書を提出（17 日）
1950. 8	ALA，日本図書館学校設立の承認を求めて，米国陸軍に正式提案を提出（25 日）
	第二次米国教育使節団来日（27 日）
1950. 10	ワシントン大学図書館勤務のギトラー，日本図書館学校主任を受諾
1950. 11	ルディントン，日本図書館学校主任にギトラーが選定されたことをニュージェントに報告（8 日）
1950. 12	ギトラー来日（22 日）
	ギトラー，CIE 本部を訪問してドン・ブラウンと面談（23 日）
1951. 1	ギトラー，CIE 図書館長会議に出席（3 日）
	ギトラー，慶應義塾大学を訪問し，外事部長の清岡暎一教授と面談（10 日）
	ギトラー，ダウンズに日本図書館学校を慶應義塾大学に設置する内容を送付（11 日）
	ギトラー，慶應義塾大学を再訪問（17 日）
	ギトラー，ALA に報告書 "Report of Recommendations on the Selection of the University in which the SCAP : ALA sponsored Japan Library School is to be Located" をニュージェント CIE 局長に提出（21 日）
	潮田江次慶應義塾長，ギトラーからの条件を書面で承認（29 日）
1951. 2	ニュージェント CIE 局長，慶應義塾大学に日本図書館学校開設についての正式決定通知（5 日）
1951. 3	ギトラー，文部省から学科認可に際して 4 年にわたる履修計画の詳細報告を要求され，拒否。詳細ではなく概要で図書館学科を承認することで決着
1951. 4	日本図書館学校開校（慶應義塾大学文学部図書館学科開設）（7 日）
	SCAP/GHQ，慶應義塾大学で開講される日本図書館学校を新聞発表（10 日）
	東京大学図書館学講座開設
1951. 5	SCAP/GHQ，日本図書館学校に米国の参考資料購入のため 10,000 ドルを提供
1951. 6	最後（23 番目）の CIE 図書館（北九州）開館
1951. 7	米国・英国，対日講和条約草案を発表（12 日）
	米国・英国，対日講和会議の招請状を日本を含む 50 カ国に送付（20 日）
1951. 8	政府，「講和条約最終草案」全文を発表（16 日）
	「日米安全保障条約最終案」確定（25 日）

年月	主な事項
1951. 9	サンフランシスコで対日講和会議（52 カ国が参加）（4-8 日） 「対日講和条約」調印（49 カ国，ソビエト連邦・チェコ・ポーランドは拒否）（8 日） 「日米安全保障条約」調印（8 日）
1952. 4	ギトラー，米国国務省からの日本図書館学校への資金提供停止を聞く（23 日） 連合国軍総司令官の軍事占領終結。「対日講和条約」「日米安全保障条約」発効（28 日）
1952. 5	日本図書館協会，ロックフェラー財団に日本図書館学校支援依頼の手紙を送付
1952. 6	ロックフェラー財団，日本図書館学校に 1956 年 6 月までの 4 年間の資金援助を決定（20 日）
1953. 8	「学校図書館法」制定
1954	ドン・ブラウン，破壊活動家として米国陸軍を解雇 ALA，フォード財団の支援を受けて，アンカラ大学にトルコの図書館学校を新設する事業に参加（教員の確保で失敗）
1956	ロックフェラー財団，慶應義塾大学へ日本図書館学校の外国人教員の支援を目的とした 60,000 ドルの追加助成金（1957 年 4 月から 5 年間）を決定 慶應義塾大学，ギトラーに創立以来 34 人目の名誉博士号を授与 クラップ，米国議会図書館を退任，図書館情報振興財団の初代会長に就任
1956. 6	ギトラー，日本図書館学校を退任（30 日）
1956. 7	橋本孝慶應義塾大学文学部教授，図書館学科主任に就任（1 日）
1957	ロックフェラー財団，日本図書館学校のプロジェクトを強化するための追加助成を実施
1959	レイナード・スワンク，ALA 国際関係部会長に就任（-61 年）
1961 夏	ギトラー，客員教授として慶應義塾大学に戻り，現地セミナーを開催
1961. 11	日本政府，ギトラーに勲四等旭日章を授与
1967. 4	慶應義塾大学大学院文学研究科図書館・情報学専攻修士課程，開設
1968	日本政府，クラップに瑞宝章を授与
1968. 4	慶應義塾大学文学部図書館学科を図書館・情報学科へ改称
1975	ギトラー，サンフランシスコ大学図書館長を定年退職
1975. 4	慶應義塾大学大学院文学研究科図書館・情報学専攻博士課程，開設
1983	日本政府，ダウンズに瑞宝章を授与

参考文献

・連合国最高司令官総司令部編纂，天川晃ほか編. GHQ 日本占領史. 第 1 巻. 東京，日本図書センター，1996.
・今まど子，高山正也編著. 現代日本の図書館構想：戦後改革とその展開. 東京，勉誠出版，2013.

索引

凡例

・本索引は，原著と同様に，人名（姓名順），組織・団体名，事項を分けることなく「百科的項目」とし，索引語の読みで五十音順に配列した。

・索引語のあとに該当ページ数を示した。その際，特定の章や節すべてを指す場合や該当ページに一致する索引語が存在しない場合もある。また，各章末の注を示す場合は，ページ数のあとに「no.」と注番号を付している。

・索引語には対応する原語を（　）で括って付記した。なお，＊は翻訳書独自の索引であることを示す。

・参照の指示は，See（「を見よ」参照）に「→」，See also（「をも見よ」参照）に「⇒」を用いた。複数の参照がある場合は「；」で区切って示した。

著者紹介

Michael K. Buckland（マイケル・K・バックランド）

カリフォルニア大学バークレー校名誉教授（School of Information），Electronic Cultural Atlas Initiative 共同ディレクター。

1941 年英国に生まれ。オックスフォード大学で歴史学を学び，シェフィールド大学で図書館専門職資格と博士学位を取得。母校オックスフォード大学のボードリアン図書館やランカスター大学図書館で実務経験を積み，1972 年に米国に移る。パーデュー大学図書館での副館長経験の後に，カリフォルニア大学バークレー校の図書館情報学科（School of Library and Information Studies）教授に招かれ，1970 年代後半から，1980 年代前半にかけて同学科の学科長（dean）を務めたほか，dean 在職中の 1983 年から 4 年間にわたり，同大学，バークレー校やロスアンジェルス校等の合計 9 校から成るカリフォルニア大学を統括する副総長補佐を兼務した。

主著：*Library Services in Theory and Context*（Pergamon, 1983; 2nd ed. 1988），*Information and Information Systems*（Praeger, 1991），*Redesigning Library Services*（American Library Association, 1992），*Emanuel Goldberg and his Knowledge machine*（Libraries Unlimited, 2006），*Information and Society*（MIT Press, 2017），and *Ideology and Libraries California, Diplomacy, and Occupied Japan, 1945–1952*（Rowman & Littlefield, 2021），2018 年に ASIS&T Best Information Science Book of the Year Award を受賞。これらに加え，*Robert Gitler and the Japan Library School :An Autobiographical Narrative*,（The Scarecrow Press, 1999）の編集もある。

監訳・著作協力者紹介

高山 正也（たかやま・まさや）

慶應義塾大学名誉教授，（株）ライブラリー・アカデミー塾長。

1966 年慶應義塾大学商学部卒業。1970 年慶應義塾大学大学院文学研究科図書館情報学専攻修士課程修了（文学修士）。1980 年慶應義塾大学大学院文学研究科図書館・情報学専攻博士課程単位取得退学。1982-83 年フルブライト奨学生としてカリフォルニア大学バークレー校留学。1970 年東京芝浦電気（株）入社，技術情報センター勤務。1976 年慶應義塾大学文学部図書館情報学科助手就任，専任講師，助教授，教授を経て，1987 年大学院文学研究科委員（大学院教授）。2006 年慶應義塾大学退職，慶應義塾大学名誉教授就任，（独）国立公文書館理事就任，2009 年（独）国立公文書館館長，2013 年（独）国立公文書館退職。2017 年（株）ライブラリー・アカデミー塾長。

主著：『図書館概論』（雄山閣出版，1977），『図書館・情報サービスの理論』（翻

訳，勁草書房，1990)，『図書館サービスの再構築：電子メディア時代へ向けての提言』（共訳，勁草書房，1994)，『公文書ルネッサンス：新たな公文書館像を求めて』（編，内閣府大臣官房企画調整課，2005)，『現代日本の図書館構想：戦後改革とその展開』（共同編・著，勉誠出版，2013)，『歴史に見る日本の図書館：知的精華の受容と伝承』（勁草書房，2016)，『文書と記録：日本のレコード・マネジメントとアーカイブズへの道』（監修，樹村房，2018)，その他略。

訳者紹介

現代図書館史研究会 ［執筆順］

庭井 史絵（にわい・ふみえ）

青山学院大学教育人間科学部准教授。

青山学院大学大学院教育人間科学研究科教育学専攻博士後期課程修了，博士（教育学）。慶應義塾普通部司書教諭（2001〜2018年度）を経て，2019年度より現職。専門は図書館情報学（学校図書館）。

主著：『学校図書館への研究アプローチ』（共著，勉誠出版，2017)，『学校図書館メディアの構成』（共著，樹村房，2016)

担当章：3・15章

広瀬 容子（ひろせ・ようこ）

株式会社ラピッヅワイド代表取締役。

ピッツバーグ大学大学院情報科学科修了，修士（図書館・情報学）。学校司書を経て1989〜2002年日外アソシエーツ，2003〜2005年ピッツバーグ大学東アジア図書館日本情報センター，2005〜2015年トムソン・ロイター（現クラリベイト)，2015年より現職。サイバートラスト株式会社社外取締役，東京農業大学大学院非常勤講師（情報検索)，昭和音楽大学非常勤講師（資格課程）を兼務。専門は図書館員の外見が及ぼす図書館の社会的認知度。

主著：『ライブラリアンのためのスタイリング超入門：キャリアアップのための自己変革術』（樹村房，2018)，"Use of Private Sector Dynamism in Japanese Public Library: Ebina City Central Library," *BIBLIOTHEK Forschung und Praxis*（2017）DOI: https://doi.org/10.1515/bfp-2017-0032

担当章：4・12章

池内 有為（いけうち・うい）

文教大学文学部専任講師。

筑波大学大学院図書館情報メディア研究科博士後期課程単位取得退学，博士（図書館情報学）。フェリス女学院大学附属図書館（1997 ～ 2005 年）を経て，2019年度より現職。専門は学術情報流通，オープンサイエンス。

主著：「日本の研究者によるデータ公開の実践状況と認識」（博士論文，2019），「プレプリントの利活用と認識に関する調査」（文部科学省科学技術・学術政策研究所，2021），『環境問題を解く：ひらかれた協働研究のすすめ』（分担執筆，かもがわ出版，2021）

担当章：5・8 章

佐藤 聡子（さとう・さとこ）

同志社大学免許資格課程センター嘱託講師，筑波大学大学院人間総合科学学術院人間総合科学研究群（博士後期課程）情報学学位プログラム在籍。

同志社大学大学院総合政策科学研究科総合政策科学専攻博士前期課程修了，修士（政策科学）。専門は公共図書館経営。

主著：「公立図書館への指定管理者制度導入時・導入後の運営に地方公共団体関係者の認識が与える影響」（共著）『同志社図書館情報学』No. 29（2019），「公立図書館の指定管理者制度に関する国の認識：検討過程・通知等の分析から」『同志社図書館情報学』No. 30（2020）

担当章：6 章

金井 喜一郎（かない・きいちろう）

相模女子大学学芸学部日本語日本文学科准教授。

慶應義塾大学大学院文学研究科図書館・情報学専攻博士後期課程単位取得後退学，修士（文化情報学）。昭和音楽大学附属図書館司書，昭和音楽大学短期大学部准教授を経て，2019 年度より現職。専門は図書館情報学，音楽図書館学。

主著：「利用者の音楽情報要求に基づくメタデータ要素の差別化：FRBR, FRAD, Variations を対象に」『Library and information science』no. 70（2013），"Manually identifying the entities of work and expression based on music MARC data: towards automatic identification for FRBRizing OPAC," *Fontes Artis Musicae*, vol. 62, no. 2（2015）

担当章：7 章

加藤 好郎（かとう・よしろう）

鶴見大学講師，昭和音楽大学講師。

慶應義塾大学文学研究科図書館・情報学専攻修士課程修了，修士（図書館・情報学）。慶應義塾大学三田メディアセンター事務長，慶應義塾大学 SFC キャンパス事務長，愛知大学文学部教授を経て，2021 年度より現職。専門は図書館・情報学，現代マーケティング論。

主著：『大学図書館経営論』（勁草書房，2011），『書物の文化史』（共著，丸善出版，2018），『図書館文化論』（丸善出版，2021 年 7 月刊行予定）

担当章：14 章

高山 正也［座長］

担当章：日本語版への序文，序文，謝辞，1・2・10・13・14・16 章，付録

村上 篤太郎（むらかみ・とくたろう）［事務局］

東京農業大学学術情報課程教授。

南山大学文学部教育学科卒業。南山大学図書館，慶應義塾大学医学情報センター係主任，湘南藤沢メディアセンター係主任時に慶應義塾大学大学院文学研究科図書館・情報学専攻修士課程委託研究生修了。三田メディアセンター課長，湘南藤沢メディアセンター事務長，メディアセンター本部課長，湘南藤沢事務室看護医療学部担当課長，デジタルメディア・コンテンツ統合研究センター事務長を経て，2019 年度より現職。専門は図書館学，地方議会図書室。

主著：『改訂　図書館サービス概論』（共編著，樹村房，2019），『改訂　図書館情報資源概論』（共著，樹村房，2020），『現代日本の図書館構想：戦後改革とその展開』（共著，勉誠出版，2013）

担当章：9・11 章

助言・協力者紹介

逸村 裕（いつむら・ひろし）

筑波大学図書館情報メディア系教授

岸田 和明（きしだ・かずあき）

慶應義塾大学文学部教授

イデオロギーと図書館
日本の図書館再興を期して

2021年7月7日　初版第1刷発行

検印廃止

著者　　　　　　マイケル・K・バックランド

監訳・著作協力者　高山正也

訳者　　　　　　現代図書館史研究会

発行者　　　　　大塚栄一

発行所　　株式
　　　　　会社　樹村房

〒112-0002
東京都文京区小石川5丁目11-7
電話　03-3868-7321
FAX　03-6801-5202
振替　00190-3-93169
http://www.jusonbo.co.jp/

組版・印刷／亜細亜印刷株式会社
製本／株式会社渋谷文泉閣